HISTORIA DE LA ISLA DE CUBA

Carlos Márquez Sterling

Foreign Languages Department
C. W. Post College
of Long Island University
Greenvale, N. Y.

Manuel Márquez Sterling

History Department
Plymouth State College
Plymouth, N. H.

CULTURAL PUERTORRIQUEÑA, INC.
San Juan, Puerto Rico

LA MODERNA POESIA INC.
Miami, Florida

Cover design by Chris Kristiansen

Published by
Regents Publishing Company, Inc.
2 Park Avenue
New York, N.Y. 10016

Printed in the United States of America

ISBN 0-88345-251-0

Dedicamos esta obra a nuestros hijos, a los hijos de todos los cubanos que vivimos en el exilio.

Queremos que sepan de la riqueza de nuestra cultura, de las proezas de nuestros héroes, de las luchas de nuestros antepasados, de sus victorias y sus fracasos.

Queremos que comprendan que este exilio es temporal y nada nuevo en la historia de Cuba, siempre codiciada en el tablero internacional.

Sabemos que muchos de nuestros hijos ya se sienten más norteamericanos, puertorriqueños, venezolanos, etc., que cubanos. Y comprendemos que cuando termine el exilio algunos preferirán no residir en Cuba, como ocurrió en las dos anteriores guerras emancipadoras.

Más razón aun para que sepan de nuestras cosas y, sobre todo, de nuestra historia, para que ellos, como nosotros, también se sientan orgullosos de ser cubanos.

Carlos Márquez Sterling

Manuel Márquez Sterling

NOTA DE AGRADECIMIENTO

A manera de prólogo, queremos expresar nuestro agradecimiento a Regents Publishing Company.

A Julio Andújar, su presidente, por el enorme interés que se ha tomado en la edición de este libro, no sólo publicándolo, sino también por su atención personal en cada una de las páginas de la obra. Realmente su aporte ha sido extraordinario. También han colaborado en la confección del libro su editora principal, Rachel Genero, cuya labor ha sido eficacísima; Silvia Pérez, Cristino Paguaga Núñez y el Hno. Eduardo Barros, que con sus valiosas observaciones han puesto el libro al alcance del alumno joven. También Roberta West en la selección de fotos y láminas, muchas inéditas hasta ahora.

La publicación de esta *Historia de la isla de Cuba* no se hubiera logrado de no haber contado con la dirección de Julio Andújar y su excelente equipo de colaboradores que la han mejorado en todos los sentidos.

ÍNDICE DE MATERIAS

1

CUBA PRECOLOMBINA

1. ORIGEN Y PROCEDENCIA DE LOS ABORÍGENES CUBANOS

Es opinión generalizada entre los antropólogos que en América no existió jamás el hombre autóctono, pues se cree que llegó del Asia, atravesando el estrecho de Bering, o usando como puente las islas Aleutianas. Así, pues, cabe afirmar que no existió tampoco el "Homo Cubensis" y que los primeros habitantes de la Isla procedían de tierra firme suramericana.

Hasta el presente, a pesar de los estudios llevados a cabo, no se ha podido precisar ni la procedencia ni la antigüedad de los aborígenes cubanos, los que, al parecer, poblaron el archipiélago en épocas geológicas muy remotas.

Las emigraciones marítimas hacia las islas antillanas se efectuaron a lo largo de muchos siglos. Entre los grupos que arribaron a las playas de Cuba, habrá que mencionar, en primer término, a los *arauacos*, tribu procedente de las cuencas del Orinoco y Río Negro. Era una raza de navegantes, hábiles en el uso de la canoa, que, impulsada por la corriente del Orinoco en el Golfo de Paria, tocaba las costas de Trinidad y Tobago. Más al norte, la navegación se facilitaba también por los numerosos cayos intermedios y la corta distancia entre una y otra isla, que no excede las 50 millas.

El paso de las Antillas Menores a Puerto Rico no ofrece gran dificultad, y de esta isla a La Española hay sólo 61 millas y entre ambas ofrece fácil parada la isla de la Mona. Finalmente, entre La Española y Cuba, se halla el Paso de los Vientos, de apenas 45 millas de ancho, circunstancia que facilita el acceso a las costas cubanas.

2. LOS INDIOS DE CUBA

Se ha confirmado ya la presencia en la isla de Cuba de varias culturas prehistóricas. Entre ellas se mencionan la *guanahatabeya*, paleolítica, y la *taína,* neolítica. Mas, como las características de ambas no parecen concordar, se ha llegado a suponer que existió en Cuba una cultura intermedia o mesolítica: la *ciboney.*

3. LOS GUANAHATABEYES

A la hora del descubrimiento de Cuba, eran los guanahatabeyes los más antiguos en la Isla. Los vestigios de su cultura se hallaron en cavernas litorales, en los cayos cercanos a las costas y en las orillas de las lagunas.

No pudiendo precisarse su origen, se suponen *oriundos* de Venezuela, como las tribus antes mencionadas, aunque hay quien, sin mucho fundamento, los haga proceder de la Florida.

Eran nómadas y poseían un bajo nivel de cultura. No cultivaban la tierra, y hasta se supone que no se dedicaban a la pesca. Por su estilo de vida trashumante no establecían poblados. Si se encontraban con tribus hostiles y superiores a ellos, escapaban hacia lugares más propicios.

Sus herramientas y utensilios eran toscos y deformes. Entre éstos se han encontrado martillos, vasijas de caracol y piedras ovoides. Se alimentaban de moluscos, crustáceos, peces, frutas, insectos, jutías y perros mudos, que entonces se encontraban en la Isla.

Eran de baja estatura y cráneo pequeño, pero sin la deformación artificial practicada más tarde por los taínos. Por haberse encontrado sus osamentas, rotas y pintarrajeadas, se conjetura que hayan practicado el canibalismo.

Enterraban a sus muertos en forma similar a la de los indios de Norteamérica. Colocaban los cadáveres tendidos y cubiertos con varias capas de tierra y caracoles en forma de montículos o *caneyes.* Nada sabemos de sus prácticas religiosas, ya que ninguno de sus artefactos parece haber servido para ceremonial mágico o místico. De la lengua que hablaban sólo se sabe, según observaron los primeros exploradores españoles, que no era entendida por los arauacos.

En los tiempos del descubrimiento y la conquista los guanahatabeyes estaban en vía de extinción en sus cavernas del extremo occidental de Cuba, en retirada ante el avance de las sucesivas oleadas de nuevos invasores.

4. LOS CIBONEYES

Se cree que los ciboneyes fueron parte de una de tantas oleadas migratorias de los arauacos. Cronológicamente siguen a los guanahatabeyes y preceden a los taínos. De aquí que algunos autores los denominen *pretaínos.*

Collares de conchas y caracoles ciboneyes. (Museum of the American Indian, Heye Foundation)

A la llegada de los españoles, vivían en perfecta armonía con los taínos, aunque sojuzgados o asimilados por éstos. Esta afinidad ha dificultado establecer una clara distinción entre ambas culturas.

Los españoles los encontraron en Camagüey y Las Villas, pero se sabe que los había también en el litoral de Guanacayabo, en Zapata y en Cayo Redondo. Habitaban de preferencia en regiones pantanosas, en los esteros y los cayos, pues eran muy dados a la pesca.

Su forma de vestir se limitaba a ciertos adornos de conchas, huesos y pinturas minerales. Con respecto a la guerra, no eran tan tímidos como sus predecesores, los guanahatabeyes, ni parece que ignoraran el uso de la flecha.

Muy poco se sabe de su vida y costumbres. No aparecen sus cráneos deformados como en los taínos. Según Colón, la lengua que hablaban era entendida por los demás de origen arauaco en las Antillas. No vivían en poblados y levantaban sus casas sobre horcones, ya que habitaban en terrenos cenagosos. Las tumbas eran caneyes o montículos funerarios que alcanzaban hasta cincuenta metros de diámetro. Algún tipo de vida social llevaban, pues estas construcciones requerían buen número de brazos. Sus ritos religiosos presuponen también la creencia en un más allá de supersticioso animismo y fórmulas mágicas.

Su alimentación era más rica que la de los guanahatabeyes, pues, además de pescados y moluscos, comían tortugas, que criaban en viveros; aves, entre las que preferían el flamenco; algunos mamíferos, como la jutía; y, por supuesto, mucha fruta silvestre.

5. LOS TAÍNOS

Los taínos son el grupo aborigen que mejor conocemos, y quizás por eso nos resulte más interesante. Como buenos descendientes de los arauacos, eran un pueblo de inmigrantes. Se calcula que llegaron a establecerse en la Isla unos quinientos años antes del descubrimiento. Este proceso migratorio terminó con la llegada de los españoles.

Aunque hasta ahora se los suponía de origen suramericano, recientes indagaciones arqueológicas han encontrado analogías e influencias centroamericanas y yucatecas en sus costumbres. Como antes se apuntó, la cultura taína es neolítica. En los numerosos hallazgos arqueológicos de este grupo se encuentran objetos de piedra tallada y pulimentada.

Se sabe que se extendieron por toda la Isla, desde Oriente hasta más allá de Cienfuegos. Sus vestigios, como prueba de que fueron agricultores, se han encontrado siempre en mesetas y valles fértiles, cercanos a lagunas y ríos, donde cultivaban la yuca y el maíz. De éste

Ídolos de piedra de la cultura taína. (Museum of the American Indian, Heye Foundation)

hacían cierta clase de pan, análogo a la tortilla centroamericana, lo que indica algún contacto con esa parte de América. Sin embargo, más que el maíz, cultivaban con esmero la yuca. Su siembra tenía relieves de rito religioso. Con ella elaboraban diversos tipos de *casabe,* para lo cual se servían de un variado número de utensilios, tales como conchas para raspar la corteza; el guayo para raspar la masa; y el burén donde se tostaban las tortas hechas de su pasta. Cultivaban también el ají, la manzanilla, el algodón y el tabaco. Este último tenía una gran importancia, pues se le atribuían poderes mágicos y virtudes medicinales.

Fueron hábiles pescadores. Tejían grandes redes de algodón, y tallaban ligeras canoas. Tenían, además, viveros de peces donde criaban la *liza.* La riqueza de estos viveros la atestigua el hecho de que por muchos años sirvieron para alimentar a los conquistadores españoles. Desarrollaron un ingenioso método de pesca gracias al *guaicán,* o pez pega. Éste tenía unas ventosas que le servían para adherirse con firmeza a distintas superficies. Le ataban un hilo a la cola y lo arrojaban a las aguas donde abundaban tortugas, sábalos, mojarras y manatíes que eran atrapados por las ventosas del pez. Obtenían la sal mediante la evaporación del agua del mar, y la utilizaban para sazonar sus comidas. Preparaban la carne ahumándola o asándola por medio de la *barbacoa,* en la que la res o el pescado quedaban suspendidos sobre unas horquetas a corta distancia del fuego.

Su dieta además de lo mencionado, se componía también de carne de iguanas, murciélagos, tortugas, papagayos, crustáceos y moluscos. Entre las sabrosas frutas tropicales que conocieron, estaban el mamey, el caimito, el caqui, el hicaco, el anón, la papaya y la guanábana.

De todos los pueblos precolombinos de Cuba los taínos fueron los únicos que supieron trabajar el barro. Su cerámica no puede compararse con la de México y el Perú, quizás porque desconocieron el torno o no sabían cocer el barro en cámaras cerradas; pero aún así, ella tenía algo de gracia. Era de carácter doméstico, aunque la hubo de tipo ceremonial y religioso. Usaban el hacha. Las conchas servían como amuletos e ídolos, y supieron tallar la madera.

Las viviendas eran el *bohío* y el *caney:* el primero rectangular con techo de dos aleros, y el segundo circular y de techo cónico. Las paredes de ambas construcciones eran de caña brava, y los techos de hojas de palma (*guano*). El mobiliario comprendía hamacas y dujos; entre sus utensilios se destacaban los guayos y los burenes donde cocían el casabe. Guardaban sus comestibles en jabas que hacían de palma antillana. Hombres y mujeres solían andar desnudos, con frecuencia adornados con palmas, collares, conchas y huesos. Las mujeres casadas vestían falda corta de algodón de la cintura a la rodilla. Las

Caney típico de los taínos. (Museum of the American Indian, Heye Foundation)

solteras llevaban un pequeño delantal del mismo material. En actos ceremoniales, los jefes usaban sayos de algodón y adornados con plumas y escamas de pescado. Las mujeres se pintaban la piel de rojo o negro, ya para protegerse de los insectos, ya por estética. Solían deformarse el cráneo. Lo hacían por medio de fuertes ligaduras, aplicadas sobre la región frontal y occipital, durante el período del crecimiento. Eran de baja estatura y tenían la nariz chata y los labios gruesos.

La sociedad se dividía en clases según las ocupaciones u oficios. La tierra no era de nadie en particular, sino del grupo. La familia giraba en torno a la madre, que ocupaba un lugar preponderante en la sociedad. Cada clase social reconocía a un *cacique* que gobernaba una región. El cacicazgo era hereditario y se trasmitía por medio del hijo de la hermana mayor del cacique, si éste no tenía hijos. Nada se oponía a que una mujer sucediera en el mando a un cacique. Aunque éste ejercía un gran poder sobre su grupo, sus facultades tenían un límite: por una parte la organización misma de la sociedad que limitaba la extensión de su poder; y por otra el *behique* o sacerdote que ejercía gran autoridad. En la escala social al cacique le seguía el *nitaíno*, y la agrupación de los nitaínos formaba una especie de consejo tribal. Los encargados de la defensa eran los *baquíes* o guerreros, que en Cuba no tuvieron mucho que hacer dado el carácter pacífico de los taínos, y porque los ataques caribes apenas habían empezado. Toda esta organización social descansaba en la clase agricultora, o sea en quienes se supone que fueron los habitantes que los taínos conquistaron y asimilaron.

Llama la atención en esta sociedad primitiva la preponderancia de la mujer. Como ya se ha dicho, la sucesión, dentro del cacicazgo, era matrilineal. Se sabe, además, que no practicaban el incesto como norma social. Las mujeres tenían a su cargo tareas esenciales, como el tejido, la alfarería y la elaboración del preciado casabe.

Cerámica taína. (Museum of the American Indian, Heye Foundation)

La vida espiritual de los taínos presenta aspectos aún no bien conocidos. Según sus creencias, los behiques podían comunicarse con el más allá. Durante cierto tiempo acostumbraban ayunar, tomando sólo jugos e infusiones de yerbas, probablemente de coca, y aspiraban tabaco en polvo por la *cahoba,* un tubito en forma de Y. En esta ceremonia participaban también los interesados en averiguar el destino de sus antepasados muertos. Cuando todos estaban embriagados, el behique respondía a las preguntas que le hacían, afirmando que la divinidad o *Cemí* hablaba por su medio. El Cemí era a la vez la efigie de los espíritus familiares. Creían también que los árboles eran la morada de los difuntos, por lo que al derribarlos observaban un rito especial.

Como sucede en todas las organizaciones primitivas, el behique era el médico o curandero. Mas éste debía ejercer su profesión con suma cautela pues si el paciente se le moría quedaba expuesto a dura sanción.

El espíritu de sus muertos iba a residir a una isla que llamaban *Coaibal.* Durante la noche estos espíritus podían regresar al mundo de los vivos y deambular por los bosques, burlándose de los hombres y asustándolos.

El culto de los Cemíes indica que los taínos veneraban a sus antepasados, y para honrarlos celebraban periódicamente grandes festivales o *areítos,* que efectuaban en el *batey,* terreno despejado donde jugaban a la pelota, bajo la autoridad y vigilancia de un gran maestro de ceremonias.

Enterraban a sus muertos doblados de modo que las rodillas tocaran el pecho.

Sobre el carácter y la moral de los taínos se conocen dos puntos de vista extremos. Los españoles, con algunas excepciones, los calificaban de cobardes. Este punto de vista español se explica si se tiene en cuenta la época y el interés en justificar la conquista y despojo de las tierras a los indios. El otro extremo, empeñado en exaltar los valores nacionalistas, los presenta dentro de un cuadro idílico, en donde no se conocía la violencia, y el robo era severamente castigado.

6. LOS CARIBES

En Cuba no hubo caribes. Al ocurrir el descubrimiento, aún se hallaban en la etapa migratoria. Está plenamente comprobado que ya se habían establecido en Puerto Rico y en las Antillas Menores, y empezaban a atacar las costas de Cuba con agobiante regularidad. Es probable que de no haber aparecido los españoles, habrían terminado por conquistar finalmente a Cuba.

Las descripciones contemporáneas sobre los caribes tienen su origen en los relatos que a los comentaristas españoles comunicaron los taínos. Todos están de acuerdo en que los caribes eran un pueblo belicoso, feroz y perfectamente adiestrado en las artes de la guerra primitiva. Se sabe que también solían deformarse el cráneo artificialmente.

7. LA EXTINCIÓN DE LA RAZA ABORIGEN

La desaparición de estas razas aborígenes en la isla de Cuba empezó desde el mismo instante en que los españoles aparecieron.

El impacto de la civilización y cultura europea —en franca expansión durante los siglos XVI y XVII— resultó catastrófico para los indios. Un siglo después del descubrimiento quedaban sólo unos cuantos miles de aborígenes en las zonas más remotas de la Isla. No acostumbrados a un régimen de trabajo agotador, murieron por millares, pues las tareas impuestas, en la mayoría de los casos, eran brutales. Por otra parte, cuando a mediados del siglo XVI la Corona los declaró libres, los que quedaban con vida, por amor propio, se resistieron a ser asimilados por una sociedad que los había maltratado, y prefirieron apartarse de la misma.

Sin embargo, a pesar de su extinción como raza, los indios dejaron su influencia, tanto en el español como en otras lenguas europeas. Vocablos como *canoa, barbacoa, hamaca, huracán* (del dios Juracán) y *tabuco* son de origen taíno.

La tragedia del indio cubano, conviene recordarlo, no fue un fenómeno aislado, ni particular de la colonización española, pues forma un capítulo más en el gran drama de la raza cobriza, dominada por sus colonizadores.

8. LOS ESPAÑOLES Y LOS INDIOS

Al iniciarse la colonización de La Española, Cristóbal Colón impuso un tributo en oro a los indios, desconcertados ante la avidez de los conquistadores por el metal. Al mismo tiempo, había una gran necesidad de brazos para la agricultura indispensable para la manutención de las nuevas fundaciones. La insuficiencia del oro en las Antillas llevó a Colón a practicar la distribución de los indios entre los españoles establecidos en las nuevas posesiones. Esta arbitraria medida fue rechazada por la Corona de Castilla, que desde entonces intentó, aunque sin éxito, proteger a sus súbditos de las Indias. Isabel la Católica insistía en que los indios eran tan libres como los españoles. Sin embargo, la realidad del ambiente y la mentalidad del conquistador, conformada por ocho siglos de guerra contra los moros,

Los españoles trafican con los indios. (N.Y. Public Library)

eran las que habrían de predominar. Las colonias necesitaban gente para la labranza y España, que apenas pasaba de ocho millones, no podía hacer frente a tal empresa. Por otra parte, la actitud de los conquistadores, despóticos y codiciosos, exigía de los naturales trabajo, tributo y sumisión absoluta. Ello no se avenía con las disposiciones humanitarias de la Corona.

Siguiendo los consejos de Nicolás Ovando, explotador de indios, la Corona ordenó que éstos trabajaran al servicio de los cristianos, pero con libertad y a sueldo de sus amos. Para tales fines se repartieron los indios entre los vecinos de las colonias. Éstas asumían la obligación formal de cristianizarlos y darles una educación adecuada. Así nacieron las *encomiendas* en el Nuevo Mundo.

Las buenas intenciones de la Corona se hallaban reñidas con la realidad y por las distantes aguas del Océano Atlántico. Simplemente se cumplió una sola parte de ellas o la que prescribía la sujeción del aborigen al colono, quien lo abrumaba de trabajo y lo sometía a cruel explotación.

Los infelices indios trabajaban sin descanso de sol a sol en los campos y en las minas, y con una alimentación que solía limitarse a agua y casabe. La situación se hizo tan insoportable que hubo rebeliones, fugas y suicidios en masa. Una de las más famosas rebeliones fue la del indio *Hatuey* en Cuba. La extinción de la raza aborigen fue precipitada también, come se ha podido probar en recientes estudios, por enfermedades tales como viruela, fiebre amarilla y vómito negro, importadas por el hombre blanco y los esclavos negros.

9. EL PADRE LAS CASAS — LAS NUEVAS LEYES

Muchas voces se alzaron contra el repartimiento y la encomienda. La más famosa fue la del padre dominico Bartolomé de Las Casas (1474–1566), incansable defensor del aborigen antillano. El padre Las Casas se encontró en La Española con Ovando. Más tarde pasó a Cuba donde Velázquez le encomendó un gran número de indios. Pero, comprendiendo la injusticia del inhumano sistema, renunció al privilegio. De aquí en adelante su vida se convirtió en una continua cruzada en favor del indio americano. Constantemente exigía a la Corona nuevas reformas. En 1516 se le nombró "Protector Universal de los Indios", y gracias a él se dictaron medidas destinadas a suavizar el rigor de la servidumbre.

Una de éstas fue la recomendación de importar una docena de esclavos africanos para aliviar la carga de los indios de La Española. Mucho se ha debatido la personalidad e iniciativa de Las Casas a este respecto. Puede decirse, sin embargo, que no fue. él quien creó la

Fray Bartolomé de Las Casas, el Apóstol de los Indios. (OEA)

Interpretación del padre Bartolomé de Las Casas sobre el maltrato de los indios por los españoles. (N.Y. Public Library)

esclavitud del africano. Las causas de ésta son más profundas y se remotan a siglos atrás. El padre Las Casas murió sin haber cesado un solo momento en su cruzada.

En 1531 se prohibió esclavizar a los indios, y en 1542 se dieron a conocer las famosas *Nuevas Leyes*, por las que se suprimieron las encomiendas. Los indios quedaban libres, y tanto a éstos como a los españoles se les reconocían iguales derechos.

Esta justa legislación fue, sin embargo, mal interpretada, y así, el indio, sin ningún privilegio de amparo oficial, fue despojado de sus tierras por el colonizador insaciable.

A principios de la colonización, había más de 60,000 indios en Cuba. En 1555, sólo llegaban a 5,000, y cien años más tarde, constituían apenas un exiguo grupo de comunidades en Guanabacoa, Jiguaní, el Caney y Banes.

10. LA INFLUENCIA ABORIGEN EN LA HISTORIA DE CUBA

Cuba, a diferencia de México, el Perú, Ecuador y Bolivia, carece de cultura india. Esto se debe a que las razas aborígenes de las Antillas estaban muy atrasadas y a que, además, se extinguieron muy rápidamente. Eso coincidió con el éxodo de los colonos españoles que abandonaban la Isla para irse tras la fascinación del oro, la plata y la aventura hacia México, el Perú y otras regiones continentales.

Conviene anotar que la cultura aborigen cubana ha llegado a nuestros días mediante el mestizaje del español y el negro. La influencia india en Cuba se reduce a ciertos aspectos de la vida campesina y a buen número de vocablos y nombres geográficos. Social y políticamente sólo quedó una romántica melancolía que durante el siglo XIX se convirtió en el "ciboneyismo", simple expresión poética de las ansias de liberación del cubano subyugado por el español, como lo fueron los indios siglos atrás.

DESCUBRIMIENTO, CONQUISTA Y COLONIZACIÓN

11. CRISTÓBAL COLÓN (1451?–1506)

Lo que se sabe acerca de los orígenes y primeros años de la vida del descubridor de América es oscuro e incierto. Se da casi por seguro que nació en la ciudad de Génova, Italia, alrededor del año 1451. Parece que desde muy temprano Colón aprendió el oficio de su padre, tejedor de lanas. Asistió a las escuelas de su ciudad natal, pero no se sabe si recibió educación universitaria. A los veinte años más o menos Colón se hizo marinero y navegó por todo el Mediterráneo. Se ha afirmado que viajó por las costas africanas, las islas británicas y, posiblemente por Islandia, de donde trajo extraños relatos sobre remotas tierras situadas al poniente.

Cristóbal Colón. (N.Y. Public Library)

12. COLÓN EN PORTUGAL

Por el año 1474 Colón se encontraba en Portugal trabajando como cartógrafo. Allí casó con Felipa Muñiz, hija de uno de los marinos al servicio de Enrique el Navegante. De Portugal partían entonces las grandes expediciones exploradoras, y allí se entusiasmó Colón, quien llegó a pensar que gran parte del globo permanecía sin descubrir, y además, se podía llegar al Oriente por una vía mucho más corta que la buscada por los marineros portugueses hacia el sur de África. "Fue en Portugal —ha dicho su propio hijo— donde el Almirante comenzó a conjeturar que si se podía navegar hacia el sur, lo mismo se podía hacer hacia el oeste y encontrar tierra en ese derrotero".

Colón había conocido las narraciones del explorador veneciano Marco Polo por las tierras de Catay y Cipango. Había conocido al famoso cosmógrafo Martín Behaim y sostenía correspondencia con el sabio florentino Pablo Toscanelli, quien lo alentó en sus proyectos.

13. LOS PROYECTOS DE COLÓN

Colón fue recibido por el rey Don Juan de Portugal, a quien expuso sus planes. Pretendía que el monarca le proporcionara las naves y el dinero necesarios para su empresa. El Rey convocó un

Mapa publicado en 1498 en que aparecen las nuevas tierras descubiertas.
(N.Y. Public Library)

Colón parte del puerto de Palos en su primer viaje. (N.Y.
Public Library)

consejo de geógrafos, y éstos, después de deliberar, decidieron no prestarle ayuda.

Sin desalentarse ante este fracaso, decidió Colón marcharse a España a presentar sus planes a los Reyes Católicos, Fernando e Isabel. No fue atendido debidamente en un principio, y se marchó, quizá con el propósito de recurrir a otros monarcas de Europa. En su viaje se albergó en el convento de La Rábida, cuyo prior, Fray Juan Pérez, lo acogió con benevolencia. Este religioso comprendió la importancia del proyecto colombino y logró que la Corte Real lo recibiera de nuevo. En Salamanca fue recibido por los Reyes y escuchado por un consejo de teólogos que le dieron su venia. Sin embargo, trascurrieron varios años sin que se llevaran a cabo sus sueños. Los monarcas españoles se hallaban luchando por expulsar a los moros de Granada y no tenían los fondos necesarios para asumir la empresa de Colón. Cansado éste de esperar decidió irse a Francia, pero una vez más, el prior de La Rábida intervino, consiguiendo por fin que la Reina apoyara la arriesgada aventura. Después de muchos regateos de la Corte y sus consejeros, el 17 de abril de 1492, firmaron los Reyes el *Acta de las Capitulaciones de Santa Fe*, mediante la cual Colón fue

Rebeldía a bordo de la
Santa María.

nombrado almirante, gobernador y virrey de todas las tierras que
descubriera, además de garantizarle un décimo de las perlas, piedras
preciosas, oro, plata, especias y cuantas riquezas encontrara. Los
sueños de este singular marino iban por fin a realizarse.

Colón toma posesión de las tierras descubiertas en nombre de los Reyes
Católicos.

14. EL DESCUBRIMIENTO

Cuba fue descubierta por Cristóbal Colón en su primer viaje, al anochecer del 27 de octubre de 1492. Al día siguiente fondeó en un río de la costa norte, al que dio el nombre de *San Salvador*.[1] Pero veinticuatro horas después, considerando poco seguro aquel lugar, zarpó hacia el oeste, y el 31 llegó, a poco de navegar, a la desembocadura de un río más ancho y caudaloso, al que bautizó con el sonoro nombre de *Río de Mares* que se supone sea el puerto de Nuevitas, o más bien, la entrada de la Bahía de Sabinal, formada por la península de este nombre y la isla Guajaba, hoy Boca de las Carabelas. Aquí desembarcó el Descubridor y tomó posesión de esta isla en nombre de los Reyes de Castilla, llamándola *Juana* en nombre del infante Don Juan.

Colón creyó erróneamente que esta isla, la de Cuba, era el extremo de un continente, aunque según los indios era solamente una isla.

No obstante, Colón imbuido en las leyendas de Marco Polo, creyó haber tocado el reino de Kublai-Kan y destacó un pequeño grupo de sus acompañantes, con intérpretes traídos de las Lucayas, para que exploraran el interior del país. Le informaron que esta "tierra no era rica", como creyó Colón, quien más tarde escribió que ésa era la "tierra más hermosa que ojos humanos vieron".

El 12 de noviembre Colón se dirigió hacia el este en busca de oro. El 5 de diciembre llegó a la punta de Maisí, extremidad oriental de la isla de Cuba. Pensando que era la continuación del continente, la llamó *Alfa y Omega*. Más adelante descubrió otra isla, asiento actual de Haití y Santo Domingo, a la que dio el nombre de *La Española*. Aquí fundó la primera colonia del nuevo mundo, llamada *Natividad*.

15. LOS VIAJES DE COLÓN

Colón, en su segundo viaje, regresó a Cuba, a fin de determinar su verdadera configuración. El 29 de abril de 1494 llegó a la punta de Maisí y continuó navegando por el laberinto de cayos de la costa sur hasta la altura de Batabanó. El 12 de junio dispuso que el escribano Hernán Pérez de Luna diera testimonio de que Cuba no era una isla sino tierra firme, y suspendió su exploración hacia occidente. Un día después descubrió la Isla de Pinos, a la que dio el nombre de *Evangelista*. De regreso a las costas de Cuba volvió a recorrerla, siguiendo hacia el este, en sentido inverso, hasta llegar a La Española, desde donde emprendió su retorno a la península.

[1] Aunque no se ha podido determinar con absoluta certeza el lugar en que desembarcaron los españoles, los estudios llevados a efecto en los años treinta y cuarenta, parecen indicar sin lugar a dudas que el puerto fue el de San Salvador o Bariay en la costa norte de la provincia de Oriente.

VIAJES DE COLÓN

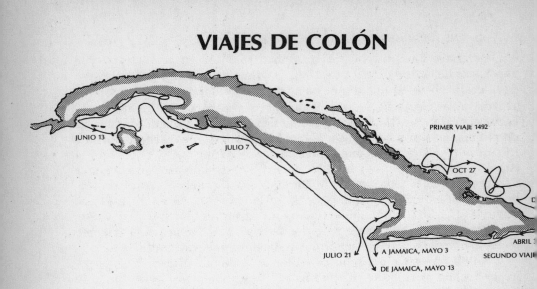

JUNIO 13

JULIO 7

PRIMER VIAJE 1492

OCT 27

ABRIL

SEGUNDO VIAJE

JULIO 21

A JAMAICA, MAYO 3

DE JAMAICA, MAYO 13

Durante dicho viaje, Colón llevó a efecto otros descubrimientos importantes, entre ellos, el de Puerto Rico y Jamaica. De vuelta a La Española, en su tercer viaje, tuvo que hacerle frente a la calumnia y la intriga. Lo esperaba allí Francisco de Bobadilla, comendador de

Cargado de cadenas, Colón es llevado a España. (New York Public Library)

Calatrava, que venía a enjuiciarlo, por orden de los Reyes. Cargado de cadenas lo remitió el comendador a España. La opinión pública se mostró opuesta a este tratamiento. Los Reyes lo libertaron y lo recibieron en audiencia pública, en Granada, donde se hallaba la Corte. En mayo de 1502, después de ser desagraviado, le habilitaron cuatro barcos, y el Gran Almirante partió en su último viaje hacia el mundo que había descubierto. Regresó a la Corte. Ya había muerto Isabel, su protectora. Fernando nunca simpatizó con él. Olvidado del mundo y de los hombres, Colón murió en Valladolid el 20 de mayo de 1506.

16. EXPLORACIONES DE LA ISLA DE CUBA

A fines de 1508, Nicolás de Ovando, adelantado y gobernador de La Española por encargo del rey Fernando, dispuso la exploración de las costas de Cuba para averiguar si era en realidad una isla o el extremo de un continente no explorado.

Esta comisión le fue encargada a Sebastián de Ocampo, compañero de Colón en su segundo viaje, el cual duró varios meses. Empezó por la costa norte, hacia el oeste, y al llegar a la extremidad del cabo de San Antonio dobló hacia el sur, llegando a lugares ya recorridos por Colón, como su Alfa y Omega, hoy punta de Maisí. Se comprobó así que Cuba era una isla.

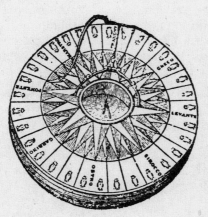

Brújula primitiva usada por los primeros
descubridores. (N.Y. Public Library)

Después de aquellas exploraciones, transcurrió mucho tiempo sin que nadie visitara Cuba. Sólo arribaron a sus costas algunos marinos arrojados por las corrientes, los vientos o los naufragios. Entre los que arribaron puede citarse al intrépido Alonso de Ojeda, quien desligado de toda autoridad se dedicó por cuenta propia a explorar tierras.

17.   CONQUISTA Y COLONIZACIÓN — DIEGO VELÁZQUEZ

Provocado el interés de los Reyes de España, bien sea por los relatos de Ojeda, por las narraciones de Ocampo, enamorado éste de Cuba, o bien por las que Colón originalmente había hecho al trono, dispusieron en mayo de 1509 que se procediera a la conquista y colonización de la Isla. Dos años más tarde, en 1511, le fue ordenada a Diego Velázquez, a quien acompañaban Hernán Cortés y el padre Las Casas, la realización de esa tarea, concediéndosele el título de adelantado.

En 1512 Velázquez fundó la villa de Nuestra Señora de la Asunción de Baracoa. Estableció allí su residencia. Construyó una fortaleza, y creó el primer gobierno municipal de Cuba. Seis años después se concedió a Baracoa el título de ciudad y sede episcopal.

Después de la fundación de Baracoa, corrieron rumores exagerados de la riqueza de la Isla, y acudieron a ella muchos aventureros de La Española. Entre éstos llegó Pánfilo de Narváez. Velázquez lo hizo su teniente favorito. Narváez, jinete en briosa yegua, reviviendo el mito del centauro, atemorizaba a los indios, que no conocían el caballo.

Diego Velázquez era ambicioso, egoísta y cruel. Exterminó a los indios y bajo su dominio tuvo lugar el suplicio de Hatuey. Este famoso cacique procedía de La Española. Sabiendo que su fin estaba cercano, decidió resistir hasta la muerte. Condenado a morir en la hoguera,

CONQUISTA DE CUBA

PRIMERAS POBLACIONES

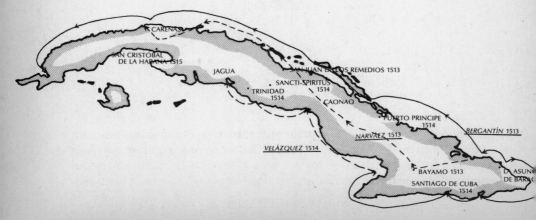

cuando el confesor franciscano lo incitó a convertirse al cristianismo, Hatuey preguntó:

—¿Van al cielo los españoles?

—Sí —contestó el sacerdote.

—Entonces —dijo el indomable indio— no quiero reunirme con mis verdugos.

La rebeldía de Hatuey y la circunstancia de ser ajusticiado en las cercanías de Yara, donde tres siglos y medio después se alzó en armas Carlos Manuel de Céspedes contra el dominio metropolitano, ha dado origen a que Hatuey sea presentado como el primer mártir de la independencia de la Isla. Se trata, naturalmente, de una leyenda.

18. FUNDACIÓN DE LAS PRIMERAS CIUDADES

Durante el gobierno de Velázquez, ejercido bajo la dependencia del gobernador y la Audiencia de La Española, se fundaron en Cuba, además de Baracoa, las villas de Bayamo, Santiago de Cuba, Puerto Príncipe, Sancti Spíritus, Trinidad, San Juan de los Remedios y San Cristóbal de La Habana, donde hoy se encuentra Batabanó; luego se trasladó la capital a orillas del río Almendares que desemboca en la entrada del Golfo de México.

En 1515 se trasladó nuevamente la capital a la villa de Santiago de Cuba. El gobernador Velázquez se estableció en ella, consolidándose la importancia de la parte sudeste de la Isla, al trasladarse a ella, en 1523, el obispado de Baracoa, sufragáneo del de Santo Domingo. Por la Real Cédula del 28 de febrero del año de 1515 se dispuso que la Isla se llamara *Fernandina*. Pero ni este nombre ni el primitivo de Juana que le dio el Almirante, llegaron a prevalecer sobre el de *Cubanacán*, ni después sobre el de *Cuba*, con que se conoce hasta hoy.

En 1519, la población de San Cristóbal de La Habana, establecida al sur de la Isla, se trasladó al norte, junto a la bahía que Ocampo había bautizado con el nombre de Carenas.

La importancia que llegó a adquirir este lugar, por ser el punto de reunión de todas las naves empleadas en la conquista de tierra firme, hizo que el Rey dispusiera con carácter oficial que el gobernador residiera allí.

19. EL RÉGIMEN COLONIAL — ORIGEN DEL LATIFUNDIO[2]

Las poblaciones de Cuba, como las de toda América, se organizaron bajo el régimen municipal, conforme al modelo de las de Castilla. Los funcionarios que regían la comunidad eran nombrados por los

[2] gran concentración de tierras propiedad de un solo dueño

Cédula Real concediendo el escudo de la Isla
Fernandina (Cuba), año 1517. Las letras *Y* y *F*
corresponden a Isabel y Fernando. En la parte inferior
aparece el apóstol Santiago, patrón de España. (MAS)

adelantados y fundadores. Las tierras descubiertas pertenecían al patrimonio de la Corona. El Rey, en uso de sus poderes absolutos, hacía merced de parte de ellas a la comunidad y a los pobladores, para estimular la creación de nuevas villas. El resto caía bajo el dominio real. En un principio los ayuntamientos tuvieron facultades para conceder, a título de merced, la posesión y disfrute de tierras útiles para la crianza de ganado a los vecinos que, bajo determinadas condiciones, las solicitaban. Esta facultad municipal se convirtió con el tiempo en semillero de pleitos y contiendas jurídicas, engorrosas e insolubles. De este régimen de propiedad surgió la *caballería,* para los nobles y validos de la Casa Real, y la *peonía,* para los peones y villanos. Después surgieron la *hacienda* y el *solar,* grandes y pequeñas porciones de terrenos rurales y urbanos que acapararon el gobernador y sus subalternos. Luego aparecieron las *mercedes, hatos y corrales,* que constituyen el origen de los grandes latifundios del café, el tabaco, la caña y el ganado.

Además de los funcionarios municipales, a quienes estaba encomendado el régimen económico y administrativo de la comunidad, existían unos oficiales reales, a cuyo cargo prácticamente estaban confiados los intereses del erario real. Por otra parte, la autoridad eclesiástica tenía también amplio poder. En cuanto a lo militar, no existía un ejército propiamente dicho, sino expediciones mandadas por jefes que obtenían autorización del Rey o de los gobernadores para organizarlas y somatenes de vecinos armados para la seguridad y defensa de las poblaciones.

En La Habana, el Castellano o jefe de la fortaleza del Morro, ejercía el mando superior militar. Este raro sistema, que pugnaba con la autoridad del gobernador de la Isla, dio origen a serios conflictos entre el Castellano del Morro y el gobernador, y con frecuencia, con los componentes del cabildo[3] o ayuntamiento.

Estos problemas se terminaron provisionalmente cuando el gobernador Juan de Tejeda, que solía hablarle con mucha claridad a Felipe II, exigió que toda la autoridad se le otorgara al gobernador.

20. DIEGO VELÁZQUEZ ANTE LA HISTORIA

Diego Velázquez fue un hombre de férrea tenacidad. Gracias a su poder organizador quedaron implantadas las leyes y reglamentos de la conquista. Tomó parte directa y personal en la construcción de las viviendas y en la organización del régimen municipal. Aprovechando los conocimientos de los aborígenes en las labores agrícolas, supo sacarles partido al introducir plantas y animales domésticos

[3] asamblea de los habitantes de una localidad

Diego Velázquez de Cuéllar (1465–1523) acompañó a Colón en su segundo viaje y fue nombrado capitán general de las Indias por Bartolomé Colón. Fundó Santiago y La Habana.

desconocidos en el nuevo continente. Una de estas plantas fue la caña de azúcar, y entre los animales, el caballo y el cerdo.

Bajo su gobierno Cuba sobrepasó en importancia a La Española. Fue Velázquez quien organizó y costeó de su peculio las expediciones al continente. Las más famosas fueron las destinadas a México. La última de estas expediciones fue encomendada a Hernán Cortés. Éste se le rebeló. Cuando Velázquez envió en su busca a Pánfilo de Narváez, Cortés, gran capitán de aventuras inverosímiles, lo derrotó en Zempoala y llevó a cabo la conquista del imperio azteca.

Los últimos días de Velázquez fueron tristes y amargos. Cuando presentó ante Carlos V su protesta por lo que estimaba una deslealtad de Cortés, el monarca le desoyó y dio la razón a su rival. En 1521, Velázquez fue suspendido en sus cargos y sometido a juicio de residencia por órdenes de Diego Colón, el hijo del Gran Almirante, gobernador de La Española. Salió bien, amparado por el manto imperial del monarca. Agobiado tres años más tarde por contrariedades y disgustos, murió en Santiago de Cuba en 1524.

21. CUBA DESPUÉS DE VELÁZQUEZ

Después de los gobiernos de Gonzalo de Guzmán y de Manuel de Rojas —éste tuvo el triste privilegio de perseguir y matar al cacique

Guama, superior en algunos aspectos a Hatuey— gobernó la isla de Cuba el adelantado Hernando de Soto, quien llegó a la Isla acompañado de su esposa Isabel de Bobadilla, hija del perseguidor de Colón. Cuba no le interesaba a Hernando. Dejó el mando a su esposa y emprendió viaje a la Florida. Descubrió el río Mississippi, en cuyas aguas fue sepultado.

En 1544, Juan de Ávila tomó el gobierno de Cuba. Construyó el primer acueducto y la casa de gobierno. Los vecinos la llamaban la "Casa del Miedo". A este gobernador lo sustituyó Antonio de Chávez. No pudo hacer nada. La Isla presentaba un aspecto tan miserable que un pariente de Velázquez, mestizo de castellano e india, refiriéndose a sus gobernantes, dijo: "Triste tierra, como tiranizada y de señorío".

Siendo en el siglo XVI la navegación y el dominio de los mares la cuestión más importante para España, Felipe II envió a las Antillas a un marino de gran jerarquía, Pedro Menéndez de Avilés, general de la Armada de Indias. Menéndez de Avilés pretendía conquistar la Florida.

A Felipe II le interesaba destruir el protestantismo en la Florida, en manos de hugonotes franceses. Le interesaba también ponerle fin al contrabando, el corso y la piratería. Creó, a las órdenes de Menéndez de Avilés, un gran servicio de flotas. Para financiarlo estableció un impuesto denominado *la habería*. De aquí salió el "situado", dinero que se distribuía en las colonias para sostenerlas. A Menéndez de Avilés como a de Soto no le interesaba la isla de Cuba. Gobernaron varios interinamente. El más destacado, Francisco de Zayas, llevó a cabo grandes reformas en las leyes y procedimientos coloniales.

22. LAS ORDENANZAS DE CÁCERES

En 1575 la situación de Cuba era un verdadero laberinto. Regían al mismo tiempo las Leyes de Indias, las Partidas de Alfonso el Sabio, las Reales Cédulas, las Ordenanzas de la Corona y los reglamentos del gabinete o sus equivalentes. Los mandos estaban anarquizados. Los gobernantes exprimían a los colonos. Las Cortes, el Consejo de Indias y la Audiencia de La Española dictaban disposiciones sin coordinación entre sí.

El gobernador continuaba siendo la máxima autoridad. Sin embargo, carecía de jurisdicción sobre el Castillo de la Fuerza, a orillas de la Bahía de La Habana, cuyo jefe dependía directamente de la Corona y de la jurisdicción sobre los puertos, cuando en éstos se encontraba el Servicio de Flotas. Marinos, soldados, oficiales, alférez, cuando bajaban a tierra cometían toda clase de fechorías y hasta raptaban a las mujeres de los vecinos, y se refugiaban luego en las naves donde no podían ser detenidos.

Enviado Alonso de Cáceres a poner orden en Cuba, comprendió que todo eso necesitaba un freno. En su carácter de oidor de la Audiencia de Santo Domingo, dictó las ordenanzas que llevan su nombre. Dispuso que: 1) los ayuntamientos y cabildos podían repartir tierras; 2) los cargos de Procuradores del Concejo debían ser electivos; 3) los fallos del gobernador podían apelarse ante los cabildos en los juicios menores; 4) el voto del gobernador en la elección de alcaldes debía suprimirse, excepto en casos de empate; 5) las tarifas judiciales se rebajarían; y 6) debía crearse, y así se hizo, el cargo de Teniente-Gobernador-letrado con residencia en la ciudad de Bayamo que había adquirido una gran importancia.

En cuanto a la esclavitud, bochorno de la época, Cáceres dejó advertencias y observaciones reveladoras de su talento y generosidad. Y una gran frase para la posteridad: "Debe gobernarse con mansedumbre, pero con valor".

23. CUBA AL FINAL DEL SIGLO XVI: ORIGEN DE LAS INDUSTRIAS DEL AZÚCAR Y DEL TABACO

Durante la primera mitad del siglo XVI, la incipiente economía colonial acusó inestabilidad y constante evolución. Las primeras bases de la riqueza cubana fueron mineras. Los colonos se dedicaban exclusivamente a buscar los metales preciosos, especialmente el oro, que parecía en aquel entonces abundar en la Isla. Esto, unido a la constante preparación y avituallamiento de las expediciones al continente, ori-

Palmas reales cubanas. (Wide World)

ginó una pequeña prosperidad que se incrementó en 1523, al autorizar la Corona española el libre comercio entre sus colonias. Cuba era la abastecedora natural de la América hispana.

Esta prosperidad terminó al agotarse los yacimientos de oro. Los colonos abandonaron la Isla en masa. Los indios, víctimas de los encomenderos y las enfermedades, habían desaparecido. El comercio, estrangulado por el régimen monopolizador de España, languideció rápidamente. En 1535 no se registraron entradas ni salidas de barcos, y hasta el gobernador de la Isla, endeudado y desencantado, pidió al Rey su relevo. En 1546 la isla de Cuba era una sombra vacilante que se desvanecía. Estaba arruinada. De sus industrias incipientes la única en pie, era la ganadera, con pocas ganancias por carecer de mercados adecuados. El comercio legítimo se ahogaba por las excesivas restricciones y los vecinos se veían obligados a entregarse al comercio ilegal. Para hacer la situación más difícil, el corso y la piratería crecían, haciendo a la Isla presa de fáciles ganancias.

En 1543 Hernando de Castro, buscando salida a esta situación de abandono, olvido y miseria, solicitó del Rey licencia y permiso para instalar un trapiche de moler caña de azúcar. Los ingenios [4] aparecieron más tarde, en la última década del siglo XVI, en las inmediaciones de la ciudad de La Habana.

Los progresos de la Isla fueron muy lentos. El comercio marítimo se asfixiaba bajo las regulaciones de la Casa de Contratación de Sevilla. La industria minera, ahora orientada hacia la extracción del cobre, progresó lentamente. La madera tomaba cierto auge con la construcción de buques y la edificación del palacio del Escorial en España y la ganadería se limitaba a mantener el paso, exportando cueros a la Metrópoli y caballos a México. El hecho económico más destacado de esta época fue, sin dudas, la definitiva implantación de la industria azucarera. Es conveniente destacar que al final del siglo Cuba exportaba pequeñas cantidades de azúcar a Castilla, Cartagena y Campeche. Sin embargo, la producción azucarera durante los dos primeros siglos de colonización fue mínima. El crecimiento de esta industria requería mano de obra abundante y barata y cuantiosos capitales, factores ambos ausentes de la Isla. En la última década del 1500 comenzaron a introducir cargamentos de esclavos en las Antillas. Algún capital comenzó a aparecer gracias a la inseguridad de la travesía atlántica, pues las flotas tenían que invernar en La Habana. Muchos habaneros iniciaron sus modestas fortunas comerciando y construyendo fortalezas, hoteles y posadas.

En cuanto al tabaco, fuente de riqueza tradicional de Cuba, su origen industrial data del mismo tiempo que el del azúcar. Las pri-

[4] central azucarero

meras vegas se fomentaron a orillas de los ríos Guanabo en la provincia de La Habana, Canasí en la de Matanzas, y Arimao y Agabama en Las Villas.

Resulta interesante lanzar una ojeada al estado de la población y su composición racial. La rápida extinción de los indios indujo a los colonizadores de Cuba a imitar a los de la isla de La Española, y solicitar de los Reyes la autorización para importar negros africanos, que empezaron a arribar a estas playas en cantidades crecientes. Los primeros eran de raza *mandinga*, la más extendida por el África ecuatorial. Más tarde llegaron otros africanos, como *gangas, minas, lucumíes, carabalíes* y *congos*.

3

PIRATAS, CORSARIOS, FILIBUSTEROS Y BUCANEROS

24. CAUSAS DE LA PIRATERÍA: EL CORSO EN AMÉRICA

El siglo XVII fue un siglo de luchas por el dominio de los mares y el control del comercio con las colonias.

Las causas de la piratería y el corso en la América, especialmente en el Mar Caribe, se originaron con la política comercial de España, y en sus guerras con las otras naciones europeas. Las ideas predominantes en Madrid, comunes en esos tiempos a todas las naciones, respecto a la riqueza y a los derechos de las clases dominantes, determinaron el auge del "mercantilismo", régimen de exclusividad y monopolio, en virtud del cual únicamente la Metrópoli podía comerciar con sus colonias, y en éstas les estaba prohibido tanto a los extranjeros como a los nacionales establecer relaciones comerciales si no era con permiso especial de la Corona.

El "mercantilismo" conducía a la guerra, cuya finalidad era la conquista, y en apoyo de ésta, el financiamiento de la piratería. Con la piratería y el corso, Francia, Inglaterra y Holanda esperaban atacar a España en el corazón de sus riquezas: sus colonias del Nuevo Mundo.

25. DEFINICIONES Y FASES DE LA PIRATERÍA

Los españoles acostumbraban llamar a todos los que se arriesgaban a penetrar su zona de monopolios con el nombre de *pechelingues* o piratas. Sin embargo existen ciertas diferencias que es necesario destacar. El pirata era esencialmente un salteador de los mares; navegaba bajo su bandera y para su propio beneficio. El corsario actuaba autorizado por las naciones hostiles a España. Recibía una *patente* o *carta de corso* y venía a ser un vasallo de su Rey. El

Bucanero del siglo XVII. (N.Y. Public Library)

filibustero, como el pirata, sólo actuaba en connivencia con alguna de las compañías mercantiles de Indias. Por último, el bucanero era un aventurero dedicado casi exclusivamente al robo metódico del ganado.

Se acostumbra clasificar las etapas o fases de la piratería según la nación predominante en sus hostilidades contra España. Esta clasificación no era muy precisa pero ayudaba a ver con cierto orden las fechorías de estos bandoleros:

1. Fase francesa: 1538–1550
2. Fase inglesa: 1550–1599
3. Fase holandesa: 1600–1648
4. Fase franco-inglesa: 1648–1700

26. LA FASE FRANCESA: 1538–1550

Carlos V, rey de España y emperador de Alemania, y el rey de Francia, Francisco I, chocaron por la supremacía en el continente europeo. Esta rivalidad degeneró en luchas armadas entre las dos naciones a partir de 1521; no vino a terminar hasta 1599. Estas guerras se extendieron al Nuevo Mundo. Francia concedió cartas o patentes de corso a sus aventureros para que atacaran las posesiones y las naves españolas en Santiago de Cuba y La Habana. En 1546 dos embarcaciones con unos cien franceses procedentes de la expedición de Roberval al Canadá atacaron a Baracoa y La Habana, obteniendo considerables ganancias con los rescates cobrados a las familias de los colonos.

27. LAS FECHORÍAS DEL FRANCÉS JACQUES DE SORES

Jacques de Sores, pirata audaz y cruel, apareció frente a las costas de Santiago de Cuba a mediados de 1554. Los corsarios entraron en el puerto, saquearon, quemaron y secuestraron a los ricos, los cuales no fueron devueltos hasta que pagaron un fuerte rescate.

Al año siguiente, de Sores estaba de vuelta, ahora frente a La Habana, cuya población y gobernador huyeron llenos de pánico. A hacerles frente les salió el valiente Juan de Lobera, que se había atrincherado en el Castillo de La Fuerza. Lobera y de Sores acordaron una tregua, pero el gobernador Pérez de Angulo, ignorando esto, marchó imprudentemente sobre La Habana. De Sores, colérico ante lo que creía una traición, ordenó decapitar a treinta prisioneros y puso en fuga al gobernador. Las iras del corsario francés no se aplacaron hasta que hubo saqueado y quemado la población.

Apenas se habían recuperado los habaneros de este ataque cuando otros dos corsarios franceses atacaron. Pérez de Angulo logró alejarlos con dineros y súplicas sin siquiera intentar hacerles frente. Por fin su cobardía e ineptitud le costaron el puesto. El Ayuntamiento de La Habana, con Lobera a la cabeza, pidió su sustitución y así se hizo.

En 1574 y 1578 fueron atacadas Trinidad, Baracoa, San Juan de los Remedios y Bayamo respectivamente. En 1586 el corsario francés Richard se apoderó de una fragata, pidiendo el consabido rescate. Richard y sus secuaces desembarcaron por Manzanillo para ir a cobrar el rescate en Bayamo. Un grupo de bayameses, bajo el mando del cubano Gómez de Rojas, los sorprendió. Los salteadores fueron capturados y ahorcados en Bayamo. Estos hechos ocurrieron cuando gobernaba en la Isla Gabriel de Luján, primero en ostentar el título de capitán general.

28. LAS CONSECUENCIAS DE ESTOS ATAQUES

Las fechorías de los franceses, especialmente las de de Sores, resultaron funestas para las nuevas poblaciones de Cuba. También resultaba que para España Cuba era un medio, un puente para sus conquistas y expansiones por el hemisferio. Desgraciadamente, esta actitud de negligencia para con Cuba se perpetuó a través de toda su vida colonial, sufriendo los nativos abandono material y espiritual. Gobernadores como Luis de Las Casas y el marqués de la Torre fueron excepciones que confirman la regla.

En 1565 los colonos españoles habían abandonado a Cuba para irse a México o al Perú. Ahora, con los ataques de los corsarios, cuanto quedaba en pie se vino abajo. La pobreza de la población se pone de manifiesto al no poder los habaneros reunir el rescate que de Sores había pedido. Otra de las graves consecuencias de estos ataques fue el provocar un cambio en la gobernación de la Isla, de civil a militar. Desde Velázquez hasta el sucesor de Pérez de Angulo, los gobernadores habían sido civiles y abogados. De ahora en adelante, como Cuba se hallaba prácticamente en estado de sitio, sólo se nombraban militares. España, con contadas excepciones, nunca más modificó este rumbo.

29. LA FASE INGLESA: 1550–1599

Felipe II, perdidas sus esperanzas de poder extender la influencia del poder español sobre Inglaterra mediante su matrimonio con la reina María, decidió conseguirlo por medio de la guerra. En España se comenzó a organizar la *Armada Invencible*, poderosa flota, para invadir a Inglaterra. El resultado de este conflicto fue la preponderancia de la piratería inglesa en América. Los piratas ingleses más famosos fueron John Hawkins y Francis Drake, sobre todo este último.

30. FRANCIS DRAKE

En 1585 Francis Drake, del cual se servía la reina Isabel de Inglaterra para atacar a España, se presentó frente a las costas de La Habana. Encontrando la plaza en pie de defensa siguió hasta Matanzas donde avitualló su flota.

Este "pirata legal" atacó a Santo Domingo y Cartagena, logrando apoderarse de esta última, con lo que provocó una febril actividad en construcciones militares en las colonias españolas. El gobernador Tejeda y el ingeniero Juan Bautista Antonelli recomendaron la construcción de los castillos del *Morro* y de *La Punta*. Antonelli, después de cumplida su misión, se marchó, profetizando que aquél que dominara el promontorio de La Cabaña sería el amo de la plaza.

Después de fracasar la invasión de la Armada Invencible, Drake preparó una formidable flota para caer de nuevo sobre las posesiones españolas. Rechazado en Puerto Rico, puso proa hacia las costas del

Bucaneros al ataque. (N.Y. Public Library)

continente donde saqueó y quemó a Río Hacha, Nombre de Dios y
Santa Marta. Entonces el lobo marino inglés pensó atacar a La
Habana, pero se enfermó de fiebres y murió frente a las costas del
sur de Cuba en 1596. Su cadáver fue dado a las ondas del Mar Caribe.

31. DISPUTAN LOS PIRATAS LOS BENEFICIOS COMERCIALES DE LA CASA DE CONTRATACIÓN

A principios del siglo XVII las aguas del Caribe se encontraban
infestadas de piratas. La navegación se hacía casi imposible, pues
llegaban hasta atacar a los barcos de guerra que protegían la flota.
Con el propósito de limpiar los mares de Cuba de esta plaga, España
mandó de gobernador de la Isla a un hábil marino, Pedro de Valdés,
sobrino de Menéndez de Avilés. Aunque Valdés se anotó varios éxitos,
la piratería y el corso continuaron. España no se daba cuenta de que la
causa del mal era su monopolio. La beneficiada era la *Casa de Con-*

tratación.[1] La piratería era la represalia de las naciones rivales; el contrabando, la de los criollos.[2] El contrabando, al que se le dio el significativo nombre de *rescate,* adquirió enormes proporciones, al extremo de tener mayor volumen que el comercio legal. En el contrabando la participación era universal y necesaria para subsistir. En Cuba desde el más pequeño comerciante hasta los funcionarios del gobierno y el clero se entregaron a su práctica.

El contrabando generalizado tuvo funestos efectos en la formación del carácter de los criollos. La afición por el comercio ilegítimo, y la continua burla a las autoridades fiscales crearon entre los criollos una actitud que ha subsistido hasta el presente.

32. GILBERTO GIRÓN — SALVADOR GOLOMÓN

No siempre los piratas tenían éxito. Hubo varios casos en que fueron apresados y ejecutados. De todos los casos el más interesante fue el de Gilberto Girón, que dio lugar al primer poema escrito en Cuba, intitulado *Espejo de paciencia,* de Silvestre de Balboa.

En 1604 Girón, después de saquear a Santiago de Cuba, decidió atacar a Bayamo adentrándose por sus inmediaciones. En Yara apresó al obispo de Cuba, Fray Juan de las Cabezas Altamirano. Soberbio y arrogante, se dio el gusto de humillarlo, ordenándole que caminara descalzo hasta Manzanillo, donde se encontraba anclado su barco. Ochenta días permanecieron el prelado y sus compañeros cautivos, hasta que una expedición de bayameses, a las órdenes de Gregorio Ramos, vino a rescatarlos. Advirtiendo los bayameses que los piratas estaban desprevenidos, cayeron sobre ellos matándolos a machetazos. En la refriega se destacó un negro llamado Salvador Golomón, quien provocó la admiración del poeta Balboa:

> "¡Oh Salvador criollo!, negro honrado,
> Vuele tu fama y nunca se consuma . . ."

33. LA FASE HOLANDESA: 1600–1648

Felipe II y los holandeses

Los ataques de los corsarios holandeses a las colonias españolas en América fueron el resultado de las guerras de Felipe II con los holandeses de los Países Bajos. Éstos eran parte del imperio de Carlos V, pero al subir al trono su hijo Felipe II, las cosas se complicaron

[1] compañía gubernamental de la Corona española que tenía monopolio absoluto del comercio con el Nuevo Mundo
[2] españoles nacidos en Cuba

por su intolerancia religiosa. Los holandeses habían abrazado la religión protestante calvinista. Felipe II se empeñaba en erradicar esa herejía de sus dominios. La primera revuelta comenzó en 1566, y las guerras subsecuentes se prolongaron hasta 1609, en que se firmó la *Tregua de Doce Años*. Desde 1602 los holandeses habían creado una compañía, la de las *Indias Occidentales*, para traficar con las colonias y subvencionar las operaciones de piratas y corsarios. Al terminar la tregua, las hostilidades se iniciaron nuevamente. La compañía, a pesar de la *Armada de Barlovento*, que protegía las costas de Cuba, pudo bloquear los puertos de la Isla, incluyendo el de La Habana.

La Escuadra de Pitt Hein

Pitt Hein, uno de los marinos más notables de aquellos tiempos, apareció en las aguas de las Antillas en junio de 1623. Traía un proyecto fabuloso: apoderarse de las flotas que se reunían en La Habana. En aguas de Matanzas, se trabó una batalla formidable en la que triunfaron los holandeses, que se apoderaron de 31 navíos y 12 millones de pesos.

El éxito de Hein incrementó el apetito de los corsarios holandeses dirigidos por la Compañía de Indias. En 1629 el marino Cornelio Jols bloqueó otra vez las costas de Cuba en espera de las flotas. Jols, a quien la historia recuerda con el nombre de "Pata de Palo", no consiguió su objetivo y se dedicó a merodear por las costas cubanas, desde La Habana hasta Isla de Pinos, sin decidirse a atacar. Más tarde, en 1638, volvió de nuevo. Tampoco tuvo éxito. Entretanto, la Guerra de los Treinta Años terminó en Europa con el *Tratado de Westfalia*. En 1648 España reconocía la independencia de Holanda. A partir de entonces, los ataques holandeses fueron disminuyendo hasta desaparecer como arma política.

34. LA FASE FRANCO-INGLESA: 1648-1700

La Hermandad de la Costa

Por el año de 1631 existía en la Isla de San Cristóbal una agrupación de aventureros llamada la *Hermandad de la Costa*. Eran éstos unos forajidos que no le daban a la vida y a las leyes valor alguno. Vivían alejados de sus patrias y no acataban la soberanía de ningún país. Entre los Hermanos de la Costa los había de todas las nacionalidades, aunque predominaban ingleses y franceses.

Sin embargo, a pesar de su independencia, estos filibusteros recibían patente de corso de Francia y respaldo indirecto de Inglaterra. La técnica de estos "demonios de los mares", no era la de atacar a las flotas, sino lanzarse de improviso sobre las poblaciones costeras, matando a hombres, mujeres y niños, incendiando los edificios públicos y robándose las campanas de las iglesias.

La Isla Tortuga y los piratas

En 1630 una escuadra española bajo las órdenes de Fadrique de Toledo los expulsó de San Cristóbal, pero pronto pasaron a Haití y más tarde se apoderaron de la isla Tortuga. Ésta se convirtió en un verdadero nido de desalmados, en donde se fomentaban no sólo las expediciones marinas, sino que se hacían plantaciones y se construían fortalezas.

Bajo la dirección del francés Levasseur, los piratas de la isla fueron puestos bajo la protección del rey de Francia, que llegó hasta designarles un gobernador. Ahora, con más fuerza que nunca, reanudaron sus ataques a las costas cubanas. La ciudad de San Juan de los Remedios sufrió un pavoroso saqueo en 1652. Los piratas cargaron hasta con los esclavos.

35. REAPARECEN LOS INGLESES Y LOS FRANCESES

Durante el gobierno de Oliver Cromwell en Inglaterra (1649–1658), el poderío naval británico aumentó. Inglaterra concebía planes de expansión en el Caribe. Con tales propósitos, en 1655, una fuerte escuadra partió hacia Cuba; nunca llegó a atacarla, pero se apoderó de Jamaica. Esta isla era una excelente base de operaciones para la conquista de Cuba. En octubre de 1662 una expedición de 900 hombres atacó a Santiago de Cuba, aunque su objetivo era solamente filibustero. Tres años más tarde una expedición de 300 franceses cayó sobre Sancti Spíritus el día de Navidad, con los consiguientes quebrantos para la villa en tales ataques.

36. FRANCISCO NAU Y HENRY MORGAN, AZOTES DE CUBA

Estos dos filibusteros, francés el primero, inglés el segundo, llegaron a ser el terror de las colonias españolas. Francisco Nau, llamado el Olonés, atacó a San Juan de los Remedios, Puerto Príncipe y Batabanó en 1667. Finalmente murió en un ataque a las costas de Nicaragua.

Henry Morgan, más feroz que el Olonés, atacó a Puerto Príncipe en 1688, matando en la iglesia a mujeres y niños y entregándose a un violento saqueo. En el continente asaltó Portobelo, Maracaibo y Panamá. En Panamá amasó una fabulosa fortuna. Más tarde, rico y satisfecho, se retiró a Jamaica. Inglaterra lo ennobleció, concediéndole el gobierno de Jamaica.

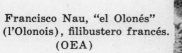

Henry Morgan, filibustero
inglés. (N.Y. Public Library)

Francisco Nau, "el Olonés"
(l'Olonois), filibustero francés.
(OEA)

37. DIEGO GRILLO

Los criollos de Cuba también tuvieron un representante entre los filibusteros, Diego Grillo, quien mandaba sus naves tripuladas por ingleses y franceses y saqueaba los barcos que navegaban por las costas de la Isla. Lo hizo famoso el encuentro que tuvo con los españoles frente a las costas de Nuevitas en 1673.

38. FIN DE LA PIRATERÍA

A fines del siglo XVII, la situación política en Europa y en las colonias había cambiado. Inglaterra y Holanda, que habían combatido a España, despojándola de su monopolio colonial, tenían ahora a su vez establecimientos coloniales, de manera que los piratas, lejos de beneficiarlas, las perjudicaban.

El rey de Inglaterra Carlos II decidió hacer las paces con España con la esperanza de alcanzar mayores beneficios económicos por las vías legales. Por el *Tratado de Madrid* de 1670, España reconoció la existencia de las colonias inglesas en Norteamérica, mientras que Inglaterra se comprometía a poner término a su política de piratería en aguas americanas. Más tarde, en 1688 se firmó el *Tratado de Aix-La-Chapelle*. Inglaterra, España y Holanda destruyeron sus principales establecimientos de filibusteros y piratería en América. Había terminado una pavorosa época para Cuba.

En resumen, las características de la economía cubana de esta época fueron de producción y consumo restringidos, consecuencia de la inseguridad de los tiempos, de las trabas y de las dificultades con el comercio exterior. El siglo XVII dejó a Cuba agobiada por los incesantes ataques piratas. Con una población ya asentada, que no soñaba enriquecerse de oro, estaba preparada para prosperar a un ritmo más acelerado. Después de todo, sus dos industrias fundamentales, el azúcar y el tabaco, estaban aclimatadas, pese a las muchas vicisitudes. El siglo XVII marcó también la aparición de algunas reformas, entre ellas la del sistema tributario y la promulgación de nuevas tarifas.

En cuanto al orden administrativo, hay que señalar que en 1607 se llevó a cabo una reorganización. Cuba fue dividida en dos jurisdicciones: La Habana y Santiago. Inicialmente ambas tenían el mismo rango, pero en lo militar Santiago pasó a depender de la capitanía general de La Habana.

4

CUBA CODICIADA Y DISPUTADA

39. LA GUERRA DE SUCESIÓN: 1702–1713

Los primeros años de la historia de Cuba en el siglo XVIII se vieron determinados por el conflicto internacional de la Guerra de Sucesión.

Carlos II, "el hechizado", último rey de la Casa de Austria, murió sin descendencia en 1700, quedando planteada en todas sus consecuencias la sucesión al trono. Este problema trascendió las fronteras de España y afectó a todo el continente europeo. Dos candidatos se disputaban el trono: el archiduque Carlos de Austria y el príncipe francés Felipe de Borbón, nieto del rey Luis XIV de Francia.

Batalla de la Bahía de Vigo durante la Guerra de la Sucesión Española. En este cuadro, una flota española que partió de La Habana con 3,400 toneladas de oro y plata, es capturada por una fuerza inglesa y holandesa. (The National Maritime Museum, Greenwich, Inglaterra)

Inglaterra, Holanda y otras potencias favorecían al archiduque. La elección de Felipe tuvo como resultado el desequilibrio de las potencias europeas. Carlos II favorecía al pretendiente francés. Luis XIV se apresuró a proclamar a Felipe rey de España. La guerra estalló en 1702. Francia y España se unieron contra casi todas las otras potencias europeas.

40. HECHOS SOBRESALIENTES DEL CONFLICTO SUCESORIO EN CUBA

La escuadra inglesa se presentó en las aguas de Cuba. La Isla pudo haber sido invadida sin mayores dificultades, a no arribar una escuadra francesa a tiempo para custodiar y proteger las posesiones españolas. Sin embargo, los ingleses desembarcaron en Trinidad y saquearon la villa. Entretanto en La Habana los partidarios del archiduque Carlos provocaron varios disturbios.

Nicolás Chirino asumió las funciones políticas de la colonia. El comandante de navío Luis Chacón se encargó de los asuntos militares. Ambos eran cubanos y se distinguieron por su enérgica actitud frente a las escuadras inglesas que se presentaron en 1703 y en 1707. Salvaron la plaza por entonces, pues Cuba volvió a sufrir nuevos ataques de piratas ingleses.

41. TERMINA LA GUERRA DE SUCESIÓN — SE INICIA EL TRÁFICO DE ESCLAVOS

La Guerra de Sucesión terminó en 1713 con la *Paz de Utrecht*. El conflicto había beneficiado económicamente a la Isla. El estacionamiento de tropas y navíos franceses dio lugar a una gran actividad comercial, libre de las trabas mercantilistas tradicionales del imperio español. Por la Paz de Utrecht, Inglaterra reconocía a Felipe V como rey de España. Ésta le concedía a Inglaterra varias ventajas económicas que afectaban a Cuba directamente. Una fue la trata de esclavos africanos. Los colonos agrícolas, especialmente los azucareros, se regocijaban con la promesa de Inglaterra de introducir muchos esclavos, necesarios para expandir la naciente industria azucarera.

42. REFORMAS POLÍTICAS, ECONÓMICAS Y MILITARES DE LOS BORBONES

Felipe V gobernó su imperio con mano fuerte. El nuevo régimen borbónico implantó una rígida centralización administrativa, a la vez que fortaleció el monopolio mercantil. Nada pudo ser más inoportuno para el desarrollo de la personalidad del criollo. Los capitanes generales, al aplicar las leyes dictadas en España, habían tenido que ceder ante el sentir de la localidad. La fuerza de los criollos se había manifestado a través de los ayuntamientos o cabildos, especialmente cuando moría o faltaba el capitán general. En estos casos, las funciones eran asumidas por los alcaldes ordinarios. Para evitar esa situación, se creó el cargo de Teniente Rey. Éste tomaría el mando supremo al faltar el capitán general. A falta del teniente rey, el oficial de mayor gradación lo sustituiría.

Resumiendo, el gobierno quedaba en manos de los militares, con la exclusión de los alcaldes, los cuales generalmente eran nativos. De allí en adelante comenzaron a perfilarse las dos clases políticas de la colonia: por una parte, los peninsulares, nacidos en España, que disfrutaban del poder, y por otra, los criollos, nacidos en Cuba, que a pesar de su poder económico se veían relegados a un plano inferior sin participación en el gobierno del país.

El ataque de los Borbones a las instituciones locales autónomas fue absoluto. Una Real Cédula de 1729 privó a los ayuntamientos del privilegio de distribuir las tierras a aquellos vecinos que las pidieran. Esta facultad se le otorgó al capitán general. También se procedió a **nombrar capitanes y tenientes con poderes ilimitados sobre las villas de la colonia.** Por último, en 1733 una Real Cédula de Felipe V dispuso que la jurisdicción oriental de Santiago de Cuba quedara subordinada en todo al capitán general de La Habana.

El régimen de los Borbones fue tan opresivo en lo político como en lo administrativo. Implantó dos monopolios: el del tabaco y el del comercio. De todo esto se encargó *La Real Compañía de Comercio de La Habana.*

43. ANTECEDENTES DEL ESTANCO DEL TABACO

Se cree que Cristóbal Colón fue el primero en introducir el tabaco en España. Los portugueses lo habían traído del Brasil. Jean de Nicot lo introdujo en Francia. Walter Raleigh se encargó de popularizarlo en Inglaterra. Todas estas naciones poseían vegas de tabaco. Pronto el mercado mundial aprendió a distinguir el tabaco de Cuba como el mejor, llegando a cotizarse a los mejores precios. Su cultivo había avanzado ventajosamente sobre las otras fuentes de riqueza. Las vegas no requerían grandes extensiones de tierras, esclavos o capitales. El veguero era por excelencia un pequeño agricultor especializado.

44. EL ESTANCO DEL TABACO — LAS SUBLEVACIONES
DE LOS VEGUEROS

Las crecientes y lucrativas exportaciones del tabaco llevaron en

1708 al gobierno de Madrid a comprar y vender la mayor cantidad posible del producto, creando así el *Estanco*. Lo arbitrario consistía en que el gobierno se arrogaba el derecho de comprar todo el tabaco a precios que él mismo fijaba y después revenderlo a los precios del mercado mundial siempre más altos. Esta operación se hacía sin tener en consideración alguna a los vegueros, perjudicándolos al no poder aprovechar los ventajosos precios del mercado.

Tal injusticia provocó entre los vegueros y comerciantes gran descontento. Simplemente se negaron a obedecer y elevaron una súplica a la Corte. La respuesta fue la creación de la *Factoría*. La Factoría era una oficina en La Habana para consolidar todas las operaciones de empaque del tabaco, con sucursales en otras ciudades de la Isla.

Al darse a conocer esta disposición, los vegueros se amotinaron. El gobernador Raja, temiendo por su vida, salió a escondidas para España. Estos motines y revueltas han sido clasificados por los historiadores en tres etapas: 1717, 1720 y 1723. Algunos han querido ver en ellos un fermento de rebeldía nacionalista y separatista. Quizás los vegueros no pensaban así. Simplemente se oponían a unas ordenanzas que afectaban sus negocios. Recuérdese que antes los criollos habían defendido la Isla frente a Inglaterra, y después, cuando los ingleses ocuparon la capital, se habían mantenido leales a Madrid. La conciencia política independentista es un producto del siglo XIX, no del XVIII.

Las sublevaciones de los vegueros terminaron en 1723, con muertos y prisioneros. Sin embargo, los vegueros consiguieron que el estanco fuera suspendido por varios años.

45. LA REAL COMPAÑÍA DE COMERCIO DE LA HABANA

El monopolio tabacalero y otras concesiones atrajeron a muchos comerciantes peninsulares. Un grupo de ellos decidió aportar el capital necesario para formar una sociedad: *La Real Compañía de Comercio de La Habana*. El objetivo era asegurar el monopolio del comercio entre España y Cuba. Apoyaba a estos comerciantes el gobernador de la Isla, Juan Francisco Güemes, quien contribuyó con su gran influencia a obtener tal privilegio. Los poderes de la Compañía, una vez otorgados en 1740, abarcaban la casi totalidad de las exportaciones cubanas. Este gigantesco consorcio comercial, al que pertenecía solamente un escogido grupo de los adinerados de La Habana, excluía de sus privilegios a quienes no pertenecían a él, y los obligaba a vender baratas sus cosechas. Limitaba además a su arbitrio las importaciones y exportaciones. Vendía al precio que se le antojaba. Todo el resto de la Isla sufría la imposición de los comerciantes de la capital. Este monopolio, que se mantuvo por veinte años, sirvió también para introducir a la Isla más de 5,000 esclavos.

Otros monopolios auspiciados por la Compañía fueron dos contratos o asientos para la importación de esclavos africanos en América. El primero fue concertado con la *Compañía Real de La Guinea Francesa,* y el segundo con la *Compañía Inglesa del Mar del Sur.* Por estos acuerdos entraron en Cuba unos 180,000 esclavos. El Rey de España recibía la tercera parte de la venta de cada esclavo.

46. LA GUERRA DE LA OREJA DE JENKINS

Las relaciones entre Inglaterra y España, a pesar de la Paz de Utrecht y de las concesiones mercantiles de España a los mercaderes ingleses, no fueron capaces de evitar nuevos problemas. Uno de ellos lo provocó la ambición de los comerciantes de Inglaterra, que constantemente violando los tratados comerciales con España, mandaban barcos sin licencia ni previa autorización de las autoridades de Madrid. La Compañía del Mar del Sur era una de las más culpables. España se empeñó en poner fin por la fuerza a estas violaciones. Nadie podía negarle ese derecho. Los comerciantes ingleses protestaban ante su parlamento, mientras hacían campaña para una declaración de guerra.

Los incidentes en alta mar eran constantes. En una de las operaciones de abordaje, un capitán inglés llamado Jenkins perdió una oreja de un sablazo a manos de un oficial hispano. Jenkins recogió su oreja, la puso en una botella de alcohol y se fue a Londres. Frente a una comisión de la Cámara de los Comunes, hipócritamente hizo un relato dramático. El primer ministro inglés Robert Walpole se oponía a declarar la guerra, pero los comerciantes habían agitado la opinión popular con el manoseado tópico de la crueldad española. Todas las resistencias del político inglés fueron inútiles. En 1739, Walpole cedió ante la presión popular. Se declaró la guerra a España. Este conflicto se conoce con el nombre de la *Guerra de la Oreja de Jenkins.* Una vez más, Cuba era víctima del juego internacional de las grandes potencias, política subsistente hasta el día de hoy.

47. EPISODIOS DE LA GUERRA

En agosto de 1741, los ingleses desembarcaron 5,000 hombres en Guantánamo con el objeto de apoderarse de Santiago. Cinco meses más tarde los invasores no habían hecho ningún progreso. Muy al contrario, acosados por las guerrillas, el rigor del clima y las enfermedades tropicales, tuvieron que levantar el campo y retirarse a Jamaica.

El otro episodio de este conflicto entre Inglaterra y España fue el combate naval frente a La Habana, la tarde del 12 de octubre de 1747. La batalla duró seis horas y su resultado quedó indeciso. Esta lucha estéril terminó con la *Paz de Aquisgrán*.

48. LA DOMINACIÓN INGLESA: ANTECEDENTES

En 1759 Carlos III subió al trono español, inaugurando la última etapa dorada del imperio español. Continuó la posición neutral española, ofreciendo su mediación a los beligerantes. El gobierno inglés, desconfiado de las intenciones del Rey español, creyendo que éste buscaba la paz para salvar a Francia, rechazó con arrogancia la oferta.

Los ingleses no respetaban la neutralidad española, abordando sus buques con el pretexto de que Carlos III ayudaba secretamente a Francia. Al mismo tiempo incrementaban su contrabando con las colonias españolas. Violaban los convenios, fomentando colonias en Honduras.

La captura de las colonias francesas por los ingleses y su actitud con respecto a España, obligó a Carlos III a buscar una "alianza natural" con Francia. En 1761 y 1762 estas dos naciones firmaron un convenio militar que, por las relaciones familiares de los dos tronos, se le ha llamado *Pacto de Familia*. La guerra entre España e Inglaterra quedó declarada en enero de 1762.

La agresividad inglesa para con España se debía en gran parte a sus viejas ambiciones de apoderarse de La Habana. Desde tiempos de Cromwell, los ingleses habían soñado con un imperio en el Mar Caribe, y La Habana era la llave de las Indias.

La Habana en 1762. (MAS)

49. LAS FUERZAS INGLESAS

Las fuerzas inglesas se presentaron frente a La Habana en junio de 1762. Eran las más formidables que jamás se habían visto en América. El ejército contaba con 15,000 hombres, y la marina con 10,000. La escuadra se componía de 50 buques de guerra, y estaba dotada de 2,000 cañones y para transportar las tropas se contaba con 150 embarcaciones. La escuadra se puso bajo el mando del almirante George Pocock y el ejército bajo las órdenes del conde de Albemarle.

50. LOS PLANES DE DEFENSA ESPAÑOLES

La Habana no estaba preparada para la defensa debido a que el navío de aviso había sido capturado por los ingleses. La dirección de las operaciones se puso a cargo de una *Junta de Defensa* reunida en medio de gran confusión. Para defender el Morro, se designó al capitán de navío Luis de Velasco, oficial que ya se había distinguido peleando contra los ingleses. Velasco se llenó de gloria defendiendo el castillo.

Fueron éstos momentos de angustiosa premura, y se acordó cavar trincheras y emplazar cañones allí. También se ordenó movilizar las milicias y enviar fuera de la ciudad a las mujeres y los niños. Por último, para evitar el quedar incomunicados con el resto de la Isla, Prado Portocarrero, gobernador a la sazón, delegó sus facultades en el capitán de navío Ignacio de Madariaga.

51. PRIMERA FASE DEL SITIO: DESEMBARCO Y OCUPACIÓN DE LA CABAÑA

En la mañana del 7 de junio desembarcaron los ingleses por la playa de Bacuranao sin encontrar gran resistencia. En unas pocas horas cerca de 10,000 hombres se encontraron acampados en Cojímar. Al día siguiente, los invasores ocuparon Guanabacoa, mientras que las fuerzas españolas, inferiores en número, se retiraron hacia Jesús del Monte.

Logrado el primer objetivo, el conde de Albemarle empezó a moverse hacia La Cabaña, mientras se llevaba a cabo otro desembarco por el oeste, en el torreón de la Chorrera. La plaza se hallaba entre dos fuegos. Comenzó el ataque a La Cabaña, defendida por un destacamento de jóvenes estudiantes inexpertos. El encuentro duró un sólo día. El 11 de junio los ingleses habían tomado el estratégico promontorio.

El Castillo del Morro. Ordenada su construcción en 1590 por Felipe II, fue
terminado en 1630. La fortaleza fue destruida por la armada y ejército ingleses
en 1762 y reconstruida al retirarse éstos al año siguiente.

52. SEGUNDA FASE: SITIO Y TOMA DEL MORRO

Ya en posesión de La Cabaña, los invasores empezaron a bombar-
dear La Habana y las fortificaciones del Morro. La ciudad soportó
estoicamente más de 300 cañonazos. Los defensores del castillo,
detrás de sus inexpugnables muros, rechazaban con éxito el empuje
del ejército y la marina inglesa. Los ingleses habían encontrado en
Velasco, jefe de la fortaleza, un digno adversario.

Después de quince días de inútil bombardeo, convencidos los ata-
cantes de que su posición peligraba, por habérseles acabado las provisiones, decidieron minar las murallas del Morro. El conde de
Albemarle exigió a Velasco que se rindiera cuando ya tenía minado
todo un bastión. Los términos propuestos eran honrosos. Velasco contestó que confiaba su suerte a "la última determinación de las armas".

El día 30 de julio una poderosa explosión sacudió la bahía. Los
ingleses penetraron dentro del Morro por una estrecha abertura.
La explosión alcanzó a Velasco. El pánico se apoderó de la guarnición.
Vanos fueron los esfuerzos de los capitanes por reorganizar sus
líneas. Velasco, moribundo, con una herida en el pecho, fue llevado al
cuerpo de guardia, mientras en el mástil del Morro alzaban la
bandera de Inglaterra. El conde de Albemarle, admirando la conducta
de su adversario, permitió que fuera trasladado a La Habana, donde
murió al día siguiente. Ambos ejércitos combatientes suspendieron
sus hostilidades para honrar el valor del heroico defensor del
Morro.

53. TERCERA FASE: RENDICIÓN Y CAPITULACIÓN

Después de la toma del Morro, la caída de la ciudad era inminente. Nuevos refuerzos llegaron de Norteamérica y los invasores se situaron en la loma donde hoy está la Universidad de La Habana. En esta situación, los invasores propusieron el 10 de agosto una capitulación. El 12 quedó ajustada y concluida la negociación. El 14 los ingleses se hicieron cargo de la ciudad.

En la capitulación se regulaba la entrega de las fortalezas, navíos y piezas de artillería. También se acordaba la entrega de los caudales reales y las pertenencias de los comerciantes de Cádiz. Estas sumas ascendían a varios millones de pesos y los jefes de la expedición se adjudicaron cada uno más de medio millón. Era, sin duda, un suculento botín de guerra.

54. PEPE ANTONIO — LOS MILICIANOS

La toma de La Habana fue rica en acciones heroicas. Entre los criollos que armaron partidas de vecinos se destacó el regidor de Guanabacoa, José Antonio Gómez, héroe legendario popular conocido

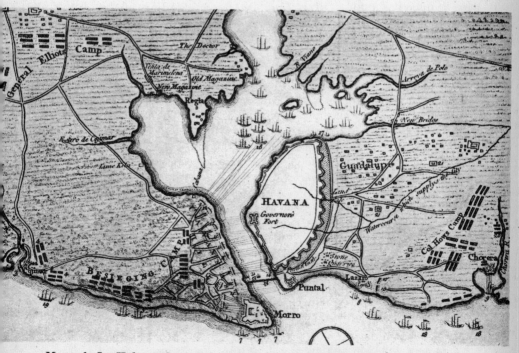

Mapa de La Habana durante la invasión por los ingleses en 1762. (N.Y. Public Library)

cariñosamente por sus coterráneos con el nombre de "Pepe Antonio". Éste y sus fuerzas dieron pruebas de gran valor y arrojo, aunque como andaban mal armados no pudieron desempeñar un papel más decisivo. Su arma principal, el machete, era usado entre los campesinos para la defensa personal. Cien años más tarde sería la mejor arma de los generales Máximo Gómez y Antonio Maceo.

55. EL COMERCIO LIBRE — LA EXPANSIÓN — EL FIN DE LA DOMINACIÓN INGLESA

La dominación de los ingleses se extendía desde el Mariel hasta el límite oriental de la región de Matanzas. El conde de Albemarle instó a los demás ayuntamientos a que se le sometieran. El repudio fue total, convirtiéndose Santiago de Cuba en la capital del territorio no ocupado y aún leal a España.

Los ingleses dejaron los asuntos civiles y judiciales como estaban. El ayuntamiento funcionó igual que de costumbre. Como innovación introdujeron el comercio libre con Inglaterra, disolviendo la odiada Real Compañía de Comercio. Así se abrió el puerto de La Habana a los buques de bandera inglesa. En un sólo año entraron en La Habana más de 900 barcos. El tabaco y el azúcar alcanzaron inusitadas exportaciones.

La guerra de Francia y España contra Inglaterra terminó en 1763, un año después de la batalla de La Habana. Por el *Tratado de París*, firmado el 10 de febrero de 1763, Inglaterra devolvió a España el territorio conquistado en Cuba. España cedía a cambio la Florida, y Francia se veía obligada a entregar la Louisiana a España.

El 6 de julio de 1763 terminó la dominación inglesa en Cuba. El teniente general conde de Ricla, enviado por el gobierno español, recibió la ciudad y restauró la soberanía española en medio de grandes demostraciones populares, haciéndose cargo después de la capitanía general.

56. CRÍTICA Y ANÁLISIS

No hay duda de que el régimen político-económico de España en Cuba dejaba mucho que desear en cuanto a los intereses de los criollos. Pero esto, sin embargo, no nos debe conducir hacia el otro extremo. El comercio libre que Inglaterra concedió a La Habana era sólo con ella. Hay que recordar que esta nación también practicaba el mismo mercantilismo con sus colonias de Norteamérica que, precisamente en 1776, se rebelaron contra el sistema.

Al hacer el análisis de este período hay que tener presente que de los resultados económicos sólo se benefició la jurisdicción occidental. La prosperidad de Cuba se debió en gran parte a las reformas introducidas por el rey Carlos III y al comercio establecido con los Estados Unidos durante su época de la Independencia,[1] en que Cuba pudo comerciar con ellos por órdenes de España, que se oponía a Inglaterra. Por último, a pesar de varios actos de indudable caballerosidad de los oficiales ingleses durante la lucha, su administración y justicia tuvo defectos que hay que destacar. Varias cláusulas de las capitulaciones jamás fueron cumplidas. Basta señalar que el obispo católico Pedro Agustín Morell de Santa Cruz fue expulsado de la Isla y el arsenal de La Habana fue arruinado a conciencia. También abusando del poder y la fuerza, se despojó a muchos habaneros de sus propiedades.

Si bien en el episodio de los vegueros, cuarenta años antes, no se podía hablar de nacionalismo, muy diferente resulta éste de ahora. Los cubanos ya conocían las injusticias del sistema colonial español, y las del inglés, que con su actitud en La Habana no ganó muchos adeptos entre las clases populares. La experiencia del cambio de banderas, la constante hostilidad de las potencias europeas, que disfrutaban de la Isla como de botín de guerra, produjeron las primeras reacciones nacionalistas.

Martín de Ulloa, auditor de guerra de La Habana, que se había distinguido organizando la resistencia contra los invasores, escribió un concienzudo análisis, pesando y comparando las ventajas de pertenecer bien a España, o bien a Inglaterra. Ulloa concluyó, lógicamente, que la patria del cubano no podría ser otra que Cuba.

---

[1] La contribución de Cuba a la revolución americana costó extraordinarios sacrificios en hombres y en dinero. El pueblo y las clases solventes de la colonia simpatizaban con ella y secundaban la actuación de las autoridades en la Isla. Un millón de ducados aportaron las principales damas de la sociedad habanera para pagar los sueldos atrasados de los marinos franceses que se encontraban en aguas de Matanzas. Comerciantes y armadores de La Habana enviaron dinero y provisiones a las colonias en guerra.

RESTAURACIÓN ESPAÑOLA Y REFORMA COLONIAL

57. ENVÍA CARLOS III AL CONDE DE RICLA COMO GOBERNADOR DE CUBA

A partir de la segunda mitad del siglo XVIII, un intenso movimiento reformista surge en varios países europeos. Se debía esto a la influencia que sobre los monarcas y príncipes ejercieron los filósofos y el grupo de los llamados enciclopedistas franceses.

Catedral de La Habana.

Bajo esta influencia, los Reyes, sin renunciar a la teoría política de que gobernaban por la gracia de Dios, reconocieron la necesidad y el deber de mejorar, en lo posible, las condiciones materiales y morales de sus súbditos. La historia conoce este período con el nombre de "despotismo ilustrado". Ésta fue una época de reformas, de preocupación por el bien público, de laboriosidad en el soberano, de liberalismo y tolerancia, siempre y cuando no afectara a la permanencia de las dinastías.

El general Ambrosio Funes de Villalpando, conde de Ricla, llegó a Cuba para restaurar la soberanía española. En medio de grandes aclamaciones y del regocijo general, entró Ricla acompañado del general Alejandro O'Reilly y del obispo Morell de Santa Cruz, que regresaba de su injusto destierro en la Florida.

El conde de Ricla atendió, no sólo a las fortificaciones para la defensa del territorio, sino que también organizó el ejército, remozó el Arsenal y dio nueva importancia al Apostadero de Marina en 1766. El más notable de sus colaboradores, Alejandro O'Reilly, irlandés de nacimiento, soldado distinguido y valiente, pretendió militarizar a los cubanos.

El Conde inauguró un nuevo régimen, estableciendo una Intendencia semejante a las de otros lugares del continente americano. Regularizó el servicio de correos con la Metrópoli y procuró establecerlo con el interior. Proyectó mejoras en los caminos públicos, dictando al efecto nuevas ordenanzas. Por primera vez, después de dos siglos de conquista, se manifestaba en Cuba una acción administrativa eficaz y previsora.

Estas reformas fueron mejoradas con la promulgación de las *Ordenanzas de 1777* para el comercio libre con las colonias. Las ordenanzas dieron término al monopolio de la Casa de Contratación de Sevilla y al privilegio que había venido ejerciendo Cádiz, al habilitarse otros puertos en España y en Cuba para el comercio con América, a pesar de la limitación de que había de hacerse en buques españoles.

58. LA ERA DEL BUEN GOBIERNO

A partir de entonces, se inicia en Cuba, desde 1776 a 1796, la "era del buen gobierno", formado por cuatro grandes figuras militares: Bucarely, el marqués de la Torre, el general Diego Navarro y Luis de Las Casas, el más brillante de los ya mencionados.

Bucarely, andaluz culto y prudente, ascendido después a virrey de México, reorganizó la justicia. Expulsó a los jesuitas de la Isla siguiendo la política de Carlos III.[1]

[1] Sucedía que la política absolutista y reformista de Carlos III chocó con el poder de la Iglesia Católica, la Inquisición y la Orden de la Compañía de Jesús. En realidad, los

A Bucarely le sucedió Felipe Fondesviela, marqués de la Torre. Bucarely puso las bases de una nueva Habana y el marqués fue su gran constructor. Edificó paseos, puertos, teatros, calles, calzadas, puentes, dársenas, villas y pueblos. Obras suyas fueron el Coliseo, la Alameda de Paula, la calzada de San Luis Gonzaga (después de la Reina y hoy de Bolívar) y el palacio municipal, frente al parque originalmente llamado Plaza de Armas, donde se levantó una estatua de Fernando VII y en tiempo de la República una de Carlos Manuel de Céspedes.

No hubo ramo de la producción que el Marqués no ordenara o reglamentara. Fue el primer capitán general que recorrió campos y ciudades. Reglamentó las vegas y tabacaleras para clasificar las hojas, pagar atrasos y suprimir los molinos de tabaco en polvo, que constituían un abuso. Fundó, finalmente, la región de Pinar del Río, con el nombre de las Filipinas, donde se cultivaba la mejor hoja de tabaco del mundo.

El marqués de la Torre completó su obra haciendo el censo de 1774. Las rentas públicas se aproximaban al millón de pesos. La población llegaba a 171,620 habitantes, de los cuales 44,333 eran esclavos negros y mulatos.

59. LUIS DE LAS CASAS — FRANCISCO DE ARANGO Y PARREÑO

En las postrimerías del siglo XVIII, el 9 de julio de 1790, tomó posesión del gobierno y capitanía general de Cuba el teniente general Luis de Las Casas. De noble señorío, liberal y culto, inspirado en la grandeza y la filosofía del pensamiento que se abría paso hacia el siglo XIX, dio poderoso impulso a las reformas. Estimuló la actividad de sus gobernados, cimentó la cultura y la civilización de la Isla dando a los cubanos funciones gubernativas. Su mejor colaborador fue Francisco de Arango y Parreño, un "estadista sin estado", como lo calificó acertadamente Raúl Maestre.[2] Representaba Arango al Ayuntamiento de La Habana en Madrid, y regresó a la colonia para convertirse en la figura señera del primer cuarto del siglo XIX de la historia de Cuba. Este período es uno de los más trascendentales, y proyectó su influencia en el porvenir y en la constitución política y social del país.

En cuanto a su posición internacional, Cuba continuaba siendo juguete de las potencias europeas, conscientes de su importancia

---

jesuitas no estaban bien vistos en España, no sólo por las autoridades laicas, influidas por las ideas francesas, sino también por las otras órdenes religiosas españolas. El decreto de su expulsión de todos los dominios españoles se dictó en 1767.

[2] economista cubano contemporáneo

Francisco de Arango y Parreño
(1765–1837) fue el principal estadista
cubano de la época colonial. Dirigió
la Sociedad Económica de Amigos
del País, redactó "El Papel
Periódico", fue diputado a las Cortes
y ocupó varios otros cargos. Escribió
*Máximas económico-políticas sobre el
comercio colonial* y otras obras.

Teniente general Luis de
Las Casas, gobernador de Cuba
(1790–1796).

geográfica y estratégica, aunque ahora surgía un nuevo factor: los Estados Unidos. En efecto, su posición tan próxima al continente le confirió gran importancia en cuanto surgieron las guerras emancipadoras en América, especialmente las de las colonias inglesas, dirigidas por George Washington después de su Declaración de Independencia el 4 de julio de 1776, y las de las colonias de Sudamérica, libertadas por Bolívar y San Martín. Estas guerras dejaban a España en posición desairada, lo que avivó el celo de sus gobernantes por conservar a Cuba, tratando de evitar que en ella prendiera la chispa de la revolución. En efecto, un grupo de cubanos, dirigidos por Gaspar Cisneros Betancourt, conocido con el seudónimo de "El Lugareño", y José Aniceto Iznaga, rico hacendado de Sancti Spíritus, sugirieron a Bolívar que tomara la causa de Cuba en sus manos y la libertara. Preocupada la Metrópoli, inició una serie de reformas favorables a la Isla.

60. LAS ORDENANZAS COMERCIALES DE CARLOS III

Entre las reformas a que se ha hecho referencia aparecen en primer término los Reales Decretos del 2 y 12 de febrero de 1788. Siguiendo el impulso dado por las Ordenanzas de 1777, abrieron los puertos de la Isla al tráfico mercantil extranjero. Levantadas las principales trabas, las importaciones extranjeras quedaron sujetas a mayores impuestos que los que pesaban sobre los productos de la Metrópoli y sobre los que llegaban en barcos nacionales. Permitió a los colonos adquirir directamente, en los mercados de origen, los artículos necesarios para su subsistencia y para la explotación de sus riquezas, aunque pagándolos más caros. Mas, es un hecho aceptado por los historiadores que dicha reforma, lejos de aminorar fraudes y contrabandos, los aumentó considerablemente, manteniendo durante los siglos XVIII y XIX los males que en vano se había tratado de remediar.

61. NUEVAS INSTITUCIONES ECONÓMICAS

En época de Luis de Las Casas, la *Real Sociedad Patriótica de los Amigos del País* y el *Real Consulado de Agricultura y Comercio* se crearon por cédulas de Carlos IV, a recomendación del expresado gobernador de la Isla, y en virtud de los trabajos realizados junto a éste por Arango. Esto fue resultado beneficioso del "despotismo illustrado".[3]

[3] Véase el párrafo 57 de este capítulo.

A los trabajos de la Sociedad Patriótica de los Amigos del País se debe el progreso de la ilustración en Cuba, donde sólo existían hasta entonces algunos centros de enseñanza rudimentarios y deficientes. Desde 1778 existía en La Habana una Universidad Pontificia fundada por el obispo Jerónimo Valdés, pero la enseñanza en esa institución estaba reducida a la filosofía, teología, derecho y cánones, bajo el régimen de una comunidad religiosa, la de los Padres Predicadores de la Orden de Santo Domingo.

A la Sociedad Patriótica se debe también el establecimiento definitivo de la prensa periódica y la creación de la primera biblioteca pública del país, que logró reunir obras y documentos valiosísimos para la historia. A uno de sus directores más ilustres, el doctor Tomás Romay, se debe la introducción de la vacuna de la viruela en Cuba.

El Real Consulado era una corporación oficial con funciones administrativas y judiciales que tenía a su cargo la protección y fomento de la agricultura y el comercio. Introdujo en la Isla aperos modernos; nuevos productos, como el hielo; semillas, como la caña de Otahití, superior a la que originalmente venía plantándose. Fomentó nuevos cultivos e industrias: café, algodón, añil, la cría del gusano de seda y la apicultura. Construyó caminos, puentes y diversas obras públicas ayudando al progreso general de la Isla.

No olvidó reorganizar el sistema judicial, que hasta ese momento explotaba a los colonos. Se constituyó el Tribunal Mercantil, sección del Consulado con jurisdicción para conocer de todos los pleitos y reclamaciones entre comerciantes. Esta organización *sui generis* subsistió hasta 1832, en que por virtud de la promulgación del Código de Comercio Español y su complemento, la Ley de Enjuiciamiento Mercantil, se estableció en Cuba un tribunal especial de Comercio, cesando el que mantenía el Consulado.

Entre las medidas económicas del Consulado, posteriormente convertido en Real Junta de Fomento, merece particular mención el desestanco del tabaco. Conjuntamente con la desaparición del estanco, se creó la Intendencia y la Superintendencia bajo la dirección de personas competentes, normalizándose así las rentas públicas y, en parte, el defectuoso sistema de impuestos.

62. EL COMERCIO DE ESCLAVOS — SUS CONSECUENCIAS

El mejoramiento de la economía en la isla de Cuba durante esa época, y el aumento de sus riquezas, fácilmente explotables, atrajeron sobre el país una considerable corriente de inmigración, que menguó luego, debido a las restricciones del comercio y a los deficientes medios de transporte. Esta corriente se vio favorecida por tres hechos de gran trascendencia histórica, a saber: a) la Revolución francesa de 1789, que provocó en Cuba los primeros síntomas de rebeldía; b) la cesión de Santo Domingo a Francia por el *Tratado de Basilea;* y c) el libre comercio de esclavos, decretado en 1789, prorrogado en 1791 y mantenido hasta 1820, en que la esclavitud cesó por virtud del tratado de 1817 entre España e Inglaterra. Sin embargo, este horrendo tráfico subsistió fraudulentamente casi hasta la Revolución emancipadora de 1868. Esos fraudes daban ocasión a frecuentes querellas entre las naciones contratantes, influyendo desastrosamente en la política, la administración y la moralidad del gobierno de la Isla, y por lo tanto en las costumbres de sus habitantes.

A causa de la pérdida de la Louisiana emigró a Cuba un considerable número de habitantes de dicha posesión, españoles y franceses, funcionarios oficiales y clase obrera. Cuba recibió una inyección económico-cultural de la cual no había disfrutado anteriormente. A la inmigración francesa se debe el adelanto en el cultivo del café, que por mucho tiempo constituyó una de las fuentes de riqueza del país.

Las Casas, al que los cubanos regalaron un ingenio por sus desvelos en pro de la Isla, había intentado reglamentar la propagación de la raza negra, lo cual no logró dada la oposición tenaz de varios hacendados. Sin embargo, fue más afortunado en sus proyectos de colonización blanca, aconsejada por el Consulado y la Sociedad, donde dominaban los criollos. Promovió la introducción de colonos labradores con sus familias, procedentes de las Islas Canarias. Inició la fundación de varios pueblos: en la costa norte, los de Nuevitas, Mayarí y Banes; en el sur, Manzanillo y Guantánamo. La participación del conde de Mompox dio lugar a la fundación de otros pueblos y a la colonización de Isla de Pinos, con el nombre, poco conocido en la historia de Cuba, de "Colonia Amalia".

63. EL TRASLADO DE LA AUDIENCIA DE SANTO DOMINGO

Entre las medidas oficiales que produjo la cesión de Santo Domingo se encuentran: el traslado de la Audiencia de esta Isla a la ciudad de Puerto Príncipe, en Cuba, quedando finalmente instalada en junio de 1800; y la creación del Arzobispado de Santiago de Cuba, del que se declararon sufragáneos los Obispados de La Habana y Puerto Rico.

Al mencionar al Obispado de la Habana debe recordarse a Juan José Díaz de Espada y Landa, personaje influyente de esta época, de gran dignidad eclesiástica. Entre sus contribuciones encontramos la

Juan José Díaz de Espada y
Landa, obispo de La Habana de
1802 a 1832, que laboró
intensamente por las artes, las
ciencias, la beneficencia y la
cultura en Cuba.

fundación de la Sociedad Patriótica, de la cual fue director, la
creación del cementerio de su nombre y los estatutos del Seminario
de San Carlos, famoso en la historia de Cuba por haber incrementado
la enseñanza.

6

NACE LA REBELDÍA

64. PRIMERAS MANIFESTACIONES DE REBELDÍA

La Revolución francesa de 1789 planteó al mundo la renovación de las ideas y de los sistemas sociales, llegando sus efectos hasta Cuba. Luis de Las Casas le hizo frente a la situación con mano suave y firme a la vez.

Muralla de La Habana.

Al ser Las Casas sustituido por el conde de Santa Clara, Cuba sufrió nuevamente la inestabilidad creada por las grandes potencias. En 1808 la invasión napoleónica a la península ibérica puso de manifiesto las diferencias de pensamiento y de acción que distanciaban a peninsulares y criollos. Desde entonces empezaron las conspiraciones para libertar a Cuba, aunque la mayor parte de ellas no se proponían establecer la república en la Isla.

Entre los sucesos españoles que tuvieron mayor repercusión en América se cuentan la abdicación de Carlos IV y de su heredero Fernando VII, y la instalación de José Bonaparte como soberano de España, con la consiguiente resistencia de los peninsulares.

Se formaron juntas de gobierno; y Arango y Parreño, con la aprobación del gobernador Salvador de Muro, marqués de Someruelos, propuso la constitución en la Isla de una junta autónoma, proyecto que no prosperó por la resistencia que le opusieron figuras destacadas del gobierno de la colonia.

Cuba mantuvo su organización administrativa subordinada a la *Junta Superior del Reino*. Ésta se hallaba presidida por el conde de Floridablanca.

En el gobierno de Someruelos se cometieron los mayores abusos. Durante su mando se descubrieron dos conspiraciones en Cuba. La de Román de la Luz, propietario del ingenio "el Espíritu Santo", que con Joaquín Infante, soñaba en convertir a Cuba en una república. De la Luz, preso y deportado a España, murió en la miseria. Infante logró escaparse. Redactó un proyecto constitucional para Cuba.

La otra conspiración la dirigió José Antonio Aponte, negro libre, que anhelaba ver a Cuba independiente. Al ser derrotado por las tropas coloniales fue condenado a morir descuartizado. Su cabeza y la de su lugarteniente, de apellido Chacón, fueron exhibidas en sendas jaulas de alambre.

El gobierno títere en Madrid jamás tuvo simpatías en Cuba. Uno de sus representantes, el joven afrancesado Manuel Rodríguez Alemán, portador de documentos y ofertas dirigidas a las autoridades de la Isla, fue juzgado y condenado. Años después, cuando Someruelos murió de un ataque de apoplejía en Madrid, se dijo que había sido envenenado por familiares del joven Alemán.

65. LAS CORTES DE CÁDIZ

Los acontecimientos de la época hicieron que el pensamiento liberal se manifestara en favor de una gran asamblea, siendo convocadas las Cortes de Cádiz. Cuba envió sus diputados a dichas Cortes.

Padre Félix Varela (1788–1853).
Diputado en las Cortes de Cádiz, pidió
la autonomía y la incapacitación de
Fernando VII. Condenado a muerte,
se refugió en los Estados Unidos.
Autor de varias obras importantes de
filosofía y política, tuvo gran influencia
en la formación patriótica de los
cubanos.

Surgió en la Isla una lucha entre criollos y peninsulares. Al
triunfar los criollos, eligieron a sus diputados, entre los cuales figuró
el padre Félix Varela. En este período Cuba siguió las vicisitudes de
la Metrópoli. Al sobrevenir la reacción de 1814, después de la expulsión de los franceses de España, empezó el reinado despótico de Fernando VII. Éste trató bien a Cuba en lo económico y material, siendo
figura principal en la Isla el intendente Alejandro Ramírez. Éste fue
el mejor administrador que tuvo la Isla, pero no obstante eso, no se
granjeó la simpatía de los cubanos.

Las Cortes españolas, reunidas en Cádiz en 1811, dieron a España
al año siguiente una constitución liberal, promulgada en todas aquellas
provincias no ocupadas por los franceses, y, desde luego, también en
los territorios coloniales. Dicha constitución la promulgó en Cuba el
capitán general Juan Ruiz de Apodaca, dejándola sin efecto después,
en los años de la reacción fernandina. Cuando nuevamente el pueblo
español estuvo en favor de la Constitución de Cádiz, gobernaba a Cuba
Juan Manuel Cajigal, que se negó a promulgarla, so pretexto de no
tener conocimiento de su vigencia en España. Sublevadas, las tropas
coloniales obligaron al gobernador a jurarla en abril de 1820.

La agitación constitucionalista y la influencia creciente de las
ideas separatistas que empezaban a triunfar en el continente, provocaron un verdadero antagonismo entre cubanos y peninsulares. Los

cubanos se organizaron para la defensa de las nuevas ideas, creando sociedades secretas de carácter político que dieron origen al germen de las revoluciones separatistas.

66. EL GOBIERNO DEL GENERAL VIVES

En esa situación, relatada anteriormente, se hallaba Cuba cuando tomó posesión del mando superior de la Isla el general Francisco Dionisio Vives, en 1823. Éste tenía fama de hábil diplomático y político, por haber sofocado la explosión del sentimiento separatista que empezaba a conquistar a los cubanos. Su gobierno, aunque riguroso, careció de excesos de crueldad, mas no puede, sin embargo, calificarse de justo y liberal. No hizo más que aplazar la crisis planteada.

67. LOS RAYOS Y SOLES DE BOLÍVAR

La idea de la independencia, o como entonces se denominaba, la idea separatista, empezaba a mostrarse en la etapa del mando de Vives. La Isla se hallaba en un período de propaganda y de conspiraciones, más que de acciones y revueltas. Por esta época había muchas sociedades secretas en Europa: los *francmasones*, los *Ritos de Escocia y de York*, los *carbonarios, comuneros y anilleros*, cuyas doctrinas llegaron hasta Cuba. En toda la Isla había gran número de sociedades similares relacionadas más o menos con los patriotas del continente.

La más notable de estas conspiraciones, por su organización y por haber sido la primera que se descubrió, fue la denominada *Rayos y Soles de Bolívar*. Vives la hizo abortar sin derramar sangre, enviando a prisión a sus principales miembros y condenándolos al destierro y a sanciones pecuniarias.

68. JOSÉ MARÍA HEREDIA

El gran poeta nacional, fundador del romanticismo, tomó parte en "los Rayos y Soles". Descubierto por las autoridades, escapó al extranjero y se radicó en México, adoptando la ciudadanía mexicana. Fue profesor, diputado y consejero del general López de Santa Anna. Heredia murió a los 39 años de edad. Compuso la famosa *Oda al Niágara*, dedicado a las bellísimas cataratas, y también el *Himno del desterrado*. Estos dos poemas, con su vibrantes e inmortales estrofas,

José María Heredia (1803–1839).
Desde muy temprana edad Heredia
mostró gran talento literario.
Habiéndose relacionado con la
conspiración de Rayos y Soles de
Bolívar, tuvo que exiliarse en México
y viajó extensamente por la América.
Su "Oda al Niágara" es famosa y
como mucha de su obra ha sido
traducida a muchos idiomas.

tan llenas de fe en los destinos de Cuba, han sido siempre el sostén espiritual de los patriotas cubanos.

Cuba, al fin te verás libre y pura
como el aire de luz que respiras,
cual las hondas hirvientes que miras
de tus playas la arena besar.

69. LA JUNTA PROMOTORA DE LA LIBERTAD

El general Vives creó las *Comisiones Ejecutivas Militares Permanentes*, tribunales de excepción, que condenaban a los cubanos revolucionarios a la pena de muerte en garrote vil. Fue durante esta administración cuando "El Lugareño" y José Aniceto Iznaga, gran patriota cubano nacido en Trinidad, trataron de que Bolívar organizara sus fuerzas y las llevara a Cuba para libertarla. Además, en 1825 se organizó en México la llamada *Junta Promotora de la Libertad Cubana*.

El presidente Guadalupe Victoria, protector de José María Heredia, inspirador de la mencionada junta, preparaba en Yucatán una expedición al mando del general Santa Anna para invadir a Cuba en combinación y de acuerdo con el general Páez, venezolano. Este plan de Guadalupe, que ya había sido expuesto ante la reunión del

Congreso de Panamá, convocado por Bolívar en 1826, fracasó por la resistencia de Washington.[1]

70. LA EXPEDICIÓN DEL MARYLAND — LA CONSPIRACIÓN DEL ÁGUILA NEGRA

Los camagüeyanos Francisco Agüero y Andrés Manuel Sánchez partieron hacia Cuba desde Jamaica en febrero de 1826 en la goleta Maryland. La empresa contaba con el apoyo del general colombiano Santander para tratar de liberar a Cuba. Al desembarcar por Sabana la Mar, en Cuba, fueron capturados por los soldados de Vives, juzgados por la Comisión Ejecutiva Permanente y condenados a morir en la horca. Agüero y Sánchez son los protomártires de la libertad cubana.

El último esfuerzo de esta heroica etapa fue la conspiración conocida con el nombre de *Gran Legión del Águila Negra*. El "Águila Negra" pensaba invadir y libertar a Cuba del dominio de España. La Comisión Ejecutiva Permanente, al descubrirla, dictó tres fallos consecutivos el 7 de julio, 5 de agosto y 14 de diciembre de 1830, que condenaron a muerte o al destierro a los conspiradores.

En este constante estado de agitación revolucionaria, se dictó la Real Orden del 28 de mayo de 1825, que confería al capitán general de la Isla la plenitud de las facultades que las ordenanzas militares otorgaban a los gobernadores de "plazas sitiadas".

El régimen administrativo y político de Cuba marchaba en armonía con el de la Metrópoli. Como resultado de las nuevas disposiciones se transformó en un régimen absolutista, militar y despótico en el que no se toleraba la más mínima libertad. La Isla perdió su constitución civil y se dividió en departamentos militares. Toda la autoridad era ejercida por delegados del capitán general. La Comisión Ejecutiva Permanente absorbió la jurisdicción de los tribunales. No teniendo el capitán general que acatar ley alguna, su voluntad era la única que regía la administración pública. A partir de entonces el despotismo instaurado en Cuba adquirió proporciones extraordinarias.

71. CUBA DEJA DE SER UNA PROVINCIA ESPAÑOLA

Si Vives forjó las cadenas que habían de esclavizar a Cuba, el general Miguel Tacón y Rosique las consolidó definitivamente. Tacón

[1] La política norteamericana con respecto a los esfuerzos independentistas de los cubanos emanaba de la "Doctrina del Presidente James Monroe", de 1823. En este trascendental documento, por el postulado número 3, los Estados Unidos se comprometían a no intervenir en las colonias europeas que aún existían en América. Cuba era una de ellas. Con esta declaración, los Estados Unidos cancelaban su ayuda oficial a los cubanos, lo que indirectamente contribuía a mantener el statu quo colonial del Caribe.

José Antonio Saco (1797–1879), bayamés, fue varias veces diputado a las Cortes y autor de varias obras importantes, entre ellas *Historia de la esclavitud* (6 volúmenes, 1875) y *Papeles de José A. Saco.* Colaboró con Félix Varela en "El Mensajero Semanal".

reprimió con dureza la conspiración de los Soles de la Libertad; desterró a José Antonio Saco, cuyas ideas seguía la juventud cubana con entusiasmo; y al impedir la restauración de la Constitución de Cádiz en Cuba, y conseguir que los diputados cubanos fueran rechazados por las Cortes españolas en 1837, hizo que la Isla perdiera su categoría de provincia española, pasando a la condición de colonia sin voz ni voto en los asuntos de la nación.

72.   EL DESTIERRO DE SACO

Discípulo del padre Varela, José Antonio Saco, bayamés de nacimiento, hombre de extraordinario talento y cultura, ejercía un indiscutido liderato entre los jóvenes de su época. Había publicado dos libros notables: *La memoria sobre la vagancia en Cuba* y *El análisis de una obra sobre el Brasil,* en los que atacaba la corrupción administrativa de los gobiernos coloniales y combatía el tráfico y la trata de negros, de lo cual hasta ese momento nadie se había atrevido a hablar en la colonia. En estos días, a petición de José de la Luz y Caballero, se había creado *La Academia,* autorizada por el ministro Cea Bermúdez. Dicha institución molestó al canónigo Juan Bernardo O'Gavan que inició un debate con Saco, defensor de esa academia. Este debate, entre otras cosas, motivó el destierro de Saco.

73. SUBLEVACIÓN DE LA GRANJA — SUS CONSECUENCIAS EN CUBA

En agosto de 1836 los sargentos de La Granja, en España, se sublevaron y obligaron a la reina-gobernadora María Cristina, viuda de Fernando VII y madre de Isabel II, a restablecer la Constitución de Cádiz y abrogar el Estatuto Real del ministro Martínez de la Rosa.

El restablecimiento del código gaditano provocó en Cuba verdadero pleito constitucional entre el general Tacón y el gobernador Lorenzo de Santiago de Cuba. Lorenzo restableció en Santiago de Cuba la Constitución de 1812; Tacón le ordenó que la derogara. Al negarse Lorenzo, el capitán general despachó tropas con destino a Santiago para someterlo. Lorenzo se refugió en la goleta de guerra inglesa *Vestal* que se hallaba en la Bahía de Santiago, la cual lo condujo a Jamaica y de ahí se trasladó a España. Tacón, respaldado por el gobierno en Madrid, dejó a la colonia sin constitución alguna.

74. EXCLUSIÓN DE LOS DIPUTADOS CUBANOS

De acuerdo con la convocatoria electoral de 1837, Cuba eligió sus diputados: José Antonio Saco, Nicolás Escobedo, Juan Montalvo y Francisco de Armas.

Tacón, opuesto a esta elección, logró que se leyera en las Cortes una exposición firmada por más de 4,000 colonos, terratenientes y esclavistas, en la que se pedía el mantenimiento del statu quo de las colonias. Esto motivó que se alzaran voces en dichas Cortes pidiendo que no se admitiera la representación cubana. La idea de que pudiera crearse en Cuba una república dominada por la raza de color influyó en el ánimo de los componentes de la asamblea. El 16 de abril de 1837, por 90 votos contra 65, los diputados cubanos fueron rechazados. Cuba quedaba gobernada militarmente como "plaza sitiada". Saco hizo entonces su conocida declaración profética en forma de verso:

> "Nuestra cuestión ya no es de papeles,
> sino de espadas y de balas".

75. TACÓN — MARTÍNEZ PINILLOS

Tacón fue un gran administrador y remozó La Habana. A los ojos del gran novelista cubano Cirilo Villaverde, La Habana apareció entonces como "una ciudad nueva, rozagante, brotada del fondo del mar, como la diosa de la belleza de los fanáticos griegos".

En el orden constructivo Tacón tenía un rival poderoso, Claudio Martínez Pinillos, a quien el reino había concedido el condado de Villanueva por su participación extraordinaria en la construcción de

Claudio Martínez Pinillos.

ferrocarriles, dado que en su administración como intendente de la Isla, los había hecho progresar mucho. Al morir Arango y Parreño en 1837, el conde había asumido la jefatura del partido de los hacendados.

Pinillos favoreció el comercio a la vez que reformó las tarifas y los impuestos. Su actuación molestó a Tacón, por lo que se creó una peligrosa rivalidad entre ellos, decidida finalmente en favor de Pinillos, que tenía grandes amigos en la Corte de Madrid. Pero ello no fue obstáculo para que Tacón, al retirarse de Cuba el 22 de abril de 1838, fuera favorecido con el título de Marqués de la Unión de Cuba, incongruencia que dejó a los cubanos profundamente divididos.

7

ESCLAVISMO Y ANEXIONISMO

76. CUBA DESPUÉS DE TACÓN: DEL MONTE, SACO, LUZ Y CABALLERO

Después de aquellos intentos revolucionarios, todos fallidos, los cubanos reanudaron la lucha por lograr leyes especiales. Se presentó un período crítico en lo social y económico, al frente del cual se hallaban Domingo del Monte, José Antonio Saco y José de la Luz y Caballero. Famosas se hicieron en 1830 las tertulias en casa del primero, iniciadas en Matanzas y continuadas en La Habana.

En aquellos salones discurría lo mejor del pensamiento cubano: oradores como Nicolás de Escobedo; jurisconsultos como José Agustín Govantes y Anacleto Bermúdez; pensadores como el presbítero Fran-

José de la Luz y Caballero (1800–1862), "El Maestro", fue discípulo de Félix Varela y fundó el colegio "El Salvador" en el que se educaron los patriotas de la Guerra de los Diez Años. Autor de muchas obras, entre ellas *Aforismos, Texto de lectura graduada*, etc.

Felipe Poey (1799–1891).
Famoso naturalista y
escritor, que en su *Ictiología
Cubana* define ochenta y cinco
especies de peces cubanos.

cisco Ruiz y Manuel González del Valle; lexicógrafos como Esteban
Pichardo; educadores como Juan Bautista Sagarra; y sabios como
Felipe Poey.

Todos sustentaban ideas liberales. Del Monte creía que los hombres de pensamiento liberal alcanzarían una libertad personal capaz
de nivelar las desigualdades. Luz y Caballero, patriota sereno y constructivo, pero menos optimista, enfocaba el problema desde el punto
de vista de la educación. En su cátedra del colegio del Carraguao,
primero, y más tarde desde su famoso colegio El Salvador, sostenía
que la educación no debía confundirse con la libertad, pero que conducía a ésta. José Antonio Saco, por su parte, más político que sus
compañeros de pensamiento, insistía en la necesidad de conceder a
Cuba las reformas que ésta reclamaba para su progreso y desarrollo.

77. EL INGENIO AZUCARERO — LA ILEGITIMIDAD DE LA ESCLAVITUD

En 1840 Cuba alcanzó un franco período de bienestar económico.
Su riqueza principal era el azúcar. Cada ingenio era una unidad
económica, una plantación típica, con la vivienda para el amo y su
familia; la casa de máquinas, la de purga, la del administrador y la
del mayoral; .la enfermería, las dependencias y los llamados *barracones* de los esclavos donde éstos vivían miserablemente.

Esta organización económico-social constituía la civilización de
la época y descansaba en la permanencia ilegítima de la esclavitud y

Trapiche de caña de azúcar, antepasado de los ingenios azucareros de hoy.

en el desconocimiento de todas las normas humanas. Los amos vivían asustados: de un lado el temor a la rebelión de los negros, del otro, la amenaza de que Inglaterra exigiera a España el cumplimiento de los tratados que disponían el cese de la esclavitud.

Los intentos de suavizar la institución esclavista habían fracasado siempre. En 1840 los esclavos vivían bajo un régimen terrible. Eran cazados en Africa, encadenados y traídos a la Isla. Era costumbre anunciarlos en los periódicos, describiendo sus características como si fueran una mercancía. En realidad lo eran. Su valor fluctuaba entre 200 y 600 pesos.

El trato que recibían era de acuerdo con la conciencia de sus amos. Unos los trataban con benevolencia y otros con despotismo. Vestían pobremente y andaban descalzos. Dependían del *mayoral*, sujeto cruel que se complacía en torturarlos. Ni las mujeres escapaban a la violencia.

Había gran variedad de castigos: la prisión, el grillete, el cepo, la cadena, la maza, el troche y moche, el boca abajo, el tumbadero y otros peores. Cuando los infelices quedaban incapacitados los llamaban con el apodo de *matungos*.

78. LAS INSURRECCIONES NEGRAS DE 1839 A 1845

Este régimen económico había creado un tipo de propietario rural altivo y orgulloso. Una burguesía nativa transformaba en blasones

El quitrín.

su capital de granos, hojas o cueros. Surgía una nueva heráldica. A falta de escudos había trapiches. La caoba, el ácana y el jiquí hacían las veces de árboles genealógicos.

Lo único que valía era La Habana, que había adquirido una notable fisonomía urbana, artística y social, y las capitales de provincia. Los nuevos propietarios comenzaron a adquirir gustos e inclinaciones culturales y a viajar. Se distinguieron por su hospitalidad y buen gusto. Construyeron casas de anchas ventanas, zaguanes enormes y puertas con clavos de bronce. Quitrines y volantas invadían los principales paseos de La Habana y ponían una nota de elegancia en la modestia de sus contornos. Aquella sociedad, y también las clases populares, gustaban del teatro, de los bailes, de las fiestas y de las diversiones. Era previsible que los terratenientes dueños del poder económico y social quisieran también aspirar al poder político. Mas España no entendía esta lógica consecuencia de la riqueza de Cuba.

Hasta 1839, en una forma dosificada, los cubanos empezaron a ocupar importantes cargos públicos. No gobernaban. Eran gobernados. Pero al menos se les tenía en cuenta. Sin embargo, a partir del mando del capitán general Joaquín Ezpeleta (1839), fueron excluidos absolutamente de los cargos públicos.

Debido a esa exclusión y al sistema de explotación criollo-español, se provocaron varias sublevaciones negras, que alcanzaron su mayor gravedad durante el mando del general Jerónimo Valdés.

Era éste un hombre de claro juicio y gran inteligencia, de rectas intenciones, valiente y pundonoroso. Aunque era ordenancista y dictatorial, no llegó nunca a ser un Miguel Tacón. En realidad, si bien Valdés no confrontó graves conflictos con los criollos, le tocó una época de grandes problemas en la colonia. En cuanto a la esclavitud, se dice que Valdés hizo cuanto pudo por seguir los dictados del general Baldomero Espartero, regente del reino español y anglófilo, decidido a cumplir los tratados abolicionistas (anti-esclavistas) exigidos por Inglaterra. Pero la actuación del cónsul inglés, David Turnbull, y la reacción de los esclavistas cubanos obstaculizaron los propósitos abolicionistas.

79. EL CÓNSUL TURNBULL — EL ABOLICIONISMO

De acuerdo con el tratado de 1835, que quería evitar la trata clandestina de los africanos, existía un Tribunal Internacional que autorizaba a los ingleses a la confiscación de los esclavos transportados por mar si los barcos eran sorprendidos en ese tráfico. Por otra parte, en La Habana había un sitio donde podía depositarse a los esclavos cuya libertad se discutía. Esta situación, unida al hecho de haber designado Inglaterra cónsul en La Habana a David Turnbull, hombre de ideas radicalmente abolicionistas, produjo inquietudes y conflictos que le tocó en suerte resolver a Valdés.

Suscripción pública en Madrid para el rescate de esclavos. (N.Y. Public Library)

Turnbull fue más lejos de lo que su misión en la Isla aconsejaba. Fomentó una verdadera revolución en favor de los esclavos. Puesto el capitán general en la necesidad de escoger entre el belicoso y subversivo cónsul y los mercaderes y traficantes de la colonia, optó por favorecer a éstos, y pidió a la cancillería de Madrid que exigiera de la de Londres el inmediato retiro de Turnbull. Las actividades de Turnbull, ya retirado, provocaron las insurrecciones negras de los años de 1841 y 1842. Se alzaron los esclavos del cafetal *Perseverancia* y los de los ingenios *Alcancía, La Luisa, La Trinidad, Las Nieves* y *La Aurora,* pero fueron vencidos y castigados despiadadamente.

80. LA CONSPIRACIÓN DE LA ESCALERA

Al general Valdés lo sustituyó el general Leopoldo O'Donnell. Éste carecía de experiencia y conocimiento de los asuntos de América. Antes que nada se ocupó del orden público, gravemente alterado.

Ya por las medidas drásticas que llevó a la práctica O'Donnell,[1] o por temor a nuevas insurreciones negras, se inició uno de los procesos más infamantes de la historia cubana, conocido con el nombre de *Causa de la Escalera.* De esta represión fue víctima principal Gabriel de la Concepción Valdés, poeta mestizo conocido por el seudónimo de *Plácido,* que fue fusilado.

Esta causa tuvo una segunda parte, llamada *Causa de La Habana,* y en ella fueron encausados Domingo del Monte y José de la Luz y Caballero. Ambos se hallaban en Europa. Del Monte se quedó allá, pero Luz y Caballero vino a Cuba a responder de los cargos. El general O'Donnell lo trató relativamente bien, pues le dio la casa por cárcel. De este juicio Luz y Caballero salió absuelto.

81. COMIENZA LA ÉPOCA ANEXIONISTA

Siempre que en la Isla fracasaban las reformas, aumentaba el número de anexionistas y separatistas.

En 1844, la Isla se vio abatida por una fuerte crisis económica que se extendió a casi todo el decenio del 40. El azúcar bajó considerablemente de precio, y su producción experimentó una gran merma. De 16 millones de arrobas bajó a 7 millones en 1845.[2] Además, el mecanismo que imponía la revolución industrial en Europa era otro factor del desempleo.

---

[1] O'Donnell reconstruyó la farola del Castillo del Morro en 1844, y aún en estos días se lee en ella su nombre.

[2] Entonces se contaba por arrobas (25 libras), no por toneladas, como se hace hoy.

Ingenio de azúcar típico con ferrocarril a mediados del siglo XIX.

Conocido el interés que mostraban los Estados Unidos por Cuba, los hacendados cubanos volvieron sus ojos hacia el sur de la Unión y comenzó una nueva etapa, regida por el anexionismo, a causa de la esclavitud. Si el trono español no era capaz de garantizar la esclavitud, los ricos azucareros amenazaban respaldar la anexión al sur de los Estados Unidos. Esta amenaza asustó a la Metrópoli, y el Gabinete dio poderes a Martínez de la Rosa, ministro de Estado, para que redactara las disposiciones legales que garantizaran a los hacendados la propiedad de sus negradas. La ley española sólo servía para exaltar más a los abolicionistas.

El movimiento anexionista de los años de 1848 a 1854 presentaba tres grupos principales: 1) el de La Habana, dirigido por José Luis Alfonso; 2) el de Camagüey, por Gaspar Betancourt Cisneros, "El Lugareño"; y 3) el de Trinidad encabezado por Narciso López e Isidoro Armenteros. El primer grupo, conocido con el nombre de *Club de La Habana,* estaba integrado por una aristocracia revolucionaria nacida en el palacio de Miguel Aldama, rico propietario cubano, que defendía la esclavitud y temía una guerra civil larga y sangrienta; el segundo, lo componían los camagüeyanos ricos, dueños de grandes extensiones de tierra, abolicionistas que, con todo, soñaban con liber-

Gaspar Betancourt Cisneros (1803–1866), "El Lugareño". Hacendado camagüeyano que dedicó su vida al bienestar de sus compatriotas y la emancipación de España. Aparte de sus actividades políticas y periodísticas, creó escuelas rurales, una colonia agrícola y varias exposiciones ganaderas. Fue el principal propulsor del americanismo y pensó, como la mayoría de los cubanos progresistas de la época, que la mejor solución era la anexión de Cuba a los Estados Unidos. En esto chocó violentamente con su amigo, José Antonio Saco. Al fallar las invasiones de Narciso López, el Lugareño se refugió en Nueva York donde presidía la Junta Cubana. Allí, a través de su copiosa producción periodística y literaria, hizo famoso su seudónimo de "El Lugareño".

tades y progresos; y el tercero, acaso el más difícil de definir, fluctuaba entre la anexión y la independencia, pero prefiriendo esta última.

Desterrado el Lugareño por el general O'Donnell, había constituido en Nueva York el *Consejo Cubano* y fundado el periódico *La*

Un cafetal en Vuelta Abajo, Pinar del Río, 1852.

Verdad para defender la anexión. De acuerdo con el Club de La Habana, con el que tenía relaciones, ofreció la dirección de dicho periódico a José Antonio Saco, que vivía en París.

Saco rechazó el encargo. No era partidario de la incorporación de Cuba a los Estados Unidos. Esta posición, que estaba justificada según las raíces y las ilusiones cubanas de constituir una nación libre e independiente, le granjeó a Saco la enemistad del Club y del Consejo, que disentían de él radicalmente. En honor del Lugareño debe decirse que era partidario de la anexión por creerla un medio de alcanzar la independencia.

NARCISO LÓPEZ Y OTROS PATRIOTAS

82.   NARCISO LÓPEZ — LA INDEPENDENCIA

En marzo de 1848 en la isla de Cuba se conspiraba contra España. La figura central de la conspiración era el general Narciso López.

Nacido en Venezuela, entró desde muy joven en el ejército español y peleó contra los libertadores de su país. Vencidos los monárquicos, Narciso se marchó con ellos a España, donde alcanzó el grado de general.

Regresó a Cuba en 1841, acompañando al capitán general Jerónimo Valdés, al cual le había salvado la vida en la batalla de Las

Narciso López probó, a pesar de sus intentos fallidos de independizar a Cuba, que el poder colonial español no era todopoderoso. Antes de ser ejecutado el primero de septiembre de 1851 dijo: "Mi muerte no cambiará los destinos de Cuba".

Amezcuas. Nombrado gobernador de Trinidad y presidente de la Comisión Ejecutiva Permanente, cargo del que fue separado por O'Donnell, se dedicó López a actividades industriales de poco éxito.

Su defensa de los cubanos en 1837, cuando sus diputados fueron rechazados por las Cortes españolas; la popularidad alcanzada en su época de gobernador y el estrecho lazo de sangre que lo ataba a la Isla, le dieron carta de ciudadanía. Concibió la idea de independizarla y de constituirla en república, dentro del concierto de los pueblos libres de América.

Primeramente, preparó la conspiración de la *Mina de la Rosa*, que debía iniciar la Revolución el 24 de junio de 1848. Pero hubo de aplazarse a solicitud del Club de La Habana, para contar con mayores recursos. El Club le había ofrecido la jefatura del movimiento al general americano William Jenkins Worth, el cual no aceptó. Por dicha demora, la conspiración abortó. Narciso López tuvo que escapar a los Estados Unidos.

83. LA BANDERA DE CUBA

No habiendo sido posible coordinar los tres grupos antes mencionados, López decidió actuar por su cuenta. En junio de 1849, reunidos en una casa de huéspedes en la calle Warren en Nueva York, López, el poeta Miguel Teurbe Tolón, José Aniceto Iznaga, su sobrino José Sánchez Iznaga, Cirilo Villaverde y Juan Manuel Macías, confeccionaron la bandera de Cuba, que es hoy el pabellón oficial: dos franjas blancas, tres azules, un triángulo rojo y una estrella solitaria. Sobre ella juraron luchar y ofrendar la vida por hacer de Cuba una república libre e independiente. Esta bandera fue izada en las oficinas de los hermanos Beach, dueños del periódico *The Sun*, situadas en las calles de Fulton y Nassau.

84. DE NUEVA ORLEÁNS A CÁRDENAS

Narciso López fue un guerrero valeroso de genio indomable, pero sin suerte. Organizó una expedición y fracasó al ser sus barcos ocupados por el gobierno americano. A pesar de ello persistió en sus planes y formó una nueva expedición. Salió ésta de Nueva Orleáns en mayo de 1850 arribando a las costas de Cuba. Invadió la ciudad de Cárdenas, en cuya población tomó prisionero al gobernador. En esta ciudad flotó por primera vez la insignia nacional.

Los invasores ocuparon la ciudad por 48 horas, del 19 al 21 de mayo, fechas simbólicas en la historia de Cuba. Pero las fuerzas españolas se rehicieron, con auxilio de las comarcas cercanas, y no encontrando apoyo en el pueblo, López y sus bravos acompañantes se reembarcaron rumbo a los Estados Unidos.

85. DESEMBARCO DE PLAYITAS

Al año siguiente, en 1851, se organizó una nueva expedición con 150 hombres, al mando del propio López. Formaba parte de ella el coronel William Crittenden, sobrino del secretario de Justicia del presidente Millard Fillmore. Salieron del puerto de Nueva Orleáns y arribaron el 12 de agosto en el desembarcadero de Playitas, en la costa norte de la parte occidental de la Isla, que hoy forma la provincia de Pinar del Río, próximo a Bahía Honda. Ocupaba el gobierno de la Isla el general José Gutiérrez de la Concha, compañero de López en el ejército español. Teniendo conocimiento, por medio de su espionaje, de dicho desembarco, el gobernador envió fuerzas a combatir a López. Apenas abandonaron *El Pampero,* que así se llamaba el navío, fueron atacados los expedicionarios por soldados hispanos al mando del general español Manuel Ena. Éste murió en combate.

La sorpresa fue fatal para los libertadores. Sus fuerzas se dividieron. Cayó en poder de los españoles el coronel Crittenden, con 50 combatientes, todos ciudadanos de los Estados Unidos. Conducidos a La Habana, fueron fusilados y mutilados el 16 de agosto, en las faldas del Castillo de Atarés, excediéndose los "voluntarios" españoles en su crueldad.

El 29 del mismo mes cayó prisionero Narciso López, traicionado por un compadre suyo de apellido Castañeda que le entregó a la tropa española. En La Habana, sufrió la muerte en garrote vil, en el campo de la Punta, próximo al Castillo de la Fuerza y al paseo del Malecón, el día primero de septiembre de 1851. Al subir al patíbulo, exclamó: "Mi muerte no cambiará los destinos de Cuba". Y añadió, dirigiéndose al público: "Cuba, por ti muero".

86. JOAQUÍN DE AGÜERO — ISIDORO ARMENTEROS

Al mismo tiempo que Narciso López preparaba su revolución, dos amigos suyos, los patriotas camagüeyanos y trinitarios Joaquín de Agüero e Isidoro Armenteros, armaron grupos de cubanos y se lanzaron a la guerra.

El mismo 12 de agosto en que desembarcaba la expedición de López, fueron ejecutados en Puerto Príncipe Joaquín de Agüero, alzado desde el 4 de julio anterior, y tres de sus compañeros, Fernando Zayas, Miguel Benavides y José Tomás Betancourt. Los camagüeyanos sembraron en la plaza mayor de Puerto Príncipe cuatro

Joaquín de Agüero. Se alzó el 4 de julio de 1851 en Camagüey y fue fusilado poco después.

palmas destinadas a perpetuar la memoria de estos patriotas y mártires cubanos.

El 18 del mismo mes, en Mano del Negro fueron pasados por las armas los trinitarios Hernández Echerri, Isidoro Armenteros y Rafael Arcís. Cuando el pelotón de fusilamiento se organizó para fusilarlos, Echerri se alzó bravío, y rechazando la venda que le ofrecían gritó: "Si cien vidas tuviera, cien vidas daría por la libertad de Cuba".

87. LA VOZ DEL PUEBLO CUBANO — LA CONSPIRACIÓN DE LA VUELTA ABAJO

José Gutiérrez de la Concha, después de haber reprimido con mano de hierro las rebeldías cubanas, quiso contemporizar, valiéndose de algunos criollos para utilizarlos en arreglar con Inglaterra el problema de la trata de esclavos. En esa labor se hallaba cuando le llegó la orden de Madrid de entregar el mando al general Valentín Cañedo. Éste tomó posesión de la capitanía general el 15 de abril de 1852.

Cañedo se enfrentó con nuevos brotes rebeldes. Encarceló al joven Eduardo Facciolo, que editaba el periódico *La Voz del Pueblo Cubano*, y descubrió la llamada conspiración de la *Vuelta Abajo*. Se hallaban complicados en ella Anacleto Bermúdez, Francisco Estrampes, Juan Miranda, Antonio Gassié y el conde de Pozos Dulces. Bermúdez, apenas iniciada la causa, fue encontrado muerto en su residencia. Se dijo que lo habían envenenado, pero lo probable es que este famoso abogado y gran patriota, ante la amenaza inexorable del garrote, se suicidara.

Ilustres cubanos que sufrieron prisión durante la época de las conspiraciones (Antonio Gassié, Luis Eduardo del Cristo, Joaquín Fortún y J. F. Balbín). Dibujo en una revista norteamericana del siglo XIX. (N.Y. Public Library)

88. LA JUNTA CUBANA

En septiembre de 1852, ejecutado Facciolo y descubierta la conspiración de la Vuelta Abajo, los anhelos unitarios cubanos se vieron coronados por el éxito de los Estados Unidos. Se constituyó un nuevo organismo revolucionario que tomó el nombre de *Junta Cubana*. Presidía Cisneros, correspondiendo la vicepresidencia y la Secretaría a sus seguidores, Manuel de Jesús Arango y Porfirio Valiente, y a los partidarios de Narciso López la tesorería y cargos de vocales a José Elías Hernández y Domingo de Goicuría.

La Junta Cubana abogaba por la anexión de Cuba a los Estados Unidos. Aliados al candidato demócrata a la presidencia de los Estados Unidos, Franklin Pierce, esperaban que éste les ayudara una vez electo. Las perspectivas eran halagüeñas. Según el secretario de

Estado Edward Everett, los Estados Unidos no podían negar su interés por Cuba, ni tampoco entrar en un convenio con Inglaterra, Francia y España que pusiera en peligro el destino de la Isla.

Everett se refería al convenio tripartita para evitar la anexión de Cuba a los Estados Unidos.

89. PROPONE EL PRESIDENTE PIERCE COMPRAR A CUBA

El presidente Pierce desilusionó a los cubanos, pues propuso, a través de sus ministros en Francia, Inglaterra y España, comprar la isla de Cuba. Éste, naturalmente, no era el programa. El Lugareño se opuso tenazmente a que una tradición de sacrificios y de sangre derramada en pro de la libertad de Cuba fuera a terminar de esa manera. Aunque Pierce por el momento desistió de sus planes, designó ministro en la Corte de España al senador por Louisiana, Pierre Soulé, amigo de los cubanos y defensor años atrás del gran caudillo Narciso López.

MUEREN EL ANEXIONISMO Y EL REFORMISMO

90. EL MARQUÉS DE LA PEZUELA

El 3 de diciembre de 1853, al sobrevenir en España un cambio político, tomó posesión de la capitanía general y gobierno de la isla de Cuba el general Juan de la Pezuela, marqués del mismo nombre y conde de Cheste. Era un gran señor, más civil que militar y con aficiones artísticas y literarias.

Su programa era combatir la trata y defender las ideas liberales, y así lo hizo constar, al publicar en *El Diario de la Marina,* los documentos que lo probaban. El resultado fue una fuerte oposición por parte de esclavistas y negreros.

El Club de La Habana, que no había desaparecido, hizo saber a la Junta Cubana que la mayoría de sus componentes estaba en favor de la anexión, y había contratado los servicios del general John Anthony Quitman, exgobernador de la Louisiana y héroe de la guerra con México, para que dirigiera los ejércitos cubanos. "Si pueden ayudarnos —decía el Club— mucho nos alegraríamos; mas si esto no es posible, tampoco desistiremos del intento".

Estas actividades trascendieron. A Pezuela se le presentó alguien con la lista de los conspiradores.

—¿Qué castigo cree usted que merecen estos traidores? —le preguntó Pezuela.

—La hoguera —contestó el denunciante.

—Tiene usted mucha razón —replicó Pezuela—. Voy a quemarlos a todos, sin perdonar uno siquiera.

Y acercando la lista a la llama de una vela, quemó el papel sin enterarse de su contenido.

91. SE AGRIETA LA JUNTA CUBANA

Hubo crisis en la Junta Cubana. Las ofertas del Club de La

Habana no fueron aceptadas por Domingo Goicuría y José Elías Hernández. La idea de poner a un general norteamericano al frente de las tropas cubanas era poco grata, y, sin romper abiertamente con la Junta, decidieron organizarse por su cuenta. Porfirio Valiente logró que desistieran de sus propósitos. Pero no estaba en los designios de la historia que Quitman libertara a Cuba, ni que Goicuría y Hernández, el Club de La Habana o la Junta Cubana triunfaran.

92. LA LEY KANSAS-NEBRASKA

En mayo de 1854 el Congreso de los Estados Unidos aprobó la Ley Kansas-Nebraska. En uno de sus preceptos autorizaba a dichos territorios a formar parte de la Unión como estados, "con esclavitud o sin ella", según se determinara en un plebiscito. Esta ley, impuesta por los intereses del Sur, legitimó la esclavitud al norte de la línea Mason-Dixon y desnaturalizó los compromisos de 1821 y los de 1850, que habían evitado la guerra en los Estados Unidos. En consecuencia, destruyó la unidad política de la Unión, poniendo definitivamente al Norte frente al Sur. Desde entonces el Norte se mostró enemigo de la anexión de Cuba.

En estas circunstancias, el presidente Pierce llegó a la conclusión de que el pueblo americano vería con repugnancia una agresión contra España encaminada al propósito de apoderarse de un territorio más, y pospuso la amenaza anexionista, lanzando una proclama al estilo de las de Fillmore y Taylor, que censuraban las expediciones revolucionarias que se preparaban desde suelo norteamericano.

93. EL MANIFIESTO DE OSTENDE

Pierce no era sincero. Cuando todo hacía suponer que había desistido de comprar la Isla, una declaración conjunta de sus representantes diplomáticos Buchanan, Mason y Soulé, en Ostende, Bélgica, hizo saber que Cuba debía pasar al dominio de los Estados Unidos. Ofrecían comprársela a España en 130 millones de dólares, amenazando en caso contrario de anexar por la fuerza.

El gobierno de España se negó airado. Pierce desistió de tan absurda transacción mercantil, y así se lo comunicó a Soulé. En compensación, la cancillería de Washington, para apaciguar a los españoles, aceptó la indemnización por el embargo del *Black Warrior*.

Con estas actuaciones terminó en Cuba el gobierno del marqués de la Pezuela al caer en España el del conde de San Luis, debido a uno de los frecuentes golpes de estado a que estaba acostumbrada la península.

Reformas administrativas

El 21 de septiembre de 1854 se hizo cargo nuevamente de la Capitanía General de Cuba el general José Gutiérrez de la Concha. Fue recibido por los peninsulares con vivas demostraciones de júbilo.

El despotismo y la soberbia fueron las características de este gobierno. Se distinguió por una inconformidad con todo lo existente, incluso los poderes ilimitados, herencia de la época de Vives, que Concha no consideraba tan extensos como era su deseo. De acuerdo con este pensamiento llevó a efecto una serie de reformas administrativas. A fin de centralizar los poderes del gobernador, creó una Secretaría General a la que sumó las ya muy menguadas atribuciones de la *Real Junta de Fomento,* la cual dejó reducida a un simple organismo consultivo; multiplicó oficinas y centros; introdujo reformas en los impuestos y gabelas; sobrecargó el presupuesto con proyectos de obras públicas; facilitó y amplió la formación de sociedades anónimas que abrieron campo a la especulación, y casi arruinaron la Isla; y se aumentó su sueldo y los gastos de representación a 60 mil pesos anuales, que en aquella época era una verdadera fortuna.

Creación de cuerpos voluntarios

En el orden político, trató de organizar un partido puramente español, intransigente, odiador y odiado, en el que pudieran apoyarse los capitanes generales; creó los cuerpos de *voluntarios,* compuestos de ciudadanos armados, en servicio de los partidarios intelectuales de este régimen aborrecible; miró a los "buenos españoles" con el recelo tradicional que por sus ideas reformistas despertaban; y finalmente, se mostró conciliador y transigente con los "negreros esclavistas" y con los importadores de negros africanos, cobrándoles una onza por cada uno de esos infelices importados, a pesar de las instrucciones que en contra de estos procedimientos recibía de Madrid.

No obstante, durante el gobierno de Gutiérrez de la Concha se alcanzaron algunos beneficios, pero el despotismo que los acompañaba les restaba lustre. Reorganizó la policía sobre bases de disciplina y orden; se reordenó la Guardia Civil para garantía de los campos, donde prevalecían los malhechores y cuatreros; se reformó la enseñanza elemental, creándose escuelas gratuitas a cargo de los municipios. Llevó a cabo la importante reforma de la administración de justicia, separando las funciones administrativas de las judiciales, por la Real Cédula de 5 de enero de 1855, al mismo tiempo que se dieron los primeros pasos para que los ayuntamientos fueran electivos, por el Real Decreto de 27 de julio de 1859, los cuales reducían su autonomía debido a la influencia que desde entonces ejercían los gobernadores en su composición, convirtiéndolos, al cabo del tiempo, en simples organismos bajo la dependencia de la capitanía general.

95. MANOS VENGADORAS

El despótico Concha tuvo que hacerle frente a conspiraciones de carácter separatista.

Castañeda, delator de Narciso López, jugaba al billar en el café de Marte y Belona, junto a la ventana del salón. Súbitamente la mano vengadora de un transeúnte invisible disparó, y el traidor cayó muerto. Dos días después, Nicolás Vengó, apodo de Nicolás Vignau y Asanza, se hallaba sano y salvo en Nueva Orleáns, y José Agustín Quintero y Woodville, el inspirado bardo de aquella época, compuso unos versos que finalizaban diciendo:

> Para vengar a su mejor caudillo,
> la joven Cuba, que rencor exhala,
> si no tuvo el acero de un cuchillo,
> tuvo el plomo encendido de una bala.

96. EJECUCIONES DE ESTRAMPES Y DE PINTÓ

Al desembarcar por Baracoa en una expedición separatista es descubierto Francisco Estrampes, y condenado a morir al garrote. Este joven era una esperanza para la libertad de Cuba. Por otra parte, el 6 de febrero de 1855, los esbirros del general Concha allanaron la residencia de Ramón Pintó y lo acusaron de estar conspirando. La escena fue terrible. Se apoderaron de unos documentos que algunos historiadores afirman eran comprometedores para Concha, pues habiendo sido amigo de Pintó, había conspirado con éste en otra época contra el gobierno de Madrid.

Pintó era un personaje muy importante, y su detención, proceso y condena conmovieron hondamente a la colonia. Fue agarrotado el 22 de marzo en la explanada de La Punta, donde fue ejecutado Narciso López, mostrando una gran entereza durante el juicio y ejecución.

97. DISOLUCIÓN DE LA JUNTA CUBANA

Había llegado la hora del naufragio total de las revoluciones anexionistas. La Junta Cubana se disolvió en los Estados Unidos. En el documento firmado por el Lugareño y escrito por el conde de Pozos Dulces, que al ser puesto en libertad se había unido a la Junta, se explicaba todo aquel proceso:

"La Anexión —decía el manifiesto— era el cebo que debió halagar al pueblo norteamericano, y la prenda de seguridad con que se pretendía conquistar a los que todavía vacilaban en ponerse frente a España; era sólo el medio concertado para acumular fuerzas materiales y morales contra la tiranía española . . . No hay un sólo cubano que no sepa que la Revolución vino a los Estados Unidos a buscar armas y no a contraer compromisos prematuros de imposible incorporación . . ."

Finalmente, se disolvió también el Club de La Habana. Y la historia clausuró el período de los movimientos anexionistas. Estos jamás despertaron en el pueblo de Cuba simpatías de lucha. En realidad carecían del mensaje que era necesario para poner en pie de guerra a los cubanos.

98. EL GENERAL FRANCISCO SERRANO

El 24 de noviembre de 1859 el general Concha entregó el mando de la Isla al general Francisco Serrano y Domínguez, y se retiró después de haber ejercido el gobierno como él mismo decía: "con un poder soberano que no gozaba siquiera el gran turco".[1]

El nuevo gobernador abrió las puertas del palacio a los cubanos. Los invitaba a sentarse; antes los gobernadores los recibían de pie. Les pedía opiniones y les estrechaba la mano, cosas que ningún general había hecho antes. Además, como estaba casado con una bellísima cubana, la condesa de San Antonio, no fue difícil que conquistara afectos y simpatías.

Serrano desdeñaba los asuntos fiscales y olvidaba con frecuencia los financieros. Su gobierno fue esencialmente político. Conservó las formas centralistas del gobierno, pero fue dictador benévolo y caballeroso. Comprendió que Cuba necesitaba urgentemente varias reformas y presentó un plan, el cual no prosperó. Alentó entre los cubanos la creación del círculo reformista dirigido por José Ricardo O'Farrill y Miguel Aldama, opuesto al de los peninsulares que tenía por líder a Salvador Samá, marqués de Marianao. De este modo vinieron a crearse en la colonia dos partidos políticos, o mejor dicho dos intentos de partidos políticos: el cubano y el español.

El liberalismo del general Serrano, personaje de primera fila, llamado a ocupar los más altos cargos en España y a llenar con su nombre varios períodos históricos, favoreció grandemente la propaganda reformista, surgiendo una verdadera etapa de cultura y espiritualidad. Se pusieron de moda las tertulias literarias en la residencia de Nicolás Azcárate, abolicionista y liberal, que sobresalía en las lides del foro y la literatura. Se fundaron liceos; se crearon instituciones

[1] sultán

La Habana en el siglo XIX. Damas comprando. (Free Library of Philadelphia, foto de Joseph Martin, Scala)

literarias; se ofrecían grandes funciones de teatro. Regresó a la Isla José Antonio Saco, a quien ofrecieron un gran banquete en la residencia de Miguel Aldama, al que concurrió Serrano acompañado de su esposa.

Saco regresó a Europa, preferentemente a Madrid, y comenzó a escribir en *La América,* periódico editado y dirigido por Eduardo Asquerino, que defendía el programa reformista.

99. LA JUNTA DE INFORMACIÓN

En diciembre de 1862 el general Domingo Dulce sustituyó al general Serrano, diciendo que continuaría la política liberal y reformista de su antecesor. Éste, desde la Corte, siguió ocupándose de Cuba, y al fin el gobierno de Madrid decidió apoyar las reformas solicitadas en Cuba y Puerto Rico.

Por Real Decreto de 25 de noviembre de 1865 se convocó a los ayuntamientos en Cuba para que eligieran una Junta de Información que tratara lo siguiente: 1) bases en que debían fundarse las leyes especiales para el régimen de Las Antillas; 2) manera de reglamentar el trabajo de la población negra y asiática y fomento de la inmigración; y 3) tratados de comercio y reformas arancelarias y rentísticas.

La Junta debía constituirse bajo la presidencia del ministro de Ultramar en Madrid y asesorada por vocales designados por la Corona.

Las elecciones se verificaron en Cuba el 25 de marzo de 1866 y ganaron los cubanos, por lo cual el gabinete en Madrid, asustado, designó por decreto un número igual de comisionados españoles, que en la práctica venían a cancelar la mayoría. Con esta artimaña no empezaban bien las cosas para los cubanos.

La sesión inaugural de la Junta tuvo efecto el 30 de octubre de 1866 en Madrid bajo la presidencia del ministro de Ultramar Alejandro Castro que había sustituido a Antonio Cánovas del Castillo, debido a un cambio de gobierno.

Eran líderes de los cubanos, José Morales Lemus, que tenía ideas separatistas, y el conde de Pozos Dulces, que dirigía el periódico *El Siglo*, órgano principal del Partido Reformista Cubano.

La Junta de Información, que contaba en su seno con los comisionados por Puerto Rico, alteró el orden de las materias por tratar, comenzando por el segundo de los puntos señalados: la cuestión social; pasando luego al tercero: la cuestión económica; y dejando para lo último lo más importante: la cuestión política. Esta alteración del programa sembró el desencanto y la duda entre los comisionados. Era evidente que España no quería escuchar a Cuba ni a Puerto Rico.

100. LA GUERRA DEL PACÍFICO AFECTA AL REFORMISMO

A la vez que la Junta se reunía, se libraba en Sudamérica una guerra naval entre España por una parte, y el Perú y Chile por otra, en el Pacífico. Los cubanos partidarios del separatismo combatían fuertemente los intentos reformistas. Benjamín Vicuña Mackena, ilustre chileno que se hallaba en Nueva York como agente confidencial de su gobierno, publicaba el periódico *La Voz de América*, aliado a los cubanos separatistas, que tenían como guía en la mencionada ciudad estadounidense a Juan Manuel Macías. Dirigía Vicuña Mackena los peores ataques a los reformistas.

101. FRACASO DE LA JUNTA DE INFORMACIÓN

La Junta terminó sus trabajos y se disolvió el 27 de abril de 1867. Nada se resolvió.

Esta actividad que tantas esperanzas hizo concebir a los partidarios de la reforma fue un lamentable fracaso. El gobierno en Madrid, tomando algunas de las indicaciones de los comisionados sobre el régimen tributario, sin consulta ni previo anuncio, promulgó el Real Decreto de 12 de febrero de 1867, sin modificar los anteriores ni la multitud de trabas y gabelas que ahogaban al pueblo de Cuba, e impuso un nuevo y más oneroso impuesto del 10% sobre la renta

La armada española en La Habana, 1867. (MAS)

líquida de la colonia, dejando vigentes veinte y dos renglones por los que recaudaban las aduanas. Cuarenta millones de pesos costaba a Cuba aquel decreto. No sólo no se habían escuchado las legítimas protestas de los delegados cubanos, sino que con este absurdo impuesto se les ponía en ridículo ante sus compatriotas.

Los dictámenes, que la Metrópoli quiso ocultar, circularon en Cuba y Puerto Rico impresos en dos tomos, testimonio lapidario de la ceguedad que caracterizaba entonces a los gobernantes españoles.

El fracaso de la Junta marcaba el fin de una larga etapa de proposiciones pacíficas.

MORIR POR LA PATRIA ES VIVIR

102. EL 10 DE OCTUBRE DE 1868

El estado de opinión pública en la Isla; las vejaciones de los capitanes generales, en particular del general Francisco Lersundi, que había sustituido en el mando al general Dulce; su identificación y manifiesta parcialidad con el elemento más reaccionario español; las extorsiones y abusos con que los agentes del fisco aumentaban la ya insoportable carga tributaria; la pérdida de toda esperanza de rectificación, por parte de la Metrópoli, producida por el fracaso de la Junta de Información, avivaron considerablemente en el país los anhelos de independencia y dieron paso a la conspiración separatista, en cuatro reuniones consecutivas, conocidas por los nombres de *San Miguel de Rompe, Finca Muñoz, Ranchón de los Caletones* e *Ingenio Rosario.*

La guerra estalló finalmente el 10 de octubre de 1868, dirigida por el abogado Carlos Manuel de Céspedes y secundada por un grupo de patriotas en el ingenio *La Demajagua,* que llamaban a la libertad y a la independencia de la Isla.

Durante los primeros días la Guerra del 68 estuvo a punto de fracasar. Céspedes atacó el caserío de *Yara* el 11 de octubre. De allí tomó su nombre la Revolución, aunque en ese lugar sufriera un descalabro.

La Revolución de Yara se extendió por toda la región oriental de Cuba, y reunidos en varias partes de la Isla, los patriotas acordaron secundar a Céspedes.

103. FRANCISCO VICENTE AGUILERA

Esta gran figura de la historia de Cuba fue uno de los organizadores de la Guerra del 68 y el que en unión de Pedro Figueredo, autor

Francisco Vicente Aguilera
(1821–1877), bayamés,
lugarteniente de Céspedes y
principal organizador de la
República en Armas, fue la figura
patriarcal y respetada que unió a
los cubanos separatistas,
particularmente los exiliados en
América y Europa.

del himno oficial de Bayamo, dirigió la dominación española.

Aguilera nació en Bayamo en 1821. Era dueño de una fortuna enorme, que puso a disposición de su país y de la causa de la revolución redentora. De acuerdo con sus planes, la conspiración había escogido el mes de diciembre de 1868 para alzarse contra la Metrópoli. Denunciada dicha conspiración por una vieja beata en el confesionario, y advertido Céspedes el 7 de octubre, se vio obligado a adelantar la fecha. Asumió el mando que ya se le había reconocido en la reunión de Ranchón de los Caletones.

104. LA TOMA DE BAYAMO

Aguilera se pronunció en Holguín; Donato Mármol y Calixto García, en Jiguaní; Vicente García y Francisco Rubalcaba, en Tunas; Francisco Maceo Osorio, en Guisa; y Esteban Estrada, en el Dátil. Céspedes, reforzado en esta forma, logró reunir una tropa regular en Barrancas. "¡Cubanos —dijo— ya habéis visto lucir el sol de nuestras libertades! ¡Ya conocéis también a vuestros libertadores!"

Después de estas palabras, Céspedes se presentó frente a Bayamo el 18 de octubre, atacó la ciudad el 19, y al rendirse el gobernador español, quedó dueño de la plaza el 20. A los pocos días, siguiendo la tradición católica de conmemorar las batallas victoriosas, celebró un **Te Deum**. Doce señoritas cantaron el himno de Bayamo:

Al combate corred bayameses,
que la patria os contempla orgullosa,
no temáis una muerte gloriosa,
que morir por la patria es vivir . . .

En cadenas vivir es vivir
en afrenta y oprobio sumidos,
del clarín escuchad el sonido,
y a las armas valientes corred . . .

105.   IDEAS POLÍTICAS EN PUGNA EN LA REVOLUCIÓN DE 1868

El manifiesto del 10 de octubre, con el que Céspedes anunció la Revolución del 68, se encaminaba al establecimiento de una república de carácter conservador, destacando tres aspectos en los que se hallaba la Isla: 1) la opresión política; 2) la explotación económica; y 3) el estancamiento social. Esta doctrina no complació del todo a los camagüeyanos dirigidos por Salvador Cisneros Betancourt (marqués de Santa Lucía, título que no usaba), ni al joven Ignacio Agramonte y Loynaz, partidarios, tanto aquél como éste, de la creación de una república más radical. Sin embargo, en la *Junta del Paradero de Minas,* decidieron secundar el movimiento iniciado por Céspedes.

A juicio de Céspedes, los vínculos de la colonia con la Metrópoli eran demasiado sólidos. Propuso la unificación de los mandos civiles

General Ignacio Agramonte y
Loynaz (1842–1873), "El Bayardo".
Este camagüeyano indómito fue la
figura dinámica que dio ímpetus e
inspiración a los insurrectos. Su rescate
del general Sanguily es la página más
emocionante de la Guerra de los Diez
Años. Su vida fue corta, sólo 30 años,
y al morir fue una pérdida desastrosa
para Cuba.

Salvador Cisneros Betancourt (1828–1914). Renunció al título de Marqués de Santa Lucía y lo sacrificó todo por la patria. Combatió con Agramonte y sustituyó a Céspedes en la presidencia al ser éste destituido. Firmó las constituciones de Guáimaro, Jimaguayú y la de 1901 y fue senador por su natal Camagüey en Cuba libre.

y militares, lo que fue rechazado por los camagüeyanos que abogaban, con Agramonte y Cisneros Betancourt, por la constitución de la República en Armas y dentro de ésta la división de poderes al estilo de las doctrinas de Montesquieu y Rousseau.[1]

Fue necesario que Céspedes y Agramonte se aproximaran y conversaran. Después de la mediación de Ignacio Mora, partidario de Céspedes, pero amigo de Agramonte y defensor de la unificación, ambos próceres acordaron convocar una asamblea constituyente que redactara un nuevo código para servir de pauta a los cubanos rebeldes en el campo de batalla. La asamblea quedó convocada para reunirse en Guáimaro, poblado camagüeyano.

106. PRIMEROS COMBATES

El estallido de la Revolución sorprendió al general Lersundi. En España había sido destronada Isabel II por un movimiento rebelde dirigido por los generales Serrano y Juan Prim. Pero Lersundi en Cuba no se dio por enterado de ello, y siguió acatando la monarquía. Actuaba así para no dar a los elementos liberales la oportunidad de apoyar a la república en España, o la revolución de Céspedes en Cuba.

[1] Véase el párrafo 113 de este capítulo.

Obligado Lersundi a tomar en serio la guerra en la Isla, designó jefe de Operaciones militares al segundo cabo,[2] Blas Villate, conde de Valmaseda, para que éste saliera a combatir a los rebeldes, y despachó dos columnas españolas desde Santiago. Estas tropas fueron derrotadas, en *Babatuaba* y *Pino de Baire* por el general **Modesto Díaz** y el coronel **Máximo Gómez**, ambos dominicanos, que habían empuñado las armas en pro de la libertad de Cuba. En Pino de Baire, los cubanos dirigidos por Gómez usaron por primera vez el machete, en una carga fulminante y sangrienta.

Máximo Gómez fue nombrado sargento en los primeros momentos de la guerra por el poeta José Joaquín Palma, cuando éste trataba de formar un batallón. Después de Pino de Baire, en que ya Gómez era coronel, fue ascendido a general de brigada.

107. BATALLA DEL SALADILLO

El conde de Valmaseda, tras su recorrido por las provincias orientales de Camagüey y Oriente, regresó a La Habana en busca de refuerzos. Obtenidos éstos, penetró con un gran contigente de tropas por Camagüey hacia Oriente. Cercó a Bayamo para desplazar al gobierno de Céspedes de esta importante ciudad.

El grueso de las tropas cubanas, para hacerle frente a Valmaseda, estaba al mando de Donato Mármol, una de las más distinguidas figuras del 68. Máximo Gómez era su jefe de Estado Mayor, y Tomás Estrada Palma, bayamés, su secretario civil.

Reforzado por el material bélico desembarcado a fines de diciembre en la expedición del vapor *Galvanic,* Mármol se preparó para hacerle frente a Valmaseda y cruzó el río Cauto. Atacado el 8 de enero de 1869, fue vencido al día siguiente en *el Saladillo.* De esta manera le quedaba al general español libre el paso hacia Bayamo.

108. QUEMA DE BAYAMO

La noticia de la derrota de **Mármol** en el Saladillo sorprendió a los bayameses reunidos en el ayuntamiento. Los patriotas decidieron pegarle fuego a la ciudad antes de evacuarla. Los tesoros cubanos, las reliquias más sagradas de los orientales, fueron reducidos a cenizas. Sólo quedaron en pie unas iglesias y el edificio conocido con el nombre de Torre de Zarragoitia, situado en las afueras de Bayamo.

A partir de la reconquista de Bayamo, Valmaseda, reforzado con nuevas tropas, llevó a cabo en la región oriental una campaña de

---

[2] el general que venía después del gobernador de la Isla

crueldad increíble, llamada por los mambises[3] *Creciente de Valmaseda.*

109. LA REGIÓN OCCIDENTAL — LA GUERRA — EL LABORANTISMO

La caída de Bayamo no fue obstáculo al crecimiento de la Revolución. El 6 de febrero de 1869 3,000 "villareños" en diversos lugares de la región de Santa Clara empuñaron las armas y se alzaron contra el poder secular de la Metrópoli, adhiriéndose a la jefatura de Céspedes y abogando por la más pronta celebración de la asamblea constituyente. Era director civil de los villareños Miguel Jerónimo Gutiérrez, poeta y hombre de letras, y el jefe militar Federico Cavada, brillante soldado que había peleado en los Estados Unidos en la Guerra de Secesión y poseía grandes conocimientos militares.

Las autoridades españolas suponían, después de la caída de Bayamo, que no habría mayores manifestaciones revolucionarias. No fue así en las regiones del centro oriental, que se mantuvieron en pie de guerra. Hasta hubo brotes en la parte occidental de la Isla: en Pinar del Río, La Habana y Matanzas, aunque fueron dominados. En estas últimas regiones, especialmente en La Habana, la insurrección fue solapada. Rafael María Merchán la había definido acertadamente en un famoso artículo titulado "Laboremus".[4] Desde entonces, cuantos trabajaban a favor de la guerra recibieron el nombre de *laborantes* o *laborantistas.*

110. EL GENERAL DULCE SUSTITUYE A LERSUNDI

El gobierno revolucionario de Madrid, presidido por el general Prim, relevó del mando a Lersundi y designó para regresar a Cuba al general Domingo Dulce, que se proponía hacer la paz concediendo nuevas leyes y amplias reformas.

A su llegada a Cuba el 4 de enero de 1869, cuatro días antes de la caída de Bayamo, Dulce lanzó una proclama recordando su conducta anterior, ofreciendo una amplia amnistía y prometiendo a los cubanos que disfrutarían, a la par de los españoles, de las libertades conquistadas en la península por la Revolución. Pero ya era tarde para que se diera crédito a dichas promesas y fuera posible su cumplimiento.

Concedida la amnistía, suprimida la censura y las Comisiones Ejecutivas Permanentes, Dulce designó dos embajadas que visitaron a los camagüeyanos y los orientales, quienes rechazaron las ofertas de

---

[3] plural de *mambís* o *mambí,* voz afroantillana aplicada a los insurrectos de Cuba y Santo Domingo en el siglo XIX

[4] palabra latina por "trabajemos" (a favor de la guerra)

paz. Con este motivo, en las afueras de Camagüey fue asesinado por la policía española el jefe revolucionario Augusto Arango, que desde hacía años conspiraba contra la Metrópoli, y este crimen exaltó aún más los ánimos.

111. LOS SUCESOS DEL TEATRO VILLANUEVA

Al representarse en este teatro un juguete cómico, *El Perro Huevero,* el público coreó los versos favorables a Cuba y hubo vivas a Céspedes y a la Revolución. Un periodista peninsular, Gonzalo Castañón, director de *La Voz de Cuba,* que después fue muerto en Cayo Hueso por un cubano, dijo en un artículo a los voluntarios que, teniendo ellos los fusiles, era una cobardía dejarse insultar por los cubanos. Los voluntarios se desbandaron. Cometieron toda clase de excesos y saquearon las residencias de Miguel Aldama y de Leonardo del Monte, ricos cubanos simpatizadores de la Revolución.

112. DEPONEN LOS VOLUNTARIOS AL GENERAL DULCE

Alzados en casi todas las regiones de la Isla, los cubanos agitaron al elemento conservador peninsular, que se presentó en actitud rebelde contra el general Dulce, quien canceló por órdenes del gabinete en Madrid su política liberal y comenzó una serie de persecuciones contra todos los criollos sin discriminación alguna.

Patriotas cubanos saliendo al exilio en 1869. (N.Y. Public Library)

Muchos tuvieron que abandonar el país para no ser víctimas de los desmanes de las turbas peninsulares, que no obedecían al gobernador Dulce ni a los elementos más representativos de la colonia que simpatizaban con la Revolución.

Esta circunstancia, es decir, la emigración de aquellos cubanos y aun de españoles liberales partidarios de las reformas, sirvió al elemento reaccionario e integrista para impresionar al capitán general, haciéndole ver que los que se marchaban de la Isla iban al extranjero, en particular a los Estados Unidos, a fomentar desde allí la Revolución y a ayudar con sus capitales a la victoria de la Revolución cubana.

Obtuvieron la confiscación de los bienes de los alzados, de los emigrados y hasta de los que no simpatizaban con la Revolución.

A pesar de estas medidas, los voluntarios no estaban satisfechos. Destituyeron a Dulce el 25 de mayo de 1869. Dulce fue reemplazado, mientras llegaba de España el nuevo gobernador, por el segundo cabo, Ginovés Espinar, que siguió la política de persecuciones.

113. LA ASAMBLEA DE GUÁIMARO

Tal como lo habían acordado Céspedes y Agramonte a nombre de las regiones orientales, y como lo había ratificado Miguel Jerónimo Gutiérrez a nombre de Santa Clara, el 10 de abril de 1869 se reunió en la villa de *Guáimaro,* en la provincia de Camagüey, la Asamblea Constituyente realizada en los campos de la Revolución.

En la Asamblea de Guáimaro chocaron de nuevo las opiniones de Céspedes con las de Agramonte, que finalmente fueron armonizadas, predominando el radicalismo liberal de los camagüeyanos, partidarios de la filosofía liberal del siglo XIX, herencia de las Revoluciones americana y francesa.

En la primera sesión, Céspedes fue elegido presidente de la Asamblea Constituyente, y Agramonte y Zambrana, autores en su mayor parte de la constitución que allí se acordó, fueron elegidos secretarios.

Dicha constitución estaba basada en los principios y doctrinas de Montesquieu y de Rousseau. Los poderes políticos y administrativos eran tres: ejecutivo, legislativo y judicial. El congreso era unicameral. Al jefe del Ejército lo designaba la cámara a proposición del ejecutivo, debiendo obediencia a éste. Se acordó que la bandera oficial de la República en Armas fuera la de Narciso López. Céspedes, que había enarbolado en La Demajagua su propia bandera, pronunció un discurso en favor de ésta, pero fue derrotado. El sacrificio de López predominaba en el alma de los convencionales, que quisieron honrar

ASAMBLEA CONSTITUYENTE DE 1869

José María Izaguirre

Miguel Gerónimo Gutiérrez

Honorato del Castillo

Miguel Betancourt Guerra

Antonio Zambrana

Jesús Rodríguez

Arcadio García

Tranquilino Valdés

Francisco Sánchez
Betancourt

Antonio Alcalá

Eduardo Machado

Antonio Lorda

CONSTITUCIÓN DE GUÁIMARO

REPÚBLICA DE CUBA

Constitución política que regirá lo que dure la guerra de la Independencia

Artículo 1 — El Poder Legislativo residirá en una Cámara de Representantes.

Art. 2 — A esta Cámara concurrirá igual representación por cada uno de los cuatro Estados en que queda desde este instante dividida la Isla.

Art. 3 — Estos Estados son: Oriente, Camagüey, Las Villas y Occidente.

Art. 4 — Sólo pueden ser Representantes los ciudadanos de la República de veinte años.

Art. 5 — El cargo de Representante es incompatible con todos los demás de la República.

Art. 6 — Cuando ocurran vacantes en la representación de algún Estado, el Ejecutivo del mismo dictará las medidas necesarias para la nueva elección.

Art. 7 — La Cámara de Representantes nombrará el Presidente encargado del Poder Ejecutivo, el General en Jefe, el Presidente de las sesiones y demás empleados suyos. El General en Jefe está subordinado al Ejecutivo y debe darle cuenta de sus operaciones.

Art. 8 — Ante la Cámara de Representantes deben ser acusados, cuando hubiere lugar, el Presidente de la República, el General en Jefe y los miembros de la Cámara. Esta acusación puede hacerse por cualquier ciudadano: si la Cámara la encuentra atendible, someterá el acusado al Poder Judicial.

Art. 9 — La Cámara de Representantes puede deponer libremente a los funcionarios cuyo nombramiento le corresponde.

Art. 10 — Las decisiones legislativas de la Cámara necesitan para ser obligatoria la sanción del Presidente.

Art. 11 — Si no la obtuvieren, volverán inmediatamente a la Cámara para nueva deliberación, en la que se tendrán en cuenta las objeciones que el Presidente presentare.

Art. 12 — El Presidente está obligado, en el término de diez días, a impartir su aprobación a los proyectos de ley o a negarla.

Art. 13 — Acordaba por segunda vez una resolución de la Cámara, la sanción será forzosa para el Presidente.

Art. 14 — Deben ser objeto indispensablemente de ley: las contribuciones, los empréstitos públicos, la ratificación de los tratados, la declaración y conclusión de la guerra, la autorización al Presidente para conceder patentes, levantar tropas y materiales, proveer y sostener una armada y la declaración de represalias con respecto al enemigo.

Art. 15 — La Cámara de Representantes se constituye en sesión permanente desde el momento en que los Representantes del pueblo ratifiquen esta ley fundamental hasta que termine la guerra.

Art. 16 — El Poder Ejecutivo residirá en el Presidente de la República.

Art. 17 — Para ser Presidente se requiere la edad de treinta años y haber nacido en la Isla de Cuba.

Art. 18 — El Presidente puede celebrar tratados con la ratificación de la Cámara.

Art. 19 — Designará los embajadores, ministros plenipotenciarios y cónsules de la República en los países extranjeros.

Art. 20 — Recibirá los embajadores, cuidará de que se ejecuten fielmente las leyes y expedirá sus despachos a todos los empleados de la República.

Art. 21 — Los secretarios del Despacho serán nombrados por la Cámara a propuesta del Presidente.

Art. 22 — El Poder Judicial es independiente, su organización será objeto de ley especial.

Art. 23 — Para ser elector se requieren las mismas condiciones que para ser elegido.

Art. 24 — Todos los habitantes de la República son enteramente libres.

Art. 25 — Todos los ciudadanos de la República se consideran soldados del Ejército Libertador.

Art. 26 — La República no reconoce dignidades, honores especiales, ni privilegio alguno.

Art. 27 — Los ciudadanos de la República no podrán admitir honores ni distinciones de un país extranjero.

Art. 28 — La Cámara no podrá atacar las libertades de culto, imprenta, reunión pacífica, enseñanza y petición, ni derecho alguno inalienable del pueblo.

Art. 29 — Esta Constitución podrá enmendarse cuando la Cámara unánimemente lo determine.

Esta Constitución fue votada en el pueblo libre de Guáimaro el 10 de Abril de 1869 por el ciudadano Carlos Manuel de Céspedes, Presidente de la Asamblea Constituyente, y los ciudadanos diputados Salvador Cisneros Betancourt, Francisco Sánchez, Miguel Betancourt Guerra, Ignacio Agramonte Loynaz, Antonio Zambrana, Jesús Rodríguez, Antonio Alcalá, José Izaguirre, Honorato Castillo, Miguel Gerónimo Gutiérrez, Arcadio García, Tranquilino Valdés, Antonio Lorda y Eduardo Machado Gómez.

a quien fue el primero en organizar la guerra en Cuba. Zambrana propuso una resolución que disponía que la bandera de Yara, igualmente gloriosa, se fijara en la Sala de Sesiones de la Cámara de Representantes y se considerara parte de los tesoros de la República. Esta proposición fue aprobada.

114. LA CÁMARA DE REPRESENTANTES: ÚNICO PODER LEGISLATIVO

La Convención de Guáimaro, terminadas sus labores, se constituyó en Cámara de Representantes y eligió presidente de ella a Salvador Cisneros Betancourt; vicepresidente a Miguel Jerónimo Gutiérrez; y secretarios a Agramonte y Zambrana. Después se eligió por unanimidad presidente de la República en Armas a Céspedes y jefe del Ejército, al general Manuel de Quesada, camagüeyano que había peleado en México a las órdenes del presidente Benito Juárez cuando la invasión francesa.

Carlos Manuel de Céspedes (1819–1874), el Padre de la Patria, primer presidente de la República en Armas. Elegido el 12 de abril de 1869, fue destituido el 27 de octubre de 1873 y muerto por los españoles el 27 de febrero de 1874 en su retiro de la finca San Lorenzo, al pie del pico Turquino.

Céspedes inmediatamente designó su gabinete: Aguilera, secretario de la Guerra y Figueredo, subsecretario; Eligio Izaguirre, secretario de Hacienda; Eduardo Agramonte y Piña, del Interior; y Cristóbal Mendoza, de Relaciones Exteriores.

Céspedes, como presidente, y la Cámara de Representantes, como poder supremo de la Revolución, no siempre estuvieron de acuerdo, lo que dio lugar a una defectuosa organización revolucionaria.

A pesar de las dificultades que suponía reunir la Cámara en la "manigua",[5] la Revolución se estructuró políticamente. Se crearon los cargos de gobernadores, prefectos y subprefectos, por elección popular, como lo había sido la Asamblea de Guáimaro, surgida por votación entre los soldados. Quedaron en funcionamiento los tribunales de justicia, las oficinas de correo, los servicios de sanidad, los departamentos de educación y otras instituciones necesarias.

115. LA POLÍTICA EXTERIOR DEL PRESIDENTE CÉSPEDES: LA AMÉRICA LATINA

La política exterior del presidente Céspedes fue eficacísima y alcanzó realizaciones indudables.

Sus esfuerzos se estrellaron en cuanto a los Estados Unidos, al negarse el presidente Grant a reconocer la beligerancia cubana. Al principio, Grant pareció decidido a ayudar a la Revolución. Recibió en la Casa Blanca a Morales Lemus y le prometió su ayuda, que tanta falta hacía. En el gabinete de Grant ocupaba la cartera de guerra el general John Rawlings, partidario decidido de la independencia de Cuba. Rawlings murió, y la causa cubana quedó sin su principal sostén en Washington.

Durante esta etapa el secretario de Estado, Hamilton Fish, inició una negociación con el gobierno de España para que los cubanos pudieran conquistar, escalonadamente, su libertad. Pero el general Prim puso condiciones tan difíciles que la mediación ideada por Fish fracasó.

Muchas naciones de América Latina reconocieron al gobierno de Céspedes. México, bajo la presidencia de Juárez, reconoció a Céspedes el 6 de abril de 1869; Chile el 13 de agosto del propio año; el Perú en la misma fecha. Fue acreditado como ministro de Cuba en el Perú Manuel Márquez Sterling, que llegó a ser decano del cuerpo diplomático. El gobierno del general Mariano Ignacio Prado envió a sus hijos Leoncio y Grotio a pelear por Cuba.

La ola de simpatías y de entusiasmos que despertaba la Revolución de Yara se apoderó de América, y Bolivia otorgó su reconocimiento al gobierno cubano el 30 de junio de 1869; Colombia, el 22 de febrero de 1870; y Guatemala, el 15 de abril de 1875.

Estos éxitos diplomáticos de la Revolución de Yara se debieron en gran parte a Enrique Piñeyro, que recorrió el continente como delegado del presidente Céspedes.

---

[5] voz cubana refiriéndose al campo abierto o de espesa vegetación

1868-1878 LA GUERRA DE LOS DIEZ AÑOS

116. EL CURSO DE LA GUERRA — LA MUERTE DE AGRAMONTE EN JIMAGUAYÚ

De acuerdo con la legislación aprobada a mediados de 1869 por la Cámara, fueron designados jefes militares respectivamente de Oriente, Camagüey y Occidente, Thomas Jordan, militar norteamericano, llegado en la expedición del *Perrit;* Agramonte, que había salido de Guáimaro con el grado de mayor general; y Federico Cavada, merecidamente ascendido.

El ejército de Agramonte ataca una fortaleza española en Camagüey. (OEA)

Se organizó la guerra. Quesada, el jefe del Ejército, ganó las batallas de *la Llanada, el Corojo y Sabana Nueva,* y, entusiasmado con estos triunfos, planeó el asalto y ocupación de Tunas, sin éxito.

Partidario de la guerra y del orden más rígido, Quesada se granjeó la enemistad de la Cámara, y hubo de renunciar a la jefatura. Fue enviado a los Estados Unidos por el presidente Céspedes como agente oficial de la Revolución, lo que dejó al ejército sin jefatura general y en poder de simples jefes locales. Jordan renunció también y quedó como asesor del presidente. Más tarde regresó a los Estados Unidos.

De los tres jefes antes mencionados el de mayores éxitos fue Agramonte. Pero las relaciones personales entre éste y el presidente Céspedes no eran buenas, y con motivo de haber suprimido el gobierno revolucionario la pensión que en Nueva York cobraba la madre de

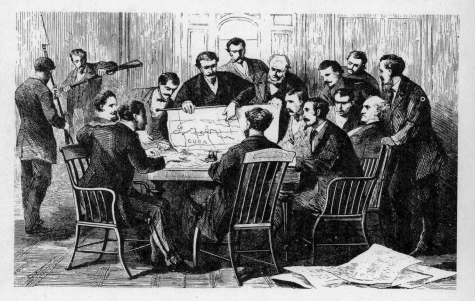

La Junta Cubana de Nueva York en 1870. (N.Y. Public Library)

Agramonte, éste renunció a su cargo y comenzó a hacer la guerra por su cuenta. Libró los combates del *Cercado, Jimirú, Socorro* e *Ingenio Grande.* Finalmente, mediaron entre el presidente y el joven general, Aguilera y Carlos Loret de Mola; y "el mayor", como le decían al héroe camagüeyano, volvió al ejército y llevó a efecto el audaz y famoso *Rescate de Julio Sanguily,* preso por una tropa hispana. Después libró los combates de *Buey Sabana, Curaná, Sabana de Lázaro, el Cocal del Olimpo* y *Torre Óptica de Matanzas,* con lo que se situó a la cabeza de los guerreros cubanos por su valor patriótico.

Desdichadamente para la causa cubana, Agramonte fue muerto en Jimaguayú el 11 de mayo de 1873 por una bala perdida, cuando faltaban unos pocos días para que, nombrado por Céspedes general en jefe de los Ejércitos cubanos, tomara posesión de esa jefatura. Su muerte fue un golpe irreparable para la Revolución de Yara. Su cadáver, conducido a Camagüey por los españoles, fue cremado y sus cenizas aventadas al aire.

117. LOS CASINOS ESPAÑOLES

De 1869 a 1873 gobernaron a Cuba Antonio Caballero de Rodas, fundador de los *casinos españoles,* centros de peninsulares reaccionarios, el conde de Valmaseda y el general Joaquín Jovellar. Ninguno de ellos pudo ponerle fin a la guerra.

Los casinos españoles combatían tanto a los españoles ilustrados, partidarios de las reformas, como a los cubanos insurrectos y laborantes. Había en la Isla más de cien mil peninsulares, en su mayoría jóvenes solteros, dependientes de bodega, serenos de almacenes, mensajeros, oficinistas, empleados. Gente resentida y rencorosa, fácil de ser soliviantada y que vivía una vida dura y de encierro, con trabajos que duraban doce, catorce y hasta dieciséis horas diarias. Esta clase, deseosa de hacerse rica a toda costa, odiaba por igual a los cubanos y a los españoles reformistas, a quienes llamaban despectivamente "levitas".

De esta clase se nutrían los casinos españoles y los voluntarios así como los llamados "chapelgorris", organizados por los hacendados peninsulares para proteger las zafras azucareras y cooperar al exterminio de la Revolución de Yara.

118. FUSILAMIENTO DE LOS ESTUDIANTES

El fusilamiento de los estudiantes, el 27 de noviembre de 1871, uno de los crímenes más horrendos de la época de la dominación española en Cuba, se llevó a efecto durante el gobierno del conde de Valmaseda.

Ocho estudiantes de medicina fueron acusados falsamente de profanar la tumba del periodista Castañón. Fueron arrestados por el propio gobernador de La Habana el 25 de noviembre de 1871 en las aulas universitarias. Al día siguiente, el segundo cabo, general Crespo, en funciones de capitán general por encontrarse Valmaseda

Fusilamiento de los estudiantes el 27 de noviembre de 1871; Alonso Álvarez de la Campa, Anacleto Bermúdez, José de Marcos y Medina, Ángel Laborde, Pascual Rodríguez y Pérez, Carlos A. de la Torre, Eladio González y Carlos Verdugo.

Los cónsules de los Estados Unidos e Inglaterra salvan a un patriota condenado a muerte, 1869. (N.Y. Public Library)

de operaciones en Tunas, dispuso que se procesara a dichos estudiantes en juicio sumarísimo. Dictóse un fallo que no aceptaron los voluntarios amotinados frente al edificio de la cárcel donde se celebraba el juicio. Hubo que recurrir a un segundo juicio en el que, a pesar de la valiente y honrosa defensa del capitán español Federico Capdevila, fueron condenados a muerte y pasados por las armas, ya que Valmaseda, que había regresado a la capital, no revocó el fallo ni lo conmutó por pena inferior. Este crimen dejó imborrable memoria en el alma de los cubanos.

119.   FUSILAMIENTO DE JUAN CLEMENTE ZENEA

Juan Clemente Zenea era uno de los más grandes poetas cubanos. Desde muy joven abrazó la causa del separatismo, mas se vio forzado a emigrar, perseguido por las autoridades metropolitanas, viviendo muchos años en Nueva Orleáns, sede a la sazón de los cubanos que luchaban por la independencia.

Juan Clemente Zenea (1832–1871). Poeta y mártir, desde edad temprana participó en la lucha por la independencia en Cuba y en el exilio. Fue apresado en 1870 a punto de partir a los Estados Unidos para reunirse con la Junta Revolucionaria de Nueva York. Zenea murió fusilado después de ocho meses en prisión. Es autor de *Cantos de la tarde, Diario de un mártir, Lejos de la patria* y otras obras.

Segismundo Moret y Prendergast, miembro del gabinete de Madrid y diputado a Cortes, uno de los más distinguidos jefes del Partido Liberal Español, quiso enviar a Cuba con una proposición de paz a Nicolás Azcárate. Éste no consideró oportuna su presencia en la Isla y comisionó a Zenea, el cual recibió de Céspedes una rotunda negativa a los planes de paz.

Realizado su cometido, el poeta regresaba a los Estados Unidos, acompañado de Ana de Quesada,[1] segunda esposa de Céspedes, que iba a dar a luz en Nueva York, cuando fueron sorprendidos y apresados en La Guanaja, por donde trataban de embarcar. Conducidos a Puerto Príncipe, fueron inmediatamente trasladados a La Habana. Zenea finalmente, después de puesta en libertad la esposa de Céspedes, fue juzgado y condenado a fusilamiento, el cual se llevó a efecto en la fortaleza de La Cabaña.

Patriotas cubanos se reúnen en Manhattan durante la década de 1870. (OEA)

Zenea, en su Nocturno *En Días de la Esclavitud,* dejó retratado el sentimiento de los cubanos en aquellos días.

> Tengo el alma, Señor, adolorida
> por unas penas que no tienen nombres,
> y no me culpes, no, porque te pida
> otra patria, otro siglo y otros hombres;
>
> que aquella edad con que soñé no asoma,
> con mi país de promisión no acierto:
> mis tiempos son los de la antigua Roma,
> y mis hermanos con la Grecia han muerto.

[1]Ana de Quesada era hermana del general Manuel de Quesada.

Generalísimo Máximo Gómez (1840–1905). Nacido en Santo Domingo, luchó desde el comienzo de la Guerra de los Diez Años bajo Donato Mármol. Le tocó la difícil tarea de tomar el lugar de Ignacio Agramonte en Camagüey con gran éxito. Volvió a Cuba con Martí quien lo nombró general en jefe del Ejército Revolucionario, confirmado más tarde por la Asamblea Constituyente en Jimaguayú, el 13 de septiembre de 1895. Gómez no aceptó cargo público alguno en la República después de la victoria y prefirió un retiro tranquilo. (MAS)

120.   MÁXIMO GÓMEZ — LA INVASIÓN DE 1875

Máximo Gómez, que había sustituido a Agramonte en el mando de Occidente, demostró grandes cualidades militares. Derrotó a los generales españoles Armiñán y Báscones en la acción del Naranjo y más tarde en los llanos de Mojacasabe. Sus combates fueron un rosario de gloriosas victorias: *Santa Cruz, Palo Seco, la Sacra, las Guásimas.*

Durante los meses de febrero y marzo de 1875, Gómez llevó a efecto la invasión de Oriente a Occidente, hasta tocar en Matanzas secundado por sus generales, en especial por Rafael Rodríguez, de su mayor confianza y cariño, que consiguió llegar hasta los límites de Colón, en la región de Matanzas.

Calixto García ganó los combates de *Rejondón de Bágüanos*. Vicente García resultaba invencible en la zona de Tunas. Antonio Maceo, lugarteniente de Gómez, alcanzó el grado de mayor general.

121. CONFLICTOS DE CÉSPEDES CON MORALITOS EN LA CÁMARA DE REPRESENTANTES

Las relaciones entre Céspedes y la Cámara de Representantes, como se ha dicho anteriormente, nunca fueron buenas. Dentro del cuerpo legislativo tuvo enemigos ardorosos que lo combatieron. Rafael González y Morales, conocido por "Moralitos" por su figura endeble, lo atacó apasionadamente. Esta pugna pareció serenarse cuando Moralitos entró a formar parte de uno de los gabinetes de Céspedes. Finalmente, el joven rebelde, una de las figuras más románticas de la guerra, cayó peleando en combate en *Sebastopol* y a consecuencias de las heridas, murió.

122. ACUSACIÓN Y DESTITUCIÓN DE CÉSPEDES

El deceso de Agramonte y las pugnas que en el exterior mantenían los diversos representantes de la Revolución agravaron la situación. La Cámara se dispuso a deponer a Céspedes.

El 26 de octubre de 1873 llegó a Bijagual, donde estaba desarrollándose este drama, el general Calixto García al mando de 3,000 soldados, y comunicó al presidente de la Cámara, Salvador Cisneros Betancourt, que estaba allí para respaldar los acuerdos que tomaran.

El diputado Pérez Trujillo formuló la acusación de supuestas extralimitaciones de Céspedes. Céspedes fue destituido de su cargo. Calixto García arengó a sus tropas, diciéndoles que no había quedado alternativa. En sesiones posteriores Cisneros fue elegido presidente de la República.

Refugiado Céspedes en un lugar de la Sierra Maestra llamado *San Lorenzo*, fue descubierto el 27 de febrero de 1874 por tropas españolas. Tiró de su revólver y se batió con supremo valor. Unos dicen que fue vilmente asesinado por dichas tropas. Otros, que con la última bala de su revólver, se quitó la vida. Un rasgo revelador del carácter de este héroe es la actitud que asumió cuando los españoles le propusieron perdonar a su hijo, caído en las garras de la reacción,

General Calixto García Íñiguez (1839-1898).
Eterno guerrero por Cuba libre, fue
Calixto García quien se las entendió
con los americanos al entrar éstos en la
Guerra de Independencia. Renunció su
comandancia de las fuerzas orientales
al negarle el general Shafter la entrada
en Santiago y dirigió la comisión cubana
a Washington donde murió súbitamente,
pérdida irreparable para los cubanos
que veían su suelo ocupado por los
americanos tras librarse de los españoles.

si abandonaba los campos de la Revolución y se rendía a la Metrópoli. Aquel gran cubano contestó con sublime sacrificio: "Oscar no es mi único hijo. Soy el padre de todos los cubanos que han muerto por la Revolución".

123.   MARTÍNEZ CAMPOS, JEFE DE OPERACIONES MILITARES EN CUBA

La guerra emancipadora, que comenzó el 10 de octubre de 1868 y terminó el 10 de febrero de 1878, se caracterizó por la indomable persistencia de los cubanos en lograr sus libertades, y por la terquedad española de no transigir en nada mientras éstos se mantuvieran en armas. Nunca los esfuerzos de los cubanos residentes en España y los de los que vivían en el destierro, que no eran separatistas, fueron capaces de vencer aquella hosca tenacidad hispana, para que, al menos, se avinieran a conceder a la Isla las reformas que ésta, desde que fuera privada de su representación en las Cortes de 1837, había venido reclamando de la Metrópoli.

Restaurados los Borbones en el trono de España en 1876 en la persona de Alfonso XII, hijo de Isabel II, y derrotada en la península la insurrección carlista, defensora de los derechos a la corona del hermano de Fernando VII y de los herederos de aquél, pensaron en seguida los nuevos gobernantes, a la cabeza de los cuales se hallaba Antonio Cánovas del Castillo, terminar la guerra en Cuba. Siendo gobernador de la Isla por segunda vez el general Joaquín Jovellar,

El general español Arsenio
Martínez Campos.

se nombró general en jefe del Ejército de operaciones en Cuba al
capitán general Arsenio Martínez Campos, a quien se debía la restauración monárquica y se atribuía el término de la guerra carlista.

Fue Martínez Campos soldado de fortuna, hombre de juicio
sereno y de nobles sentimientos. Fue a Cuba sin rencores, con un
sincero deseo de restablecer la paz en todo el territorio de la Isla.
Había servido en el ejército de España en Cuba a las órdenes del
conde de Valmaseda. Se hallaba en ventajosa posición para desempeñar la difícil misión que su gobierno le había encomendado, sobre
todo después de haber alcanzado en España una de las más elevadas
posiciones, nada menos que la de restaurador.

Aunque el gobierno se hallaba en manos de Jovellar, los ante-
cedentes, el prestigio y la personalidad del general en jefe daban a
éste una autoridad inmensa. Sus resoluciones encaminadas a suavizar
la guerra le granjearon la confianza y respeto entre los elementos más
sobresalientes del país, y hasta entre los rebeldes.

124. DECAE LA GUERRA LIBERTADORA

La guerra había llegado a su mayor grado de desarrollo entre
los años 1872 y 1873, pero después de la muerte de Agramonte, de la
destitución y deceso de Céspedes, había entrado en un período de
languidecimiento por falta de hombres y recursos, ya que las expediciones llegaban muy de tarde en tarde y las contribuciones eco-

Embarque de voluntarios catalanes para la guerra de Cuba, a fines de la década de 1870. (MAS)

nómicas habían mermado mucho. Las operaciones militares quedaban reducidas entre 1876 y 1877 a las regiones de Camagüey y Oriente. En las regiones occidentales, donde el núcleo de resistencia política española era muy fuerte, y donde estaban concentradas la riqueza y actividad industrial de la Isla, apenas se sentía la Revolución. Se calmaron los ardores patrióticos de los peninsulares al ver satisfechos sus anhelos de lucro y bienestar individual, mirando con indiferencia la prolongación de la guerra, que en esa forma no consideraban peligrosa para su país y, en cambio, los beneficiaba. Sin embargo, otro era el espectáculo para los cubanos, empobrecidos, desencantados con los reveses que habían experimentado y conscientes de que no disponían de los elementos necesarios para ayudar a los patriotas que combatían en los campos de la Revolución.

Por otra parte, los residentes en los Estados Unidos y aun los que se hallaban en Europa, en estado de penuria, abrigaban la esperanza de que la nueva situación en España pondría fin a la guerra y traería las ansiadas reformas.

125. CAE PRESO ESTRADA PALMA EN TASAJERAS

Despojados de todo auxilio, diezmadas las fuerzas por las enfermedades y por las fatigas, reducidas las acciones a meras escaramuzas, disueltos los organismos directores, sufrido el desastre de ver al presidente de la República Estrada Palma (sucesor de Cisneros) capturado en *Tasajeras*, jurisdicción de Holguín, el 19 de octubre de 1877, era natural que los combatientes pensaran en poner fin a una lucha que ya consideraban estéril.

126. EL PACTO DEL ZANJÓN

Martínez Campos logró su objetivo. El 8 de febrero de 1878 se disolvieron los organismos constitucionales de la República en Armas y el ejército nombró un comité, denominado "del Centro", para que negociara la paz que el general español había ofrecido.

Las negociaciones quedaron formalmente establecidas en el Zanjón (Puerto Príncipe), y el 10 del propio febrero fueron aceptadas por dicho Comité del Centro y por el general español las bases definitivas de la paz, conviniéndose que a ellas se ajustaría la capitulación del resto de las fuerzas que no habían entrado en el pacto.

Fueron estas bases, además de la amnistía y "olvido de lo pasado", —comunes en esta clase de convenios— la concesión a la Isla de Cuba de las mismas condiciones políticas, orgánicas y administrativas de que disfrutaba Puerto Rico,[2] y la libertad de los negros esclavos que se encontraban en las filas insurrectas.

127. PROTESTA DE BARAGUÁ

El Convenio del Zanjón recibió rudos ataques de los que no estaban de acuerdo con él. No fue aceptado por las fuerzas orientales, que siguieron en estado de rebeldía.

Antonio Maceo se rebeló en *Los Mangos de Baraguá*. Martínez Campos le pidió una entrevista. Maceo la concedió, pero no llegaron a ningún acuerdo.

Los protestantes de Baraguá aprobaron una brevísima constitución. Eligieron presidente de la República a Titá Calvar, general en jefe de las tropas que aún quedaban a Vicente García y lugarteniente a Maceo. Martínez Campos ordenó a sus tropas que no entraran en acción contra los cubanos.

El pequeño grupo que seguía a estos patriotas no mejoró sino que más bien empeoró sus condiciones. En vista de esta situación penosa y precaria, el gobierno provisional, a principios de mayo del

---

[2] Este aspecto fue una equivocación de Martínez Campos. Puerto Rico ya no gozaba de las ventajas que le había dado la república española, que fueron derogadas al ser restaurado Alfonso XII en el trono español, y designarse gobernador de dicha isla al dictatorial capitán general José Laureano Sanz, que tiranizó a Borinquen.

año de 1878, envió una comisión a Jamaica en busca de recursos y para conocer el estado de opinión de las emigraciones acerca de la paz. En vista de los informes recibidos, todos negativos a la finalidad de mantenerse alzados contra la Metrópoli, acordó el 28 de mayo dar por terminadas las operaciones y esperar mejores tiempos.

Así terminó la Guerra de los Diez Años, sostenida gloriosamente por los cubanos. En ella sacrificaron enormes fortunas, y entre tantas vidas, lo más granado de la juventud rebelde, sin alcanzar otra cosa que un nuevo campo de lucha.

AUTONOMÍA O INDEPENDENCIA

128. LAS REFORMAS

Terminada la guerra y homenajeado en La Habana por cubanos y peninsulares el general Martínez Campos, llamado "El Pacificador", transmitió éste el mando al general Ramón Blanco y Erenas, iniciándose una nueva etapa en la historia de la Isla.

Entrada en La Habana de Martínez Campos después de negociar el Pacto del Zanjón. (OEA)

Por Real Decreto de junio de 1878 se crearon las seis provincias de la Isla: Pinar del Río, Habana, Matanzas, Las Villas, Camagüey y Oriente. Por ley del Congreso, en Madrid, en enero de 1879 se organizaron las diputaciones y el sistema electoral, de acuerdo con el Pacto del Zanjón; y más tarde, en 1881, se promulgó la Constitución de 1876 y la Ley de Reuniones Públicas. Después se hicieron extensivos a Cuba, el Código Civil, el de Comercio, las Leyes de Procedimientos Civiles y Criminales, la Ley Hipotecaria, la de Imprenta y las Municipales y Provinciales que regían en la península.

129. EL PARTIDO LIBERAL AUTONOMISTA

El cambio de situación política trajo en consecuencia la fundación del Partido Liberal Autonomista. Estaba compuesto por revolucionarios y reformistas, hijos del país, cuyo objeto era lograr para Cuba la mayor libertad posible y la descentralización política y administrativa, dentro del estado español. Este partido propiciaba una forma de autonomía parecida a la del Canadá, por lo que se denominó *Autonomista*. Sus principales directores fueron José María Gálvez y Rafael Montoro.

Rafael Montoro (1852–1933). Gran escritor y político cubano, que se ganó merecida fama como orador y estadista. Su obra literaria es extensa, especialmente la antología de sus *Discursos* (así titulada). Fue presidente del Partido Autonomista y principal defensor del régimen autonomista establecido en 1897. Ocupó varios cargos ministeriales en los gobiernos de Menocal y Zayas.

130. EL PARTIDO UNIÓN CONSTITUCIONAL

Apenas tenía unos días de existencia el Partido Liberal, cuando surgió el Partido Unión Constitucional, dirigido por José Eugenio Moré, cuya finalidad era combatir a los autonomistas y oponerse a las reformas pretendidas por éstos con pretexto de mantener la integridad nacional, razón por la cual, además del título de conservadores y reaccionarios con que se les conocía, recibieron el de *integristas*. Partidarios de mantener el statu quo a toda costa, su política sólo tenía como finalidad respaldar al partido conservador de la península y tratar de influir en el liberal, para modificar el programa de éste con relación a los problemas de Ultramar.[1]

131. UNA LUCHA DESIGUAL

Los gabinetes españoles siempre trataron a los integristas como elementos adictos a la Metrópoli, en tanto que miraban con desconfianza a los autonomistas. Las leyes que venían de España sólo tenían por mira mantener el predominio de los conservadores sobre los liberales, a la vez que favorecer los intereses de la Metrópoli en detrimento de la colonia.

Como se ha dicho en el capítulo anterior, los efectos de la Guerra de los Diez Años fueron devastadores para los capitales cubanos y beneficiosos para los peninsulares. El elemento español, dedicado al tráfico mercantil y al fomento industrial, acrecentó sus fortunas con la adquisición de la propiedad inmueble, en especial la rural en el interior de la Isla, mientras que los cubanos, faltos de recursos, se vieron obligados a malvender lo suyo.

A estas realidades, impuestas por la guerra, hay que sumar el aumento de la deuda pública española que recaía principalmente sobre el tesoro de la Isla, por la acumulación de intereses demorados por ventas y remates de propiedades, todo lo cual venía a poner frente a frente los intereses de los cubanos y españoles. Hay que añadir el hecho de que el ideal separatista no había muerto. Se mantenía vivo en el ánimo de sus seguidores, dispuestos a impulsarlo de nuevo en la primera oportunidad.

132. LA GUERRA CHIQUITA

Las condiciones referidas, la forma en que se terminó la guerra, y sus efectos, no eran suficientes como para tranquilizar los ánimos de los que, por espacio de diez años, habían peleado bravamente por conquistar la libertad. Esto originó una nueva rebelión en agosto de 1879, fomentada por los generales de la Revolución Calixto García, José Maceo (hermano de Antonio Maceo) y Guillermo Moncada, secundados por Francisco Carrillo y Emilio Núñez.

[1] territorios fuera de España peninsular

Esta nueva guerra comenzó, briosa y decidida, pero no alcanzó grandes proporciones debido a que el país deseaba la paz. Factor decisivo fue la política del general Blanco y Erenas, generosa y comprensiva, y la ayuda que recibió del Partido Liberal Autonomista, que confiaba en su triunfo final, y que se declaró vigorosamente contra el movimiento. La Guerra Chiquita cesó en menos de un año y fue indicación de que la Paz de Zanjón no había sido capítulo final.

133. OTROS INTENTOS REVOLUCIONARIOS

En el extranjero los jefes del partido separatista continuaban conspirando. Un buen número de cubanos no se habían atrevido a regresar, porque no se les brindaban las garantías necesarias para hacer de Cuba una república por medios pacíficos. Organizaron en los Estados Unidos algunas expediciones que fracasaron al llegar a la Isla, tal vez por falta de elementos que las secundaran.

Entre estas expediciones deben citarse, como las más osadas y patrióticas, la del coronel Ramón Leocadio Bonachea, en 1883, que terminó con su captura y fusilamiento; y las de Limbano Sánchez y Francisco Varona, dos años después, igualmente fracasadas. Estos fracasos y el que sufrió la guerra que preparaban en 1884 los generales Máximo Gómez y Antonio Maceo, hicieron desistir, por entonces, a los cubanos de toda tentativa revolucionaria hasta que la consciencia separatista frente a la autonomista madurara del todo. No descuidaron los trabajos de propaganda y adoctrinamiento independentista que llevaba a cabo en Nueva York José Martí, consagrado desde muy joven al ideal separatista que predicó con incansable fe y sin desaliento por toda la América.

134. RECELOS CONTRA EL PARTIDO LIBERAL

El gobierno español no ocultaba su recelo contra el partido autonomista, atribuyéndole tendencias separatistas. Esta situación mantenía una lucha sorda entre los cubanos, y una decidida simpatía por parte de la Metrópoli en favor del Partido Unión Constitucional, al que consideraban su representante en la colonia. Las reformas de las leyes orgánicas aplicables a Cuba y la interpretación que se les daba al llevarlas a la práctica, favorecían siempre a los conservadores en detrimento de los autonomistas. El censo electoral era limitado y a base de la tributación. De acuerdo con la ley, conocida con el nombre de su proponente, Tejada de Valdosera, se exigían veinticinco pesos de contribución para poder votar en la Isla. De esta manera los peninsulares sobrepujaban a los cubanos y los autonomistas no podían ganar las elecciones.

135. ALGUNOS LOGROS AUTONOMISTAS

No obstante los obstáculos anteriormente mencionados, el tenaz empeño de aquel grupo de hombres notables del Partido Liberal alcanzó algunas reformas. Merced a ellas, se modificaron en sentido democrático las leyes de asociación, reunión y libertad de prensa. Se obtuvo la reforma del procedimiento criminal, creándose el juicio oral y público. Diose alguna independencia a lo judicial. Se procuró reorganizar otros ramos de la administración pública sobre bases tendientes a la moralidad y al acierto. Se promulgaron en Cuba varias leyes que regían en la península.

136. ABOLICIÓN DE LA ESCLAVITUD — LA COLONIZACIÓN BLANCA

La más notable conquista de los autonomistas, que tuvieron en el gran orador Miguel Figueroa su más decidido paladín, fue la abolición de la esclavitud. Esta aborrecida institución fue derogada por ley de 13 de febrero de 1880. Los libertos quedaban sometidos provisionalmente al patronato de sus dueños, que era otra forma de sumisión, aunque no tan dura como la que acababa de suprimirse. El patronato, finalmente, fue eliminado por Real Decreto de 7 de octubre de 1886.

Preocupación de los gobernantes españoles en algunas etapas de la historia de Cuba fue la de fomentar la colonización blanca de la Isla. En esta etapa, esos propósitos se acentuaron notablemente y

Importación de esclavos negros para trabajar en las plantaciones cubanas. (MAS)

Molienda en un ingenio de la época. (The Bettmann Archive)

comenzaron a ponerse en práctica; llegaron naturales de Asturias y Galicia durante el gobierno del general Salamanca en el año de 1889. Todos estos proyectos fracasaron, no tan sólo por falta de organización, sino porque la situación económica de la Isla no ofrecía perspectivas de mejoramiento a los inmigrantes, a lo que se añadían los impuestos agobiantes, el mal estado de los caminos y transportes, y la falta de títulos de propiedad por la tierra que se ofrecía en recompensa a los que vinieran a Cuba a quedarse en ella.

137. QUIEBRA DEL RÉGIMEN COLONIAL

La situación de la Isla al llegar el año de 1891 se agravaba cada día más. En España los partidos políticos no se diferenciaban mucho. El conservador estaba dirigido por Antonio Cánovas del Castillo, distinguido en la política y las letras debido a su participación decisiva en la restauración de los Borbones en el trono; y el liberal, comandado por Práxedes Mateo Sagasta, inteligente y habilidoso, pero abúlico y desengañado a causa del fracaso de la Revolución del 68 en España, que se dejaba llevar por los acontecimientos.

Al subir al poder una vez más en 1891 los conservadores de Cánovas, los cuales contaban con los diputados y senadores del Partido Unión Constitucional en Cuba, se nombró ministro de Ultramar a Francisco Romero Robledo, conocido como "el pollo de Antequera". Éste despreciaba a los cubanos, no obstante haber representado a la Isla como diputado en las Cortes de Madrid.

Vista de la Calle de la Muralla, centro del comercio español en La Habana hacia 1890. (Brown Brothers)

Romero Robledo creó más impuestos y aumentó los existentes. En lo político, cargó la mano, acentuando su espíritu reaccionario para complacer al Partido Unión Constitucional. Reformó la organización de los departamentos coloniales, demostrando con ello cuán lejos se hallaba la Metrópoli del pensamiento autonomista que animaba a los nobles y sufridos mantenedores del Partido Liberal cubano.

Romero Robledo creó tres grandes nuevos departamentos, refundiendo en ellos las seis provincias, cada uno de ellos bajo el mando de un gobernador, subordinado al capitán general —que a su vez lo estaba al Ministerio de Ultramar— asistidos los gobernadores por un consejo consultivo. Sometió a la autoridad de éstos todos los ramos de la administración, incluso el de Hacienda, eliminando los organismos que actuaban con relativa autonomía. También suprimió tribunales y centros de enseñanza, facultades y grados en la Universidad de La Habana, a título de economía; pero al mismo tiempo, con miras a aumentar las rentas públicas, estableció una serie de oficinas y de inspecciones para los contribuyentes que, lejos de evitar fraudes, robos y sobornos, más bien los incrementaron. Poco duró este régimen, pero sus resultados perturbaron hondamente a la colonia, creando un estado de rebeldía y de descontento hasta en los elementos leales a España que tenían arraigo en la Isla y la amaban a su manera.

138. EL GOBIERNO DE SAGASTA

Al salir Cánovas y los conservadores del gabinete peninsular, y entrar Sagasta y los liberales a fines de 1892, el descontento en la Isla era muy grande. Las clases productoras se sentían cansadas y explotadas. Ello dio lugar a un movimiento de opinión pública que se manifestó por el momento en el campo económico al pedir mejoras y menos impuestos. Finalmente llegó al campo político.

Son tan inseparables en toda lucha por el gobierno de los pueblos, como aseguraba el Partido Autonomista, los problemas económicos y los políticos, que no es posible resolver unos sin el concurso de los otros. Así pareció comprenderlo el nuevo gabinete peninsular, apremiado como estaba por las amenazas del Partido Revolucionario Cubano, fundado por Martí en Nueva York el 10 de abril de 1892.

Forzado Sagasta por los acontecimientos, a pesar de que uno de sus ministros más influyentes había dicho que jamás aceptarían la autonomía, trató de atraerse a los defensores de esta tesis.

El Ministerio de Ultramar estaba en manos de un joven y talentoso estadista, Antonio Maura y Montaner. Se le encomendó la tarea de dotar a Cuba de un nuevo sistema.

139. LAS REFORMAS DE MAURA

Fuera por su edad, por su sentido de justicia, por su ideología, su temperamento, o previsión del porvenir, Maura emprendió la difícil tarea con verdadera decisión y coraje. Logró despertar simpatías en el país y obtuvo como victoria inicial que el Partido Autonomista, antes receloso, saliera al menos de su retraimiento y se aprestara de nuevo a la lucha.

Las reformas de Maura produjeron la división definitiva del partido integrista en Cuba. Una fracción bastante nutrida de la Unión Constitucional se separó de esta agrupación y constituyó el Partido Reformista, que vino a ocupar en el campo político el centro entre los unionistas y los autonomistas.

Con el apoyo de los reformistas y la simpatía de los autonomistas, Maura se decidió a presentar en julio de 1893 su programa de reformas a las Cortes. Distaba realmente el proyecto de articular el régimen autonomista, aunque reconocía la personalidad de la colonia y destruía el sistema de la "asimilación", ofrecido pero nunca cumplido, que absorbía, centralizándolas en Madrid, todas las energías de la Isla y estrangulaba sus iniciativas.

A pesar de que la reforma no era a lo que aspiraban los autonomistas, el país la acogió más o menos de buena gana; pero los reaccionarios de la Unión Constitucional, unidos a los conservadores de Cánovas, en España, abrieron una campaña en las Cortes de Madrid contra Maura y sus proyectos. El resultado fue que Maura dimitiera y pasaran a mejor vida sus ilusiones de zanjar el drama cubano, concediéndoles a los cubanos los derechos que venían reclamando inútilmente desde hacía tantos años.

140. BECERRA Y ABARZUZA

A Maura lo sustituyó en el Ministerio de Ultramar Manuel Becerra. Becerra era contrario a lo ideado por Maura. Sin embargo, la presión autonomista era mucha, y como no encontró soluciones con arreglo a su criterio, Becerra renunció.

En noviembre de 1894 fue designado para sustituirle Buenaventura Abarzuza, quien al fin llegó a acuerdos con los conservadores de Romero Robledo más intransigentes, mediante los cuales quedaba completamente modificado el proyecto Maura.

La representación autonomista en las Cortes de España, después de combatir el proyecto de Abarzuza por consejo de Eliseo Giberga que, con Montoro, compartía la dirección de los asuntos políticos del partido, se conformó con él declarando que podía constituir el principio de una solución más ventajosa.

Juan Gualberto Gómez (1854-1933). Este gran patriota y escritor cubano nació hijo de esclavos pero libre por haberle comprado sus padres la libertad. Su vida es ejemplo de patriotismo y desinterés. Luchó siempre por la igualdad de todos los cubanos. Fue fundador de la nación y fuerte crítico de la Enmienda Platt. Siempre combatió la tutela e intervenciones de los Estados Unidos.

En realidad, todos estos acuerdos eran ya inútiles. El adverso resultado de las iniciativas de Antonio Maura había producido una gran desilusión en la Isla, y con ella se apagaron las últimas luces de las esperanzas autonomistas. La disciplina del partido se quebrantó. Sus afiliados más jóvenes comenzaron a emigrar hacia el campo separatista. Entretanto, el Partido Revolucionario fundado por José Martí, que tenía preparado ya el plan de expediciones y de levantamientos en el interior de la Isla, decidió llevarlos a cabo definitivamente y comisionó a Juan Gualberto Gómez para que fijara la fecha, dentro de la segunda quincena del mes de febrero de 1895.

PARA VERDADES TRABAJEMOS Y NO PARA SUEÑOS

141. JOSÉ MARTÍ

José Martí es el alma del movimiento revolucionario y de la política de la Guerra de Independencia de 1895. Martí logró unir a los cubanos para una acción común en pro de la independencia, la cual sin su talento, sacrificio y previsión admirables se hubiera pospuesto indefinidamente.

Vista de la Plaza de San Francisco en La Habana y de la calle donde nació Martí.
(OEA)

Autorretrato que el joven Martí
envió a su madre desde la cárcel.
(OEA)

El genio de Martí puso en pie de guerra a los cubanos, al crear el concepto de la "guerra justa y necesaria" y organizar el Partido Revolucionario. Martí ofreció al general Máximo Gómez la jefatura militar. Nadie más capaz que Gómez para semejante campaña.

Junto a la grandeza revolucionaria de José Martí, corre pareja su grandeza literaria: precursor del modernismo; fundador de una escuela que se ha mantenido en estilo y teoría; pensador que predicó el respeto a la "dignidad plena del hombre"; autor de varias obras y de multitud de trabajos dispersos en toda América, la mayor parte de los cuales han sido recopilados por distinguidos martianos.

142. EL 24 DE FEBRERO DE 1895

Dábale Martí los toques definitivos a su empresa revolucionaria, cuando fue sorprendido en Fernandina, puerto de La Florida, por las autoridades americanas, que confiscaron los barcos y cuantas armas y recursos bélicos estaban destinados a Cuba. No obstante lo rudo del golpe, los cubanos se rehicieron. Martí, ayudado por el abogado estadounidense Horace Rubens, pudo salvar los restos de la expedición y reiterar la orden de alzamiento en Cuba, llevada a efecto el 24 de febrero de 1895 en cuatro lugares: en *Bayate,* con Bartolomé Masó; en *Ibarra,* con Juan Gualberto Gómez y Antonio López Coloma; en

José Martí y Pérez (1853–1895). El Apóstol nació el 28 de enero de 1853 y murió en el campo de batalla, en Dos Ríos (Oriente), el 19 de mayo de 1895, a poco de estallar la guerra que su genio había concebido en muchos años de duro batallar. Era hijo de Mariano Martí y Navarro (valenciano) y de doña Leonor Pérez Cabrera (canaria), y vino al mundo en La Habana, en una modesta casita de la calle de Paula, 102. Inició sus luchas a los dieciséis años fundando el periódico manuscrito *Patria Libre*. Descubierto como conspirador, fue juzgado y condenado por un tribunal militar que lo sentenció a seis años de presidio. Perdonado a ruegos de su madre, que de rodillas lo imploró del entonces gobernador de Cuba, pasó a cumplir el resto de la pena a Madrid, donde estudió la carrera de Leyes, que terminó en Zaragoza. De ahí marchó a México a reunirse con sus padres y hermanas. Abandonó este país cuando el general Porfirio Díaz derrotó las tropas del presidente Lerdo de Tejada. Encaminó sus pasos a Guatemala, de donde retornó a México a contraer matrimonio con la señorita Carmen Zayas Bazán; y al firmarse la Paz del Zanjón (1878) regresó a Cuba, donde al ser descubierto nuevamente como conspirador fue deportado a España (septiembre 1879). De ahí escapó a Nueva York, adónde llegó en enero de 1880. Poco después trató de radicarse en Caracas; fundó la *Revista Venezolana*, riñó con el presidente Guzmán Blanco y se estableció, ya definitivamente, en Nueva York. En ese período hizo múltiples viajes políticos y revolucionarios a varios países de América, y los de organización de la Revolución a Tampa y Cayo Hueso. En marzo de 1895 viajó a Santo Domingo donde vivía el general Máximo Gómez, y firmaron el Manifiesto de Montecristi anunciando la guerra. Días después embarcaron hacia Cuba y a las pocas semanas murió Martí "cara al sol".

Muy mal conoce nuestra patria, la conoce muy mal, quien no sepa que hay en ella, como alma de lo presente y garantía de lo futuro, una enérgica suma de aquella libertad original que cría el hombre en sí, del jugo de la tierra y de las penas que ve, y de su idea propia y de su naturaleza altiva.

> No me pongan en lo oscuro
> A morir como un traidor:
> Yo soy bueno y como bueno
> Moriré de cara al sol.

José Martí

José Martí.

JOSE MARTI, PANCHITO
GOMEZ TORO y FERMIN
VALDES DOMINGUEZ

JOSÉ MARTÍ

Retratos de diferentes épocas de su vida.

Martí con un grupo de exiliados cubanos frente a una tabaquería de Tampa.

Baire, con los hermanos Saturnino y Mariano Lora; en *Guantánamo,* con Periquito Pérez, Emilio Giró y otros.

Gobernaba entonces la Isla el general Emilio Calleja, quien suspendió en seguida las garantías ciudadanas, para hacerle frente a la Revolución.

Bartolomé Masó y Márquez (1830–1907). Manzanillero que combatió en las dos guerras y sirvió de presidente de la República en Armas el último año de la Guerra de Independencia tras expirar el período de Cisneros Betancourt.

143. EL MANIFIESTO DE MONTECRISTI

Cumplida la orden de alzamiento, Martí se dirigió desde Nueva York a Baní, en Santo Domingo, para reunirse con el general Máximo Gómez. El 25 de marzo de 1895 lanzaron desde *Montecristi* un manifiesto, escrito por Martí y firmado por ambos próceres, en el que exponían las causas de la Revolución, los procedimientos que ésta se proponía seguir y el fin a que aspiraban los cubanos con la independencia.

Entre otras cosas, decía Martí: "La guerra no es el insano triunfo de un partido cubano sobre otro, o la humillación de los equivocados. La guerra no es una tentativa caprichosa de la independencia más temible que útil. La guerra no es contra el español que, en el seguro de sus hijos y en el acatamiento a la patria que se ganen, podrá gozar, respetado y aun amado, de la libertad que sólo arrollará a los que les salgan imprevisores al camino".

"Cuba es un pueblo libre, en el trabajo abierto a todos, enclavado a las bocas del Universo, rico e industrial, y sustituirá, sin obstáculo y con ventaja, a lo que existe, después de una guerra inspirada en la más pura abnegación, y mantenida conforme a ella, al pueblo avergonzado, donde el bienestar sólo se obtiene a cambio de la complicidad expresa o tácita con la tiranía de los extranjeros menesterosos que lo desangran y corrompen".

144. DUABA Y PLAYITAS

El 29 de marzo desembarcaron en *Duaba*, lugar próximo a Baracoa, el general Antonio Maceo, su hermano José, Agustín Cebreco,

Antonio Maceo y Grajales, el Titán de Bronce. Nació en 1845 en Santiago de Cuba, mulato y de familia humilde. Dotado de una gran inteligencia y guiado por una madre excepcional, doña Mariana Grajales, él y su hermano José comenzaron la lucha desde 1866. Ya en 1876 mandaba las fuerzas de Oriente y nunca aceptó la derrota tras la Paz del Zanjón. Su marcha de Oriente a Occidente es una de las principales hazañas en la historia militar mundial. Siempre a la cabeza de sus hombres, quienes lo adoraban con pasión, fue ejemplo de valentía y nobleza. Sus palabras inolvidables fueron "La libertad no se pide. Se conquista con el filo del machete".

Serafín Sánchez y otros, bajo el mando de Flor Crombet, quien sucumbió en uno de los primeros encuentros.

Martí y Máximo Gómez, acompañados por Francisco Borrero, Ángel Guerra, César Salas y Marcos del Rosario, arribaron el 15 de abril a *Playitas*, cerca de Baitiquirí, en Oriente. El viaje había sido arriesgado. Después de haber usado un barco frutero que abordaron en Inagua, llegaron a Cabo Haitiano donde tomaron otro barco que los llevó frente a las costas de Cuba. Desde allí, en un bote, remando desesperadamente, arribaron finalmente a la patria.

145. LA MEJORANA — MARTÍ, JEFE DE LA REVOLUCIÓN

Tan pronto como llegaron a Cuba, los jefes de la Revolución acamparon en un lugar conocido por *La Mejorana,* en la provincia de Oriente, y el 5 de mayo acordaron el plan de campaña. Reconocieron todos a Martí como jefe supremo de la Revolución, como ya lo era desde su fundación del Partido Revolucionario Cubano. Se ratificó a Máximo Gómez en el cargo de Generalísimo de los Ejércitos Libertadores, y a Antonio Maceo como jefe de toda la provincia oriental. Ésta se dividió en dos secciones: una quedó a cargo de José Maceo, hermano de Antonio; la otra bajo la dirección de Bartolomé Masó.

Junta de La Mejorana, 1895, en la que Martí designa a Máximo Gómez, izquierda, general en jefe del Ejército Libertador, y a Antonio Maceo lugarteniente.

146. DESIGNAN GOBERNADOR A MARTÍNEZ CAMPOS

El 16 de mayo, un día después del desembarco en Playitas de los jefes de la Revolucion, llegó a Cuba por Guantánamo el general Arsenio Martínez Campos. Venía a hacerse cargo del gobierno, al frente de un ejército destinado a sofocar la Revolución.

Antonio Cánovas del Castillo, que había dicho que España gastaría "hasta su última peseta y su último soldado" en vencer a los cubanos, creía que Martínez Campos, tan apreciado en la Isla por su intervención en la Guerra de los Diez Años y en la Paz del Zanjón, podía restablecer la paz con los rebeldes. Pero pronto se dio cuenta de su error.

147. DOS RÍOS — MUERTE DE MARTÍ — NOMBRAMIENTO DE ESTRADA PALMA

Estaba aún en su fase preparatoria la guerra del 95, cuando el 19 de mayo una columna española, al mando del coronel Jiménez de Sandoval, sorprendió cerca de *Dos Ríos*, en Oriente, a los expedicionarios que comandaban Máximo Gómez y Masó. Trabóse un desigual

Muerte de Martí en Dos Ríos.

combate. Martí, a caballo, se adelantó, en compañía de su ayudante Miguel Ángel de la Guardia, deseoso de entrar en las primeras filas del combate, a pesar de los gritos que le daba Máximo Gómez para que se mantuviera a distancia del fuego de fusilería hispana. Una descarga lo derribó en tierra. Así cayó de cara al sol, como él quería, el apóstol de la libertad cubana.

La muerte de Martí fue una desgracia inmensa para Cuba, pero no detuvo ni hizo vacilar el movimiento por él organizado con tanto patriotismo como enérgica constancia. Casi en seguida el ejército libertador tomó la ofensiva en Oriente; y en una serie de operaciones victoriosas eran batidos los españoles, en tanto que Maceo se dirigía hacia Camagüey para organizarse allí y disponer la invasión de Occidente. Acudieron los camagüeyanos al mando de Salvador Cisneros Betancourt, prócer de la guerra anterior.

Los elementos civiles de Nueva York, con la venia de Máximo Gómez, designaron delegado del Partido Revolucionario Cubano a Tomás Estrada Palma. Éste asumió la propaganda del movimiento en los Estados Unidos y el resto de América.

La Junta Cubana que sustituyó a Martí: 1) Joaquín Castillo Duany, 2) Benjamín Guerra, 3) Tomás Estrada Palma, 4) Gonzalo de Quesada y Arostégui, y 5) Eduardo Yero.

LA GUERRA DE INDEPENDENCIA

148. ASAMBLEA CONSTITUYENTE DE JIMAGUAYÚ

El 13 de septiembre de 1895, se reunieron en *Jimaguayú* los delegados electos por los cinco cuerpos de ejército en que estaba constituido el pueblo en armas. Los delegados redactaron el texto de la carta fundamental, que se componía de veinticuatro artículos. El gobierno

Juan Bruno Zayas y Alfonso (1867–1896), médico y general del Ejército Libertador, murió heroicamente en Güiro de Boñigal, Quivicán.

lo integraban un presidente, un vicepresidente y cuatro secretarios y subsecretarios del Despacho. Ejecutivo y Legislativo eran uno solo. Sobre el jefe del Ejército recaía toda la responsabilidad de la guerra. Las experiencias de la Guerra del 68 influían ahora en el ánimo de los delegados. Querían dejar a los militares la libertad de acción necesaria en la contienda armada.

La asamblea eligió presidente de la República a Salvador Cisneros Betancourt; vicepresidente a Bartolomé Masó; generalísimo a Máximo Gómez; lugarteniente a Antonio Maceo; y representante diplomático en los Estados Unidos a Tomás Estrada Palma.

Cisneros organizó su gabinete: Carlos Roloff en el Ministerio de Guerra, con el brigadier Mario G. Menocal como subsecretario; Severo Pina en Hacienda, con Joaquín Castillo Duany de segundo; Rafael Portuondo Tamayo en Relaciones Exteriores, con Fermín Valdés Domínguez de viceministro; y Santiago García Cañizares con Carlos Dubois en el Interior.

149. LA CAMPAÑA CIRCULAR — LA INVASIÓN DE 1895

El generalísimo Máximo Gómez organizó la llamada *Campaña Circular* alrededor de Camagüey, la que llevó a efecto con éxito extraordinario, y en la que lo auxiliaron los generales Carlos Roloff, Serafín Sánchez y José Miguel Gómez.

Un gran éxito de las tropas cubanas fue también la llamada *Invasión de Oriente a Occidente*, donde Máximo Gómez y Antonio Maceo se llenaron de gloria. Del 8 de noviembre al 15 de diciembre de

Mapa de la invasión.

GUERRA DE INDEPENDENCIA

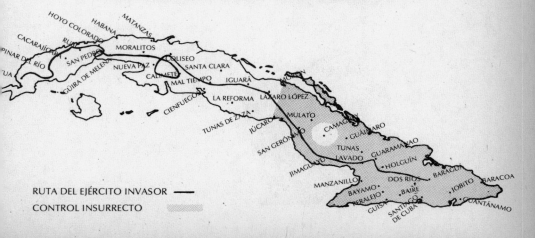

RUTA DEL EJÉRCITO INVASOR ——
CONTROL INSURRECTO

1895, se forjó la cadena de victorias más brillante de las guerras cubanas, a todo lo largo de la Isla, desde *Peralejo* hasta *Mal Tiempo*. Después de esta última batalla, los ejércitos de Gómez y Maceo siguieron invencibles hacia adelante. Derrotaron a Martínez Campos en *Coliseo*, que fue la acción más importante de la Guerra del 95.

Derrotado Martínez Campos, la Revolución se extendió triunfante. Sucedieron varios otros combates: *Bagáez, Melena del Sur, Guara, Güira de Melena, Alquízar, Ceiba del Agua, Vereda Nueva* y *Hoyo Colorado*. Aquí los dos grandes generales se separaron. Máximo Gómez quedó guardando la retaguardia y Maceo continuó su camino hacia Occidente, cerrando con broche de oro la invasión de la Isla. El 22 de enero de 1896, tres meses después de haber partido los cubanos de Baraguá, la invasión era un hecho, y se habían logrado los objetivos perseguidos por el generalísimo Máximo Gómez.

150. VALERIANO WEYLER — LA RECONCENTRACIÓN

El gobierno de Madrid relevó de su cargo a Martínez Campos el 10 de enero de 1896. Le sucedió el general Valeriano Weyler como capitán general, gran conocedor de la Isla por haber estado en ella en tiempos del gobernador Valmaseda como jefe del Estado Mayor.

El general español Valeriano Weyler.

La campaña emprendida por Weyler se caracterizó por su ferocidad en perseguir a los cubanos y a los peninsulares sospechosos de simpatizar con la Revolución. Reconcentró en los centros urbanos a los habitantes de las zonas rurales, lo que agravó la crisis económica de la Isla. Ésta fue la famosa y cruel *Reconcentración*.

Escena de la Reconcentración. (N.Y. Public Library)

A pesar de los desmanes de Weyler, la Revolución siguió, pujante y vigorosa. Funcionaba en el extranjero un excelente cuerpo diplomático. Los barcos *Three Friends, Dauntless y Competitor*, burlando la vigilancia española en los mares vecinos llevaban a Cuba en expedición tras expedición, a miles de cubanos que, bajo la dirección del general Emilio Núñez, se alistaban a luchar por la patria.

La cadena de victorias de los generales Gómez y Maceo en *Saratoga, Cacarajícara y Ceja del Negro* decidieron al Congreso de los Estados Unidos a reconocer a la Revolución, y así el Senado como la Cámara de Representantes, aprobaron resoluciones en ese sentido. Pero el presidente Cleveland, no siendo esas resoluciones conjuntas, juzgó innecesario aprobarlas o rechazarlas.

A medida que avanzaba el año 1896, la situación de la Isla se tornaba crítica. Había más de 180,000 soldados españoles en el territorio. La fiebre amarilla, el vómito negro y las enfermedades tropicales los diezmaban. Solamente en La Habana murieron más de 20,000 españoles, y en hospitales y casas de salud se hacinaban por millares.

151. MUERTE DE ANTONIO MACEO

Tras una campaña brillantísima, se perfiló Antonio Maceo como uno de los paladines de América. Después de cruzar la trocha de

Muerte de Maceo en Punta Brava.

República de Cuba, 10 de Mayo de 1896

EL CUBANO LIBRE.

"PATRIA Y LIBERTAD."

PERIODICO POLITICO, ORGANO OFICIAL DEL ESTADO DE ORIENTE.

Año 2°—Número 27. { Director: Mariano Corona Ferrer. } Segunda Época

REDACCION.

Celestino Pérez Carbó. Juan Masporca Franco.
Rafael Portilla Palacios. Modesto A. Tirado.
José Miró Argenter. Ld. Francisco Pierra.
Dr. Joaquín Castillo D. Mariano Sánchez V.
Ld. Rafael Portuondo. Pedro Aguilera K.
Eugenio Aguilera K. Alvaro Catá Jardinez.
José Simón. Ld. Andrés Silva Duany.
Ld. Valdés Domínguez. José F. de Castro.
Dr. Fernando Salcedo. Carlos Dubois y Castillo.
Dr. G. Enríquez Mascaró.

Secretario de Redacción: Daniel Fajardo Ortiz.

Con el corazón.

La Revolución, que no pudo tener como sudario un pacto infame que no acusará nunca de cobardía á los hombres que supieron defender nuestros derechos, tuvo apóstoles y mártires en los tristes días de paz en los que parecía que los cubanos olvidaban al lado del español la infamia que como sombra degradante y vil cubría el sol hermoso de nuestras libertades.

Entre estos hombres que supieron luchar y supieron conjurar todos los obstáculos y dar la voz de alarma, es el primero y el más grande aquel que supo morir en "Dos Ríos" y desafiar como guerrero las iras de la soldadesca española, después de haber vencido con su propaganda honrada y patriótica los temores de los unos y las ambiciones de los que se llamaban cubanos para alargar la vida de esclavitud que les daba honores y riquezas á cambio de la tierra vendida.

Pero no estaba solo Martí: entre los que con él lucharon ocupan puestos honrosos muchos hombres que fuera y dentro de la Patria continúan su obra redentora.

La guerra tiene su Jefe en el más prestigioso: en el anciano Gómez, que es para todos el primero entre los soldados de Cuba y uno de los magistrados que ha de poner la patria al frente de sus destinos el día ya próximo de nuestra independencia. El es la Revolución y él es el genio de nuestra guerra; por eso el pueblo lo aclama y por eso nuestra constitución le dá el puesto que merece el más alto y también el más difícil. De Oriente ha ido á caballo á Occidente y fuerte y valeroso es el guerrero más digno de los laureles en los combates; y allá está en su puesto erguido sobre los estribos desafiando á los soldados españoles. Viven á su lado los valientes y sólo pueden disputar sus virtudes los cobardes. ¡Españoles que le temen.

De Occidente viene ahora á estas tierras, en donde los hermanos Maceo con sus heroísmos han sabido demostrar sus indiscutibles méritos y sus altas virtudes patrióticas, viene á visitarnos, como delegado del ilustre Mayor Gómez, el General Serafín Sánchez á quien ha confiado la organización de nuestro Ejército.

Nacen pocos hombres tan puros y tan leales como el General Sánchez: en su alma sólo hay grandeza y generosidad: por eso puede representar dignamente al General en Jefe.

Modesto pero severo trabajó Serafín allá en Cayo Hueso por la Revolución y estuvo siempre al lado de Martí, cuando no creía ó no creyera visionario y quien se atreviera á querer lanzar quijotescos veredictos contra el más honrado de nuestros mártires y el más humilde de nuestros hombres valerosos.

Como el apóstol de nuestra honra, como Estrada Palma más merecedor cada día del respeto de todos y cada día más digno del puesto de confianza que le señaló nuestra Asamblea Constituyente,—ve hoy el General Sánchez como crece la obra del genio, como todos vienen á compartir con el soldado de Martí y Gómez y Maceo las glorias y los trabajos y con cuánta rapidez nos acercamos al término de nuestros anhelos.

Martí no ha muerto para Cuba mientras viva el General Sánchez y los que con él supieron romper la tutela degradante y levantar como hombres nuestra bandera libertadora.

Lleve el noble amigo la aclamación más sincera de todos los orientales al General Gómez: con él estamos todos para vencer: á su lado estaremos siempre para honrarlo.

Caerá ante los heroísmos de nuestros soldados la dominación que desesperada y maltrecha se revuelve como agonía cruel, pero merecida.

Y el día de la victoria la Patria escribirá dos nombres en la bandera de la Revolución, el nombre de Martí el mártir—y el nombre de Gómez el libertador.

Valdés Domínguez.

Oriente, Mayo 8 de 1896.

El Mayor General Daniel E. Sickles

Entrevista del Sun con el ilustre soldado y Ex-Ministro Plenipotenciario.

"The Sun" de Nueva York, noble y desinteresado campeón de toda causa justa como la de Cuba, no sólo emplea en defenderla la profunda erudición de su Director, sino que busca para sus columnas las más autorizadas opiniones del país, como son entre otras las palabras del bravo militar é integérrimo político Mayor General Daniel E. Sickles. La segunda página de su número de 2 de Abril próximo pasado, trae la importante entrevista de uno de sus reporters con el veterano de la guerra de secesión y ex-Ministro Plenipotenciario y Enviado Extraordinario de los Estados Unidos en España. Ese documento, tan notable por el fondo como por la forma sencilla y elegante, es la expresión más alta de la opinión política y militar del Ejército americano, acerca de los sucesos

Facsímil de un número del *Cubano Libre*.

Mariel a Majana,[1] que Weyler creía impasable, el lugarteniente, que ya había recibido más de veintiséis heridas, cayó atravesado por una bala que le causó la muerte en un encuentro en *Punta Brava*, provincia de La Habana, el 7 de diciembre de 1896.

Creyendo que con la muerte del "Titán de bronce" se acabaría la guerra, el regocijo de los españoles fue indescriptible. Weyler recibió un homenaje en el ayuntamiento de la capital. Los ojos le brillaban de júbilo al pronunciar un discurso en que anunciaba el fin 'de la contienda armada. Mas, ¡cuán equivocados estaban! Nada ni nadie podía ya detener a los cubanos, y era evidente que tenían a España al borde de la derrota.

152. LA CONSTITUYENTE DE LA YAYA

En septiembre de 1897 se reunió la asamblea en *La Yaya* y eligió un nuevo gobierno en armas. Lo presidía el general Bartolomé Masó, y ocupaba la vicepresidencia el abogado y general Domingo Méndez Capote, legislador de esta etapa revolucionaria y redactor, además, de múltiples disposiciones legales. Los Ministerios de Guerra, Hacienda, Relaciones Exteriores y del Interior, los desempeñaron,

Domingo Méndez Capote.

respectivamente, el general José B. Alemán, el doctor Ernesto Fonts Sterling, y los señores Manuel Ramón Silva y Andrés Moreno de la Torre.

La situación internacional se hacía cada vez más difícil. Las relaciones entre los Estados Unidos y España se hacían más y más tirantes. La guerra en Cuba seguía su curso devastador. A mediados

[1] lugar más estrecho de Cuba

de 1897 el gobierno de Washington, por medio de su ministro en Madrid Stewart Woodford, acentuó sus gestiones pacifistas con el objeto de lograr un cambio de métodos por parte del gabinete de Cánovas del Castillo. Éste se comprometió a promulgar las reformas del ministro Abarzuza, con fuerza de ley. Sin embargo, el destino dispuso otra cosa. El 8 de agosto de 1897 Cánovas era asesinado en el balneario de Santa Águeda por el anarquista Miguel Angiolillo. Era muy difícil llenar el vacío que dejaba tan discutida personalidad política. Se constituyó un nuevo gabinete conservador. Woodford presentó una nota, a nombre del presidente McKinley. En ella hacía consideraciones enérgicas sobre las crueldades que se cometían en la guerra y solicitaba se buscara una fórmula para poner fin a aquellos excesos. Esta nota, que tenía las características de un ultimátum, provocó la caída del gabinete.

153. EL MINISTERIO DE SAGASTA CONCEDE LA AUTONOMÍA

Al asumir nuevamente la presidencia del Consejo Práxedes Mateo Sagasta, llevó al gabinete como ministro de Ultramar a Segismundo Moret y Prendergast, partidario de darle a Cuba la autonomía. Con este fin, promulgó tres decretos en 1897.

El nuevo régimen otorgaba a la Isla la autoridad de legislar sobre todos los asuntos de Justicia, Gobernación, Hacienda, Fomento, Sanidad, Comercio y Crédito Público, en cuanto se relacionara con el territorio nacional; también se le facultaba para la formación y aprobación de sus presupuestos, tanto de gastos como de ingresos. Por otra parte, dicho régimen establecía, de acuerdo con el de la Metrópoli, un gobierno parlamentario, compuesto en lo legislativo por dos cámaras, y en lo ejecutivo por un gobernador general (nombrado por la Corona) que podía designar sus secretarios de Despacho, responsables ante el Parlamento y las autoridades insulares. Concedíasele además al gobernador general el derecho al veto.

154. EL GENERAL BLANCO PROMULGA LA AUTONOMÍA

El primero de enero de 1898 aparecieron en la gaceta de La Habana los decretos firmados por el general Ramón Blanco y Erenas, que había sustituido al general Weyler en la capitanía general y gobierno de la Isla.

El nuevo régimen no pudo funcionar. Las reformas, a pesar de su amplitud, llegaban tardíamente. El gobierno de Masó no las aceptaba y los peninsulares reaccionarios las combatían abiertamente. Hubo motines y saqueos. Se escucharon vivas a Weyler, símbolo de la intransigencia hispana. El periódico *El Reconcentrado* fue des-

General Ramón Blanco y Erenas.

Escena típica de una cigarrería cubana de la época. El lector entretiene a sus compañeros con artículos de *La Lucha* mientras ellos trabajan. (Brown Brothers)

truido. Finalmente, la fuerza pública, al mando del general Arolas, disolvió a los revoltosos. Pero el cónsul norteamericano en La Habana, Fitzhugh Lee, aconsejó al presidente McKinley el envío de unidades navales a los puertos de Cuba.

155. LA CARTA DE DUPUY DE LOME

En este estado de perturbación, un hecho insólito agravó las relaciones, aparentemente cordiales, entre los Estados Unidos y España. Se hallaba en La Habana el ministro liberal español José Canalejas. Había venido a comprobar sobre el terreno el estado de la Revolución y las posibilidades de la autonomía. Su secretario, el joven cubano Gustavo Escoto, encontró en la correspondencia una carta de Enrique Dupuy de Lome, ministro de su Majestad Católica en Washington, en la que insultaba a McKinley a propósito de la situación de Cuba. Consciente del valor del documento, lo sustrajo y lo hizo llegar a manos de Estrada Palma y éste, por medio de Horace Rubens, dispuso su publicación en *The American Journal,* diario de la cadena Hearst, que defendía a la independencia. La carta produjo sensación y el ambiente quedó preparado en Washington para una posible crisis con la cancillería española.

156. LA EXPLOSIÓN DEL MAINE

Siguiendo el consejo de Fitzhugh Lee, se envió a la Bahía de La Habana el acorazado *Maine,* de la Armada de los Estados Unidos, y en la noche del 15 de febrero de 1898, ocurrió en dicho barco una terrible explosión que lo destruyó por completo. Perecieron 2 oficiales y 264 marineros.

Dibujo del *Maine,* destruido en la Bahía de La Habana el 15 de febrero de 1898. (Free Library of Philadelphia, foto de Joseph Martin, Scala)

Página del *New York Journal* comentando la explosión del *Maine*. (Granger Collection)

El gobierno español expresó su duelo por este suceso. Aunque lo consideraba un accidente, inició una investigación técnica. El presidente McKinley, por su parte, nombró otra comisión, también técnica. Ambas trabajaron por más de un mes separadamente. El informe de

Vistas de Santiago de Cuba en 1898: 1) Entrada del puerto, 2) El Morro de Santiago, 3) Calle típica, 4) Vista general, y 5) Zona junto al puerto. (MAS)

los norteamericanos atribuyó la explosión a una causa exterior. El de los españoles sostuvo que aquélla se había producido por una causa interna, dentro del buque.

A pesar de lo tenso de la situación, el presidente McKinley no deseaba entrar en guerra con España. El subsecretario de Marina, Theodore Roosevelt, le decía al senador Henry Cabot Lodge: "Si yo fuera presidente, mañana mismo mandaba la flota a La Habana". McKinley le pidió a Roosevelt que no mencionara la palabra "guerra". Y éste replicó: "Muy bien, señor Presidente, pero usted no puede prohibirme que lo piense".

157. LA RESOLUCIÓN CONJUNTA

Aunque el gobierno de Sagasta gestionó la paz con el gobierno revolucionario, fracasó porque el presidente Bartolomé Masó se negó a toda avenencia, diciendo que sólo podía escuchar a los que le propusieran la independencia de Cuba.

El 11 de abril de 1898 el presidente McKinley dirigió un mensaje a las cámaras en Washington, refiriéndose a la guerra de Cuba y a las gestiones que su gobierno había llevado a cabo ante el de España para poner término a la contienda. Dijo en su mensaje que no era posible que dicha guerra finalizara con el exterminio de los rebeldes. Con-

Demostración naval frente a la Bahía de La Habana. (Free Library of Phildelphia, foto de Joseph Martin, Scala)

cluyó solicitando, en nombre de la civilización, de la humanidad y de los ideales de libertad universal, que se le autorizara a llevar la paz a Cuba.

Con motivo de este mensaje, el Congreso de los Estados Unidos aprobó el 19 de abril una Resolución Conjunta por la que declaró: *"que el pueblo de la isla de Cuba es y de derecho debe ser libre e independiente; que era deber de los Estados Unidos exigir que el gobierno español renunciara inmediatamente a su autoridad y gobierno en Cuba y retirara sus fuerzas navales y terrestres de la Isla; que a ese efecto, el presidente de los Estados Unidos quedaba autorizado para utilizar el ejército y la armada de la nación; y que los Estados Unidos negaban toda intención de ejercer soberanía sobre dicha Isla y afirmaban su determinación de dejar el gobierno de la misma al pueblo cubano".*

Esta declaración conducía a la guerra: el 20 de abril firmó McKinley la resolución y el consiguiente ultimátum a España; el 21 se rompieron las relaciones diplomáticas; el 25 declaró el Congreso el estado de guerra; y el 27 se dispuso el bloqueo de las costas de Cuba.

ENTRAN LOS AMERICANOS

158. LA GUERRA HISPANOCUBANO-AMERICANA

McKinley no quiso entenderse directamente con el gobierno de Masó. Autorizó al jefe del Ejército estadounidense, Nelson Miles, a sostener conversaciones con Estrada Palma en los Estados Unidos y con los generales Máximo Gómez y Calixto García en Cuba. Sólo pudo ponerse en contacto con el segundo, y de allí nació el famoso episodio conocido con el nombre de "Mensaje a García", del que fue emisario el teniente norteamericano Andrew S. Rowan.

Calixto García y sus principales ayudantes. (National Archives)

Soldados cubanos a punto de embarcar para la lucha. (Theodore Roosevelt
Collection, Harvard College Library)

Una vez hecho este contacto, delegados del gobierno estadounidense y de las fuerzas cubanas, se pusieron de acuerdo para la acción
conjunta que inmediatamente se inició en Oriente el 20 de junio de
1898.

Las tropas norteamericanas entraron por las costas de Santiago
de Cuba. Venían a las órdenes del general William R. Shafter. Funcionaba ya el bloqueo a cargo de la escuadra del vicealmirante Winfield S. Schley, mandada por William T. Sampson y el comodoro
George Dewey, quienes embotellaron a la escuadra española que estaba
bajo las órdenes del almirante Pascual Cervera, en la Bahía de
Santiago.

Antes de iniciar las operaciones combinadas de armada y ejército,
Shafter y Sampson estimaron imprescindible conferenciar con el
general Calixto García. La reunión de estos tres jefes en *El Aserradero* resultó extraordinariamente provechosa. Apreciaron los estadounidenses las cualidades del jefe cubano y aceptaron sus planes.

El 24 de junio se decidió el ataque a Santiago por mar y tierra en
el que fueron derrotados los españoles. Calixto García fue el alma de
aquella victoria. Vara de Rey, el valiente general hispano, pagó con
su vida la victoria del *Caney*. La infantería española fue derrotada en
Loma San Juan.

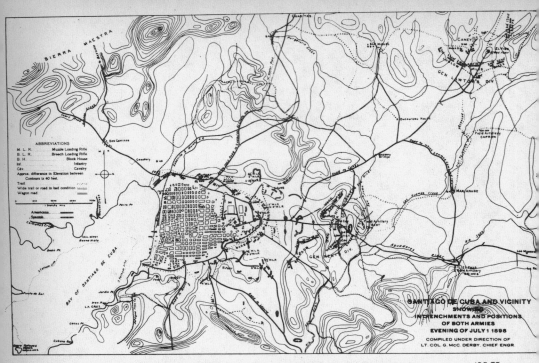

Plano de Santiago mostrando las posiciones respectivas de las tropas. (N.Y. Public Library)

La bandera de los Estados Unidos se iza por primera vez en tierra cubana. (Free Library of Philadelphia, foto de Joseph Martin, Scala)

Movimiento de tropas. (Library of Congress)

Plano de la batalla de Las Guásimas trazado por Leonard Wood. (N.Y. Public Library)

Joaquín Vara de Rey, valiente defensor español del Caney.
(National Archives)

Se batieron con denuedo al frente de un cuerpo de voluntarios norteamericanos, los *Rough Riders,* el coronel Leonard Wood y el teniente coronel Theodore Roosevelt, que no pudo resistir la tentación de venir a pelear por la independencia de Cuba.

El gobernador general Blanco ordenó al almirante Cervera que abandonara el puerto de Santiago de Cuba. Fue un grave error. Cervera no tenía otra alternativa y obedeció. Los barcos españoles fueron cañoneados por los norteamericanos, y hora y media después todo había terminado. Cervera fue hecho prisionero por el coronel cubano Candelario Cebreco. El digno marino español declaró que se rendía a los estadounidenses y exigió se respetara su decisión. Cebreco accedió, y Cervera fue recibido en la cubierta del *Iowa* con los más altos honores.

Mientras esto ocurría en Cuba, otro combate desastroso para los españoles se libraba en Cavite, Bahía de Manila, Filipinas. Además

Theodore Roosevelt y los *Rough Riders* en Loma San Juan. (Library of Congress)

atacando a Puerto Rico, las fuerzas victoriosas norteamericanas se apoderaron de esa isla.

Estas catástrofes hacían ya insostenible la guerra por parte de España y la obligaron a entrar en negociaciones. El 16 de julio se firmó la paz en Santiago de Cuba, en un lugar situado entre San Juan y el fuerte Canosa, bajo un árbol, que se llamó por eso "Árbol de la Paz". El general español Toral desenvainó su espada y la ofreció al general Shafter, quien, caballerosamente, se negó a aceptarla.

En estos actos encaminados a ponerle fin a la soberanía española en Cuba se prescindió de los cubanos. Fue esto no sólo un gran error, sino una tremenda injusticia que dejó en el espíritu de los mambises un sentimiento de amargura. Calixto García protestó, y Shafter se explicó mal. Esta actitud hizo que las autoridades de Washington lo relevaran del cargo. Leonard Wood, ascendido a brigadier, fue designado gobernador de Santiago de Cuba. Reparó la injusticia e hizo que Calixto García entrara, finalmente, en la capital de la provincia y recibiera los honores que merecía. En la puerta del edificio de gobierno lo esperaba el general Lawton. Un abrazo selló la amistad de cubanos y estadounidenses.

Transporte de heridos. (N.Y. Public Library)

159. LA ASAMBLEA DE SANTA CRUZ

Aunque el gobierno de Masó nunca fue tomado en consideración por el de McKinley, no por eso dejó de actuar y de cooperar en la resolución de los problemas que planteaba la ocupación norteamericana. El 24 de octubre de 1898 se convocaron elecciones en los cuerpos del ejército libertador y se eligió la llamada *Asamblea de Santa Cruz del Sur*. Compareció ante ella el general Masó y, con palabra conmovida declaró abierto el tercer período constituyente de la revolución redentora, con lo que terminó el gobierno que presidía. La asam-

Batalla naval de Cavite, Manila. (Free Library of Philadelphia, foto de Joseph Martin, Scala)

El Árbol de la Paz en Santiago. Aquí terminó la Guerra de 1898 con la rendición de las fuerzas españolas al general norteamericano Shafter. (Wide World)

blea eligió presidente de la misma al general Domingo Méndez Capote, vicepresidente al general Fernando Freyre de Andrade y secretarios a Manuel María Coronado y Porfirio Valiente. Después, designó una comisión para que se trasladara a Washington y tratara con el presidente McKinley los problemas finales de la paz y la independencia del país.

Presidía esa delegación el general Calixto García y formaban parte de ella el general José Miguel Gómez, los coroneles José Ramón Villalón y Manuel Sanguily, y el doctor José Antonio González Lanuza, a los cuales se sumó Gonzalo de Quesada, que representaba a la revolución en Washington.

Este comité de cubanos causó en la capital de los Estados Unidos una excelente impresión. McKinley los recibió en el acto en la Casa Blanca, con patente afecto hacia el general García. Frecuentemente lo tomaba del brazo, llamándolo "My dear General". Pero éste, que hablaba el inglés correctamente, advirtió entre las autoridades republicanas la voluntad decidida de no contar con los cubanos en los ajustes de la paz. El secretario de la Guerra, Russell A. Alger, se mostraba partidario de constituir en Cuba un gobierno civil interventor antes de entregar la Isla a los cubanos. Iba a nacer la Enmienda Platt.

En estas condiciones, Calixto García enfermó de gripe y hubo de recluirse en sus habitaciones del Hotel Raleigh. Deseoso de servir a su patria, abandonó el hotel una fría mañana del mes de diciembre de 1898 para asistir a una conferencia. Contrajo una fuerte pulmonía, que llevó a la tumba a este héroe de la independencia cubana.

Al regresar a La Habana la comisión que portaba el cadáver del general García, al que se le hizo un gran entierro, ya se había firmado el 10 de diciembre en París el tratado que ponía fin a la dominación española en Cuba. Firmaron el documento sólo los Estados Unidos y España. Cuba no formaba parte de esta reunión. Éste fue un nuevo error del gobierno de Washington en sus relaciones con los libertadores del 95.

El primero de enero de 1899 a las doce del día, el general Adolfo Jiménez Castellanos, a nombre de su Majestad Católica, entregó el mando y gobierno de la Isla al general John R. Brooke, que lo recibió a nombre del gobierno de los Estados Unidos de América.

Un mes después, precisamente el 24 de febrero, aniversario de la Revolución, hacía su entrada triunfal en La Habana el generalísimo Máximo Gómez, héroe invencible de las dos grandes guerras emancipadoras. Las multitudes se desbordaron y de todos los balcones y ventanas llovieron flores arrojadas al paso del vencedor de Mal Tiempo y Coliseo. Fue un recibimiento que superó con creces al tributado meses antes al ejército norteamericano.

Máximo Gómez.

El generalísimo, montado en su corcel de guerra, firmes los pies en los estribos, el pañuelo blanco flotando sobre un mar de cabezas, contemplaba aquel espectáculo indescriptible, con suprema emoción. Volviéndose a su ayudante le dijo: "Si toda esta gente hubiera peleado con nosotros, habríamos expulsado a España de Cuba hace años".

16

LIBERTAD CONDICIONAL

161. BREVE PANORAMA ECONÓMICO DE CUBA AL CESAR LA DOMINACIÓN DE ESPAÑA

El factor geopolítico en la economía cubana ha sido siempre decisivo. Así fue durante el siglo XVIII. Su significación aumentó en el siglo XIX y se convirtió en algo absolutamente decisivo al entrar el siglo XX.

La cercanía geográfica con los Estados Unidos; las poderosas posibilidades del mercado norteamericano para los productos cubanos: el azúcar, el tabaco, las frutas y otros, determinaron el establecimiento de las relaciones comerciales con el coloso del norte.

Hacia la mitad del siglo XIX, esas relaciones eran ya superiores a las existentes entre Cuba y España. Alcanzaron su mayor importancia cuando se firmó en 1891 un acuerdo entre España y los Estados Unidos, que permitía la entrada, libre de derechos, al azúcar cubano en los Estados Unidos y concedía beneficios considerables a los productos norteamericanos que se importaban en la Isla. Esto explica el enorme empeño de los Estados Unidos por conservar estos intereses, y su intervención primero en la guerra, y después, en la organización del gobierno cubano. Es conveniente apuntar que en los últimos años del siglo XIX, a partir de aquel tratado, los Estados Unidos controlaban el 85% de la producción azucarera cubana.

Este desarrollo económico quedó frenado por la Guerra del 95. Máximo Gómez, temeroso de que las operaciones militares no fueran suficientes para derrotar a España, ordenó la destrucción de ingenios, campos de caña y otros recursos económicos. La industria tabacalera, al terminarse la contienda, sólo alcanzaba a un quinto de sus niveles anteriores a la guerra; la industria azucarera quedó reducida a la tercera parte de su rendimiento, y la ganadera había casi desaparecido. Cuba, al firmarse la paz, estaba casi arruinada y con su economía paralizada, lo que no convenía a los inversionistas de los Estados Unidos.

Monumento al *Maine* en La Habana.

162. LA OCUPACIÓN AMERICANA (1899–1902)

El general Leonard Wood sustituyó al general John R. Brooke en la gobernación de la Isla en diciembre de 1899. Fue un administrador eficiente, infatigable, aunque rudo y severo. Se dedicó a la tarea de la reconstrucción de Cuba, alimentando sueños anexionistas.

La Isla estaba arruinada por la guerra. Las condiciones sanitarias eran deplorables. Las comunicaciones casi inexistentes. La educación, siempre descuidada por las autoridades españolas estaba en pésimas condiciones. Wood, asesorado por un grupo de cubanos ilustres, obtuvo grandes éxitos en la reorganización administrativa y judicial.

Con motivo de los incontrolables brotes de fiebre amarilla, se nombró una comisión de médicos de ambas naciones para determinar el origen de la enfermedad. El resultado fue que al aplicar la teoría del médico cubano Carlos J. Finlay, expuesta en 1881, se logró descubrir la causa y erradicar este azote. Finlay había insistido por muchos años que el mosquito "Aedes Aegypti" era el trasmisor. El médico norteamericano Jesse Lazear se dejó inocular el virus y murió a consecuencia de ello. El descubrimiento quedó comprobado.

En la reorganización de la enseñanza descolló el filósofo cubano Enrique José Varona. Se fundaron miles de escuelas elementales y se

Carlos J. Finlay (1833–1915), médico cubano cuyo descubrimiento del mosquito causante de la fiebre amarilla constituyó uno de los mayores aportes a la medicina.

multiplicó así rápidamente la población escolar. En la administración se distinguió José Antonio González Lanuza. Se creó el Tribunal Supremo, y los Juzgados Correccionales. Se nombraron gobernadores civiles para cada provincia. Se creó el Cuerpo de Policía de La Habana, así como la Guardia Rural. Se llevó a cabo un censo de población.

Encaminada ya la Isla bajo el mando del general Wood, éste convocó a una asamblea constituyente para discutir y aprobar la carta

Enrique José Varona (1849–1953). Distinguido educador, político y literato. Ocupó la vicepresidencia de 1919 a 1921. En su abundante obra literaria aparecen *Observaciones sobre la gramática e historia de la lengua castellana, La metafísica en la Universidad* y otros muchos estudios.

fundamental de la nueva **República**. Los Estados Unidos habían contraído, por la Resolución Conjunta, el compromiso ineludible de poner en manos cubanas el gobierno de la Isla.

163. LA CONVENCIÓN CONSTITUYENTE DE 1901

El 5 de noviembre de 1900 las seis provincias reunieron los delegados que formaron su cuerpo legislativo. Éste fue presidido por el doctor Domingo Méndez Capote, y fueron sus secretarios Enrique Villuendas y Alfredo Zayas. Durante los tres meses que estuvo reunida la asamblea, se discutió y aprobó la Constitución de 1901, que seguía más o menos los lineamientos de la de los Estados Unidos. Dividió los poderes en ejecutivo, legislativo y judicial. Limitó el mandato del presidente a cuatro años, pudiendo reelegirse una vez más. El de los senadores y representantes, así: los primeros por ocho años, reno-

El general Leonard Wood entrando en el teatro Martí donde celebró sus sesiones la Convención Constituyente de 1901.

vables por mitad; los segundos, por cuatro años, también renovables por mitad. Estableció gobernadores para las provincias con un consejo provincial, por elección, así como alcaldes y concejales, todos por cuatro años.

164. LA ENMIENDA PLATT (1901-1934)

Aprobada la constitución, declaró el general Wood que los constituyentes debían definir, en un apéndice a la misma, las relaciones de Cuba con los Estados Unidos. Tal exigencia produjo gran incomodidad entre los constituyentes y el pueblo. Wood explicó a una comisión de delegados que se trataba de incorporar a la carta fundamental una declaración redactada por Elihu Root, secretario de Guerra en Washington. Por ésta se autorizaba a los Estados Unidos a intervenir en Cuba para proteger a la República. Además, los gobiernos cubanos no podían hacer empréstitos sin la autorización de Washington. Para asegurar dicha protección debía el futuro gobierno cubano dar en arriendo a los Estados Unidos las tierras necesarias para el establecimiento de cierto número de bases navales.

Después de varias reuniones con Wood, se designó una comisión que fuera a entrevistarse con el presidente McKinley y el secretario de Guerra Root a fin de discutir el asunto. Presidió la comisión el doctor Méndez Capote. Se entrevistaron con McKinley y con Root. Este último dijo que los Estados Unidos trataban, simplemente, de encauzar a la nueva República. Fueron, tanto el presidente como su secretario, muy corteses, pero inflexibles. McKinley llegó a decir que si no se aprobaba aquel apéndice, la ocupación militar de Cuba continuaría indefinidamente.

La Enmienda Platt, impuesta a Cuba durante la presidencia de William McKinley (1901), provenía de una enmienda a la ley de presupuestos de los Estados Unidos, presentada ese año, por el senador Orville H. Platt, de Connecticut. Una vez que el Congreso de Washington aprobó dicha Enmienda, se le exigió a la Convención Constituyente Cubana de 1901 que la agregara cómo apéndice a su Constitución. La lucha fue dura. Finalmente se logró que pasara en aquella asamblea por un solo voto. Así nació la Enmienda Platt.

La imposición al organismo cubano fue un gran error. Esta política produjo frutos muy negativos en el futuro de la joven República. Muchas voces se alzaron en contra de la Enmienda Platt. La forma en que se aprobó demuestra que se trataba de una zancadilla parlamentaria. La República nació descabezada, y muchos cubanos perdieron la fe en los ideales de su destino.

La Enmienda Platt fue combatida a lo largo de la República.

Firmas de los 31 delegados de la Convención Constituyente.

CONVENCION CONSTITUYENTE DE 1901

La Constitución de 1901 no merece el título de admirable. Los patriotas y estadistas que la crearon dieron a los cubanos un documento básicamente correcto, pero viciado por la Enmienda Platt impuesta por los Estados Unidos como condición por la soberanía. No obstante fue un gigantesco paso adelante con el que Cuba dejó de ser propiedad de otros.

Alfredo Zayas

Miguel Rincón

Martín Morúa Delgado

José N. Ferrer

Eudaldo Tamayo

Leopoldo Berriel

Juan Gualberto Gómez

Francisco Carrillo

Luis Fortún

Diego Tamayo

José Miguel Gómez

Emilio Núñez

Enrique Villuendas

Eliseo Giberga

José de Jesús Monteagudo

Gonzalo de Quesada

José Luis Robau

Gral. Alejandro Rodríguez

Antonio Bravo Correoso

Joaquín Quilez

Juan Rius Rivera

Pedro E. Betancourt

Cuando Franklin Delano Roosevelt fue electo presidente de los Estados Unidos, hizo patentes sus deseos de abrogar la "Enmienda", y así lo hizo el 28 de marzo de 1934 el Senado de Washington.

165. CANDIDATURAS DE TOMÁS ESTRADA PALMA Y DE BARTOLOMÉ MASÓ

Pasados los primeros momentos del desaliento y pesimismo que produjo la Enmienda Platt, el país entró de lleno en las elecciones para elegir presidente, gobernadores, alcaldes, concejales, senadores y representantes.

Dos candidatos se disputaban el poder, Tomás Estrada Palma, nominado por los Partidos Nacional y Republicano, y Bartolomé Masó, por la llamada Unión Democrática. Máximo Gómez se negó a ser candidato, por estimar que éste debía ser un cubano, y él no lo

Tomás Estrada Palma (1832–1908). Presidente de la República en Armas en la Guerra de los Diez Años y embajador en Washington durante la Guerra de Independencia y sucesor de Martí en el Partido Revolucionario. Primer presidente constitucional en 1902–1906. Su reelección causó la Revolución de Agosto que lo impulsó a entregar el poder a los norteamericanos. Fue un gobernante de impecable conducta y honradez.

era. Se le propuso a Masó la vicepresidencia con Estrada Palma, pero se negó. En estas condiciones se efectuaron los comicios.

166. SE CONSTITUYE LA REPÚBLICA CUBANA EL 20 DE MAYO DE 1902

El 31 de diciembre de 1901 se efectuaron las elecciones y triunfó Estrada Palma. El partido de Masó se abstuvo. Sólo concurrió a las urnas en la provincia de Camagüey, donde ganó. Así, bajo tan oscuros presagios se iniciaba la República.

Puede decirse que Estrada Palma, apoyado por el generalísimo Máximo Gómez, tenía también el respaldo de las masas conservadoras, más numerosas entonces que las radicales. Como Estrada Palma residía en los Estados Unidos, fue electo sin encontrarse en Cuba. Estrada Palma desembarcó en Gibara y su recibimiento fue apoteósico. De Oriente a Occidente, la Isla lo aclamó con júbilo. En Manzanillo, salió a recibirlo Bartolomé Masó, y al darle un abrazo, selló con este gesto digno de aquel gran cubano el triunfo de la República martiana, fundada en el lema de *"con todos y para el bien de todos"*.

El 20 de mayo de 1902 Estrada Palma recibió el poder de manos del general Wood en el salón de actos del viejo palacio de los capitanes generales. Se izó la bandera de la estrella solitaria en el asta principal del edificio. Una gran muchedumbre presenciaba conmovida en la plaza de Armas. El generalísimo Máximo Gómez, el más aplaudido de los concurrentes, abrazó muy emocionado al general José Miguel Gómez, y exclamó: "¡Creo que hemos llegado!"

1902-1920
DE ESTRADA PALMA A
MENOCAL

167.   LA ADMINISTRACIÓN DE ESTRADA PALMA (1902–1906)

Estrada Palma, excelente patriota, revolucionario y político de
larga experiencia, era esencialmente honrado. Se instaló en el palacio
presidencial con verdadera modestia. Su sueldo de 25 mil pesos anuales le parecía exorbitante. Gobernó con tranquilidad los dos primeros
años. Se entregó a la tarea de cumplir su programa electoral: fijar
las relaciones políticas y comerciales con los Estados Unidos y administrar los fondos públicos con absoluta honradez. Firmó dos tratados con los Estados Unidos: el de las bases navales y el de
Reciprocidad Comercial. El primero concedió sólo dos de las cuatro
bases que exigió Washington: una en Guantánamo y otra en Bahía
Honda. En cuanto al segundo, por ser los Estados Unidos una poderosa
nación industrializada, las concesiones comerciales le aseguraban
prácticamente a sus manufacturas el monopolio del mercado insular.
Los preferenciales fluctuaban entre el 20% y el 40%. Este tratado
tuvo oposición en el Senado.

Otro de los logros de este gobierno fue el pago de indemnizaciones
a los libertadores, para lo cual se hizo un empréstito con la Casa
Morgan. Esta gestión del gobierno fue enturbiada por el agio y la
especulación. Se compraron a los veteranos de la Guerra del 95 sus
certificados al 25% y luego se revendieron al 100%. El presidente
se oponía al agio, pero no pudo impedirlo.

El gobierno de Estrada Palma aumentó el tesoro nacional. Prestó
particular atención a la sanidad, a las obras públicas y a la educación.
Quería que Cuba tuviera *más maestros que soldados*. La situación

Carlos de la Torre y Huerta
(1858–1950). Naturalista,
educador, escritor, funcionario
público, presidente de la Cámara
de Representantes y autor de
muchas obras científicas y de
enseñanza. También fue alcalde
de La Habana y rector de la
Universidad.

José Comallonga (1865–1932),
guantanamero ilustre, ingeniero
agrícola, científico, escritor y
benefactor de la población rural.
Logró la creación de
laboratorios azucareros que
produjeron mayor eficiencia y
calidad en la industria azucarera.
Su preocupación principal fue la
educación del campesino y su
bienestar.

económica mejoró grandemente, aumentó la producción azucarera y se multiplicaron las fuentes de trabajo. La estabilidad ofrecida por Estrada Palma atrajo grandes inversiones extranjeras.

168. LA REELECCIÓN DE ESTRADA PALMA — EL GABINETE DE COMBATE — LA REVOLUCIÓN DE 1906

Dispuesto a conservar las tradiciones del programa revolucionario, Estrada Palma lo defendió con el más acendrado celo. El Congreso votó la ley de la Inmunidad Parlamentaria y restableció, con la oposición del presidente, la lotería, futura fuente de corrupción.

Al aproximarse el período electoral, Estrada Palma se vio presionado por sus amigos y partidarios a aceptar la reelección. Los partidos que lo habían postulado hacía cuatro años se negaron a nominarlo nuevamente. A consecuencia de esto, Estrada Palma autorizó la formación del Partido Moderado. Constituyó el llamado *Gabinete de Combate* para dirigir la campaña. Todo esto fue un error. Quizá no habría podido reelegirse si no hubiera fallecido Máximo Gómez en medio de la campaña oposicionista. Esto dejó libre la reelección al viejo bayamés. Fue nominado por el naciente Partido Liberal el candidato contrario, general José Miguel Gómez, al que acompañaba en calidad de vicepresidente el doctor Alfredo Zayas. Al ser asesinado en Cienfuegos el 22 de septiembre el doctor Enrique Villuendas, que defendía la candidatura liberal, Gómez ordenó la retirada. Sin oponentes, Estrada Palma, al que acompañaba como vicepresidente el doctor Domingo Méndez Capote, se reeligió.

El Partido Liberal, defraudado en sus aspiraciones, se dedicó a conspirar. Suscribió un pacto revolucionario. El general Faustino Guerra se alzó en Hato Las Vegas, y el 19 de agosto llegó a Marianao. A partir de esta fecha, la protesta armada empezó a triunfar.

169. EL GOBIERNO DE ESTRADA PALMA PIDE LA INTERVENCIÓN DE WASHINGTON

Pronto se vio que el gobierno de Estrada Palma no contaba con suficientes fuerzas militares para dominar a los revolucionarios. Mediante el cónsul de los Estados Unidos en La Habana, Frank Steinhardt, solicitó al presidente Roosevelt el envío de barcos y tropas para pacificar la Isla. Estimó Estrada Palma que el artículo 3 de la Enmienda Platt acordaba que debía mantenerlo en el poder. Roosevelt no accedió. Confirmada la solicitud, envió a William H. Taft con dos barcos de guerra. Taft traía la misión de mediar entre el gobierno y los revolucionarios. Ambas partes creían contar con el favor de

Washington: el gobierno, porque representaba la legalidad; los revolucionarios, porque las elecciones habían sido fraudulentas. La mediación resultó ineficaz. Estrada Palma, antes que doblegarse, prefirió renunciar. El gabinete en pleno, junto con el vicepresidente Méndez Capote, renunció también. Correspondía al Congreso elegir un nuevo presidente. Las pasiones políticas impidieron que se pusieran de acuerdo sobre la persona que debía asumir las riendas del gobierno. Taft decidió intervenir y hacerse cargo del gobierno. La República había fracasado por la intransigencia de sus propios hijos.

170. LA SEGUNDA INTERVENCIÓN — EL GOBIERNO DE CHARLES E. MAGOON (1906–1909)

Una semana después de decretar la intervención, Taft regresó a su país. Lo sustituyó como gobernador provisional de Cuba Charles E. Magoon. Estrada Palma dejó en el tesoro nacional un saldo de $13,625,539.65.

El gobierno interventor, consciente de que había venido a conciliar y resolver una cuestión política, decidió mantener la misma organización administrativa. Las innovaciones iban encaminadas a evitar que se repitieran los sucesos de 1906. A tal efecto, en 1907 se hizo un censo para determinar con certeza el número de electores, y una *Comisión Consultiva* confeccionó las siguientes leyes: Electoral, Orgánica del Poder Ejecutivo, Servicio Civil y Regímenes Provincial y Municipal. Esto fue un acierto de la Segunda Intervención. También se mostraron los norteamericanos respetuosos con la bandera nacional, que se dejó flotar en todos los lugares con carácter oficial.

Sin embargo, como administrador, Magoon fue funesto para Cuba. Queriendo complacer a todo el mundo, actuaba sin plan ni concierto, resultando en la corrupción administrativa. Surgió *la botella*, mal crónico de la historia republicana de la Isla. "La botella" era un cargo público superfluo e innecesario. "El botellero" recibía un sueldo sin trabajar. El gobierno de Magoon, sin hacer mayores investigaciones, pagó sumas fabulosas a aquellos que se decían perjudicados por la Revolución de 1906. Otra de las perniciosas prácticas nacidas de la segunda intervención fue la de otorgar contratos públicos sin subastas por sumas excesivamente altas. Al terminar la administración de Magoon, las reservas del tesoro público habían desaparecido y la República estaba endeudada.

171. LA RESTAURACIÓN DE LA REPÚBLICA

Una vez recuperada la concordia nacional, el gobernador provisional se dedicó a restaurar en el gobierno a los cubanos. Después de celebradas unas elecciones parciales, se efectuaron las presidenciales en noviembre de 1908, a las que concurrieron dos candidatos, ambos héroes de la última Guerra de Independencia: Mario G. Menocal y José Miguel Gómez, postulados por los Partidos Conservador y Liberal, respectivamente. Estas dos figuras rivales iban a llenar las páginas de la historia cubana. Ganó las elecciones José Miguel Gómez, que tomó posesión del cargo el 28 de enero de 1909, aniversario del nacimiento de José Martí.

172. EL GOBIERNO DE GÓMEZ: 1909-1913

José Miguel Gómez fue una de las figuras más populares de la historia política de Cuba. Héroe de Arroyo Blanco en la guerra libertadora, era simpático, inteligente, astuto y atractivo.

Nadie discute que Gómez fue un demócrata sincero, que respetó las libertades públicas, florecientes en Cuba durante su mandato.

José Miguel Gómez (1858–1921). Nació en Sancti Spíritus y combatió en las guerras de independencia llegando al rango de general. Se distinguió por su valor en muchas acciones, especialmente en la de Arroyo Blanco. Sirvió en la Asamblea Constituyente y fue presidente de la República de 1909 hasta 1913. Fue un presidente tolerante y patriarcal, respetuoso de las leyes. Creó el ejército permanente y comenzó la restauración de la República después del gobierno del norteamericano Magoon. Tuvo sus desaciertos de tipo fiscal y administrativo, pero en general fue su presidencia beneficiosa. Rehusó reelegirse a pesar de la adulación acostumbrada.

Puede decirse que Cuba en estos cuatro años progresó considerablemente. Bajo Gómez se creó el Ejército y la Marina; se organizó el servicio diplomático; se construyó el alcantarillado de La Habana; se popularizó la enseñanza universitaria; se crearon las Academias así de Artes como de Letras e Historia. Se fundó el Museo Nacional. Por la ley Arteaga se eliminó el sistema de vales y fichas con que se venía pagando a los trabajadores del azúcar. Pero en otros órdenes la corrupción continuó aumentando. Al restablecerse la lotería, prosperaron el robo y las irregularidades en la distribución de los billetes. En las obras y contratos públicos, las filtraciones y los *chivos*[1] fueron frecuentísimos.

173. LA SOBERANÍA DE CUBA — LA GUERRITA DE LOS NEGROS

Quiso el presidente Gómez que Cuba empezara a ejercitar con vigor su soberanía nacional. Con tales propósitos nombró secretario de Estado al noble patriota nacionalista Manuel Sanguily. Éste supo

Manuel Sanguily (1848–1925) fue discípulo de José de la Luz y Caballero, peleó en la Guerra de los Diez Años y la de Independencia, firmó la Constitución de 1901 y sirvió de senador, ministro y otros cargos importantes en la República. Escribió varias obras, entre ellas una biografía de la Luz y Caballero, editada posteriormente por su hijo Manuel Sanguily Arizte.

seleccionar a sus consejeros y embajadores. Uno fue Manuel Márquez Sterling, embajador en México, quien se opuso en todo instante a la intervención norteamericana que pretendió llevar adelante en 1914 el embajador Henry Lane Wilson. En otra ocasión, cuando estalló la llamada *Guerra Racista,* promovida por elementos de la raza negra en

[1] los negocios sucios y corruptos

Oriente y dirigida por Evaristo Estenoz y Pedro Ivonet, la prensa en los Estados Unidos exageró la gravedad de los hechos. El presidente Taft se apresuró a desembarcar tropas. Sanguily protestó con energía contra esta acción y afirmó que el ejército cubano estaba capacitado para restablecer el orden. Taft retiró las tropas y el recién creado Ejército Nacional sofocó la revuelta. Ivonet y Estenoz murieron en acción.

174. LAS ELECCIONES DE NOVIEMBRE DE 1912 — MENOCAL PRESIDENTE

Aunque el presidente Gómez intentó reelegirse, llegado el momento crítico, dejó que su partido decidiera.

Prometió elecciones imparciales. El Partido Liberal escogió como

Mario García Menocal (1866–1941). Ingeniero y mayor general, fue jefe de Estado Mayor de Calixto García y presidente de 1913 a 1921. Su primer período fue de gran éxito pero el segundo se vio envuelto en la turbulencia y descontento popular, que empañaron su lema de "Honradez, Paz y Trabajo".

candidato al doctor Alfredo Zayas. Los conservadores, ayudados por una fracción liberal, llamada *Conjunción Patriótica*, eligieron como candidato a Menocal, que como lugarteniente de Calixto García se cubrió de gloria en la captura de Holguín durante la Guerra de 1895.

175. AHÍ VIENE EL MAYORAL . . .

La victoria conservadora se debió en gran parte al deseo del pueblo de poner freno a los desmanes administrativos del gobierno liberal.

Menocal era hombre de carácter. Se había graduado de ingeniero en la Universidad de Cornell y trabajó en las obras del canal de Panamá. Al fundarse la República, ejerció el cargo de Jefe de Policía de La Habana, y fue excelente administrador del central azucarero Chaparra. Su programa electoral se resumía en tres palabras: Honradez, Paz y Trabajo. Sus partidarios, que hablaban de llevar a los tribunales a los malversadores del régimen anterior, cantaban amenazantes:

> Tumba la caña, anda ligero.
> Mira que ahí viene el mayoral
> sonando el cuero.

176. EL PRIMER PERÍODO CONSERVADOR: 1913–1917

Formado el nuevo gobierno por un prestigioso gabinete, actuó con bastante orden y energía. La sanidad pública llegó a altos niveles. Los servicios públicos mejoraron notablemente. La educación y la enseñanza recibieron gran impulso y se construyeron más de mil aulas. Fundó siete escuelas normales y las dotó de un capacitado cuerpo de maestros.

En el orden internacional, rechazó con dignidad y valentía las reclamaciones por daños causados por el Ejército Libertador durante la guerra a las propiedades de ciudadanos franceses, alemanes e ingleses.

Sin duda, el triunfo más sólido de la administración de Menocal fue la creación de la moneda nacional, a la par de la estadounidense. Fue obra del economista Leopoldo Cancio, y demostraba que Cuba en menos de quince años de independencia disponía de una hacienda limpia y ordenada.

Otro factor económico importante de este período fue el desarrollo del capital extranjero en la banca y el azúcar. Menocal favoreció estos intereses, aunque con detrimento del capital nacional.

Llegada del crucero Alfonso XIII en la Bahía de La Habana hacia 1917.
(Brown Brothers)

177.   LA REELECCIÓN DE 1916 — LA REVOLUCIÓN DE 1917

Años antes, Menocal había dicho que "el principio de la no-reelección era el más firme sostén de la paz". Al llegar las elecciones de 1916, el presidente olvidó sus buenas intenciones al aspirar al poder desde el poder. Frente a él se postuló el doctor Alfredo Zayas, respaldado por el Partido Liberal. En el ardor de la campaña política, Menocal declaró que "no aceptaría un solo voto que no le perteneciera". No hay duda de que los conservadores perdieron las elecciones. El presidente, mal aconsejado y animado de un mal entendido amor propio, apeló a todos los recursos del poder público para conservar el cargo.

La consecuencia fue que el día 12 de febrero de 1917 estalló una sublevación militar, dirigida por el general José Miguel Gómez. Menocal no se atemorizó y después de varios combates logró dominarla. En su triunfo tuvo mucho que ver la política de Woodrow Wilson. Los Estados Unidos, a punto de entrar en guerra con Alemania, deseaban paz y estabilidad en el Caribe. Wilson, por medio de su embajador en Cuba, William González, declaró que no "reconocería a un gobierno producto de una revolución".

Una vez más, la soberanía de Cuba se subordinaba a los dictados de la Enmienda Platt, situación que provocó el famoso artículo de Manuel Márquez Sterling titulado *Contra la ingerencia extraña, la virtud doméstica".* Esta frase se hizo doctrina entre los cubanos. Cuba tendría que vencer a la odiosa Enmienda, haciéndola obsoleta e innecesaria.

178.   SEGUNDO PERÍODO DE MENOCAL: 1917–1921

Los conservadores se olvidaron de la honradez y no pudieron disfrutar de una verdadera paz. Menocal gobernó sus últimos años preocupado con el mantenimiento del orden público, para lo cual recurría a medios francamente dictatoriales. En el campo social el gobierno propuso la creación del Ministerio del Trabajo, estableció los retiros civiles y escolares y aprobó la ley de Accidentes de Trabajo y la de Pensiones a los Veteranos. El rigor del poder público se hizo más llevadero, gracias al alza del azúcar que la Primera Guerra Mundial había producido. Fue ésta la famosa "danza de los millones", que creó fortunas de la noche a la mañana. Al terminar la guerra, el azúcar bajó de precio rápidamente, dando lugar a una gravísima crisis económica y arruinando no sólo a los ricos de "la danza", sino también a otros inversionistas criollos. El gobierno conservador no había sido previsor, y la nación no estaba preparada para defenderse de esta eventualidad. De 23 centavos, la libra del crudo bajó a menos de 3.

La antigua Plaza de San Francisco por el año 1920. (UPI)

179. TRIUNFAN "LOS CUATRO GATOS" EN 1920

Los últimos días del mandato de Menocal coincidieron con la gran crisis económica de 1920. Esta circunstancia, unida a los fraudes electorales de 1916 y 1917, más la restricción de las libertades públicas, habían acabado casi por completo el respaldo popular del gobierno. El triunfo de los liberales en las elecciones de 1920, con José Miguel Gómez como candidato, se daba por descontado. Esto inquietaba a los menocalistas, ya que sus opositores hablaban de investigar, perseguir y encarcelar.

El Partido Liberal se dividió, separándose el doctor Alfredo Zayas para fundar el *Partido Popular*. Esta división era el resultado de una vieja rivalidad entre Zayas y Gómez. Las fuerzas del nuevo partido eran tan pequeñas que el pueblo lo llamó de "los cuatro gatos". De todas formas, Zayas y sus gatos habían propuesto un nuevo planteamiento de las fuerzas electorales. Los conservadores, que se oponían con pánico a un triunfo liberal, convencieron a Menocal a que formara una coalición "conservadora-popular". Menocal aceptó la candidatura de Zayas, y así quedó formada esta combinación electoral llamada la *Liga Nacional*. Ésta no ganó limpiamente y proliferó una vez más el fraude en la votación. Fue una ironía ver a Menocal elegir al hombre a quien cuatro años antes le había arrebatado el triunfo. Zayas había perdido al ganar y ahora ganaba al perder. La República había encontrado una salida más o menos airosa, pero pacífica, para el pueblo de Cuba.

18

1920-1924
ZAYAS–DESORDEN CON ORDEN

180. EL PRESIDENTE ALFREDO ZAYAS: 1921–1925

El doctor Zayas era miembro de una distinguida familia de combatientes por la independencia. Zayas tomó parte en la Revolución del 95, por lo cual sufrió prisión política en España. Era literato, orador,

Alfredo Zayas y Alfonso (1861–1934) fue un servidor público ejemplar. Desde sus primeros años como abogado, agente revolucionario, juez, senador y otros cargos, el doctor Zayas siempre actuó democráticamente y con comprensión. Fue un presidente de conducta ecuánime y correcta. Consiguió el reconocimiento por los Estados Unidos de la soberanía cubana sobre la Isla de Pinos.

historiador y abogado. Sabía enfrentarse a todas las situaciones con gran sangre fría, y la política era su pasión. Había sido constitucionalista, subsecretario, concejal, senador y miembro de la famosa Comisión Consultiva. Apto para gobernar a Cuba, se tenía que enfrentar a la situación más crítica que había atravesado la República.

Zayas recibió de Menocal una economía en ruinas, y un país políticamente exaltado, además de perturbado por la tutela estadounidense que llegó a ser insoportable. Todas estas dificultades las superó el doctor Zayas, con un profundo respeto por las libertades públicas y una tolerancia ilimitada ante los violentos ataques de sus adversarios. Fue un triunfo personal, pues Zayas no contaba con el respaldo de un gran partido ni de una mayoría en el Congreso.

181. LAS CRISIS DEL PRESIDENTE ZAYAS CON LOS ESTADOS UNIDOS

Entre las crisis más graves que confrontó Zayas, sobresale la provocada por el general Enoch H. Crowder, "enviado personal" del presidente Harding, quien interpretó la Enmienda Platt como si ésta le diera facultades para dirigir los asuntos internos del poder ejecutivo. En vista de las evasivas de Zayas, Crowder empezó a enviarle memorándum tras memorándum con terminantes instrucciones. Crowder llegó a acusar a Zayas y sus ministros de corrupción administrativa y les impuso un "gabinete de honradez". En esto se equivocó, pues el pueblo cubano, lejos de apoyar a los "honrados", se llenó de indignación ante lo que juzgaba una intromisión extranjera.

Las cosas se pusieron al rojo vivo cuando el Departamento de Estado envió un cable a Zayas, advirtiéndole que de no respetar a los nuevos ministros, "las consecuencias serían desastrosas". Zayas y el pueblo cubano no podían tolerar esta intromisión, reñida con la letra y el espíritu de la Enmienda Platt. De aceptarla, la soberanía cubana se esfumaba, barrida por un procónsul norteamericano. Respaldado por el secretario de la Presidencia, José Manuel Cortina, y el presidente del Congreso, Aurelio Álvarez, Zayas rechazó los memorándums y el cable como ofensivos a la dignidad de Cuba. Convencido el secretario de Estado norteamericano, Charles E. Hughes, de que Crowder se había extralimitado, aclaró que el cable no era más que una recomendación. Quedaba así neutralizada la peligrosa intromisión de Crowder.

Otro éxito de la administración de Zayas en el campo de la soberanía de Cuba fue la ratificación por el Senado estadounidense del *Tratado Hay-Quesada* suscrito años antes. Por este tratado la Isla de Pinos quedaba para siempre bajo la soberanía de Cuba.

En la Quinta Conferencia Panamericana, celebrada en Chile en 1923, dio Zayas el golpe de gracia a las intromisiones de Crowder. La delegación cubana estaba integrada por José C. Vidal Caro, Manuel Márquez Sterling, Carlos García Vélez y Arístides Agüero. Éstos, además de lograr una declaración contra el derecho de intervención, coronaron su actuación obteniendo para La Habana la sede de la Sexta Conferencia. Al presidente de los Estados Unidos no le quedó otro camino que acreditar a Crowder como embajador, cesando en su condición de enviado especial. Con este éxito se terminaron las intervenciones por parte de Washington.

José Manuel Cortina (1880–1970), gran orador, senador y varias veces ministro en los gobiernos de Zayas, Gómez y Batista. En su obra literaria se destaca *Ideales internacionales de Cuba*.

182. LAS CRISIS DOMÉSTICAS DE ZAYAS

Entre las crisis internas confrontadas por Zayas, las más importantes fueron la económica, la estudiantil y el movimiento de los Veteranos y Patriotas. Zayas combatió la primera con la reducción de los gastos a un 50%, la consecución de un empréstito de 50 millones de dólares con la *Casa Morgan* de Nueva York, la creación de nuevos impuestos sobre la venta y la oportuna alza de los precios del azúcar en 1922.

La crisis de los universitarios dirigidos por Julio Antonio Mella, afiliado al Partido Comunista internacional, la venció Zayas decretando la *autonomía universitaria* en La Habana. La Universidad Nacional podría manejar sus propios fondos y programas, sin el peligro de la acostumbrada intromisión del Estado.

La tercera crisis fue la más grave: el gobierno peligraba. La agrupación de *Veteranos y Patriotas* era un movimiento encaminado a exigir limpieza en el manejo de los fondos públicos. Pronto se salió de su cauce, para convertirse en una revuelta que estalló en Las Villas bajo la dirección del coronel Federico Laredo Bru. Zayas, sin perder su acostumbrada calma, apeló a todos los recursos pacíficos que ofrece el poder público. Se entrevistó con los rebeldes en el central *La Pastora* y ofreció la paz sin represalias si deponían su actitud. Laredo Bru aceptó y todo volvió a la normalidad.

La oposición contra el gobierno de Zayas, por no usar éste la fuerza pública, fue muy grande. Uno de los grupos más importantes, conocido con el nombre de *Los Trece,* estaba dirigido por Rubén Martínez Villena, poeta y gran orador. De ideas extremadamente radicales, inspiradas en el comunismo, fustigaba a Zayas violentamente, y en sus discursos se advertían ya claramente las tendencias marxistas en la Universidad de La Habana.

Zayas confrontó huelgas, motines y desórdenes obreros, que resolvió con su acostumbrado proceder pacífico. La compra del *Convento de Santa Clara* para instalar allí las oficinas de la Secretaría de Obras Públicas fue muy combatida, acusándose al gobierno de irregularidades en la venta. Por esta razón impuso el llamado "gabinete de honradez", designando para ello a cuatro secretarios de Estado.

Al llegar las elecciones de 1924, Zayas, sin el respaldo de las masas, decidió no postularse como candidato a la reelección. Es preciso apuntar que su gobierno se vio deslucido por la corrupción administrativa. Sin embargo, en otros órdenes, como en el de las libertades públicas y de la democracia, fue digno de admiración. Su actitud firme y serena frente a las intromisiones extranjeras le hace merecedor de elogio.

19

1924-1929
MACHADO

183. LAS ELECCIONES DE 1924 — MACHADO

A la muerte del general José Miguel Gómez, ocurrida en junio de 1921, se inició en el Partido Liberal la pugna entre el coronel Mendieta y el general Machado, que resultó vencedor.

Mendieta era el ídolo de las masas liberales. Político y conocedor de la maquinaria del partido, ofrecía "meter en la cárcel a los malversadores".

Machado, discretamente, se había ganado el apoyo de las clases ricas. Como además, su partido, el Liberal, llevaba doce años fuera del poder y encarnaba las angustias populares, fácilmente se explicaba su triunfo. Su candidatura fue reforzada por Henry W. Catlin, presidente de la Compañía Cubana de Electricidad, y por Laureano Falla Gutiérrez, rico financiero.

En las elecciones de 1924 se presentaron como candidatos a la presidencia el general Mario Menocal y el doctor Domingo Méndez Capote por el Partido Conservador, y el general Gerardo Machado y Carlos de la Rosa por la coalición que integraron los liberales y el partido de Zayas. El triunfo de Machado fue decisivo. El 20 de mayo de 1925 asumió éste la jefatura del Estado, con Carlos de la Rosa de vicepresidente.

184. LA REGENERACIÓN — LA LEY DE OBRAS PÚBLICAS — LA CARRETERA CENTRAL

El programa de Machado era muy sencillo. Prometía: Agua, Caminos y Escuelas. Pero también había prometido durante la campaña electoral sanear la administración pública y corregir abusos políticos. De ahí que no perdiera un instante en imprimir en su go-

Gerardo Machado (1871–1939). General del Ejército Libertador y del Ejército Nacional, Machado presidió a la República de 1925 a 1933 en que fue derrocado. Su primer período hasta la mal concebida reelección de 1929 fue de un gran beneficio para el país. Con el lema de "Agua, Caminos y Escuelas" lanzó un programa de construcción de obras públicas de enorme éxito, implementado por el dinámico ministro Carlos Miguel de Céspedes. Se construyeron el Capitolio, la Carretera Central y muchas otras obras. Sin embargo, tras su reelección con la alteración de la Constitución de 1901, provocó fortísima oposición. Al mismo tiempo, la situación económica empeoró rápidamente. En los últimos tres años trató por la fuerza de mantenerse en el poder hasta que, tras la huelga general de agosto de 1933 y la baja del azúcar a 1 centavo por libra, tuvo que abandonar la presidencia.

bierno una tónica de regeneración cívica y de fecunda actividad constructiva. Era lo que el país había venido reclamando.

Machado envió al Congreso la ley de Obras Públicas. Abarcaba ésta un amplísimo plan de fomento. Contaba el presidente con un buen secretario de Obras Públicas, Carlos Miguel de Céspedes, llamado "El Dinámico" por el pueblo. Céspedes llevó a cabo la construcción de la Carretera Central, de un extremo al otro de la Isla, lo que dio gran impulso al comercio. Construyó el Capitolio Nacional, y para recibir a los delegados a la Sexta Conferencia Panamericana, convirtió a La Habana en una magnífica ciudad que nada tenía que envidiar a las más modernas de América.

El público acude al acto de inauguración del Capitolio. (Brown Brothers)

Machado con el presidente Calvin Coolidge de los Estados Unidos durante la
Sexta Conferencia Panamericana en La Habana, 1928. (UPI)

185.   MEJORAS EN LA EDUCACIÓN

El gobierno de Machado mejoró notablemente la instrucción pública. Creó las escuelas de comercio, las técnico-industriales y mejoró la Universidad de La Habana. El general Machado no escatimó medios para que los profesores fueran mejor pagados y que a los estudiantes les resultaran los estudios menos costosos.

186.   REFORMA DE LOS ARANCELES — PROTECCIÓN A LAS INDUSTRIAS Y A LA AGRICULTURA

El general Machado al crear la Comisión de Fomento reformó los aranceles y ayudó a las industrias nacionales. La producción de aves, huevos, carnes, mantequilla, queso, cerveza y calzado aumentó notablemente. Las industrias jaboneras y aceiteras, las químicas y farmacéuticas también progresaron. En una palabra, Machado dio gran impulso a la economía cubana.

187.   PRIMEROS SÍNTOMAS DE LA DICTADURA

De acuerdo con los primeros pasos del gobierno de Machado, parecía que renacía el espíritu constructivo del cubano y su amor a la patria. Pero empezaron a observarse algunas fallas, aunque la opinión pública sólo tenía aplausos desmedidos para el gobierno. Pocos fueron los que se fijaron en ciertas inclinaciones autoritarias del presidente. Para supervisar importantes servicios públicos, Machado había designado a oficiales del ejército. Más tarde, el periodista Armando André, exlegislador y director del periódico *El Día,* que había publicado una caricatura indecorosa y ofensiva para la familia del presidente, amaneció asesinado a la puerta de su casa. También otro periodista que se excedió en sus críticas, Abelardo Pacheco, fue muerto mientras descansaba en la azotea de su casa.

Asimismo intervenía Machado en los fallos judiciales. Fueron ejecutados al garrote varios campesinos condenados por los tribunales de justicia. Y en Ciego de Ávila unos trabajadores, complicados en el secuestro de un colono, aparecieron ahorcados de los árboles del camino que conducía a la ciudad. Estos incidentes, más la insistencia del presidente en preservar el orden a toda costa, eran síntomas muy inquietantes. A pesar de todo, la mayoría del claustro de profesores de la Universidad tomó el acuerdo de conferir al general Machado el título de doctor *Honoris Causa.* En esa ocasión, Machado leyó un discurso de franco matiz fascista en el que repararon muy pocos.

188. FINANCIAMIENTOS — COOPERATIVISMO — REFORMA DE LA CONSTITUCIÓN — PRÓRROGA — REELECCIÓN

El gobierno de Machado no contrató empréstitos, pero acudió a los llamados *financiamientos* con el Chase Bank of New York para impulsar las obras públicas y cumplir su programa. Los hechos narrados y el endiosamiento a que lo acostumbraron sus aduladores, convencieron a Machado de que él era imprescindible y debía continuar en el poder. Con este fin se inventó la fórmula de *cooperativismo*, una versión tropical del fascismo europeo y que las clases conservadoras alentaron.

Los cooperativistas, dirigidos por su líder, el senador Wilfredo Fernández, orador y periodista de gran talento, sostenían que la política y su normal ejercicio eran la causa de los males de Cuba, por lo que era preciso adaptarla al medio cubano. Sólo así terminarían la violencia y los asaltos al poder. Según ellos, Machado debía gobernar con todos los partidos existentes, es decir, con el Liberal, el Conservador y el Popular. El Congreso aprobó una ley que hacía prácticamente imposible la oposición.

Toma de posesión del presidente Machado en 1929. A la izquierda de Machado están Rafael Martínez Ortiz, Carlos Miguel de Céspedes; a la derecha Miguel Ángel de la Campa. (UPI)

Dueños del poder, los cooperativistas dispusieron perpetuar a Machado en el poder. Con el pretexto de prohibir la reelección, el Congreso aprobó un proyecto de ley que prorrogaba los mandatos de todos los funcionarios electivos y autorizaba al presidente a continuar dos años más en el poder. De acuerdo con la Constitución de 1901, el papel de los delegados a la Asamblea Constituyente que se eligiera se limitaba a rechazar o aprobar los proyectos del Congreso. Pero no fue así cuando la Convención de 1928 se reunió en La Habana, presidida por el gran jurisconsulto Antonio Sánchez de Bustamante, sino que se modificó manteniendo la prórroga de todos los funcionarios, al tiempo que se autorizaba al presidente a reelegirse por seis años. De nada sirvieron las voces que se levantaron en la Cámara y en el Senado para que no se llevara a efecto ese atentado constitucional. Tampoco prosperaron los recursos de inconstitucionalidad presentados ante el Tribunal Supremo, motivando la renuncia de su presidente, Juan Gutiérrez Quirós, honra y prez de la judicatura cubana. Se reprimieron con violencia las manifestaciones callejeras de estudiantes y grupos políticos opuestos al régimen. Machado presentó su reelección por los Partidos Liberal, Conservador y Popular, únicos inscritos en los registros electorales. El primero de noviembre de 1929 fue reelecto Machado sin oposición.

20

1929-1933
LA CRISIS DEL MACHADATO

189. LA UNIÓN NACIONALISTA — EL MITIN DE ARTEMISA — EL DIRECTORIO ESTUDIANTIL DE 1927

El proceso de la prórroga de poderes y la reelección causó abundantes protestas desde que el Congreso empezó a discutirlo. Un grupo de políticos, bajo la jefatura del coronel Mendieta, formó la *Unión Nacionalista* y la inscribieron como Asociación. Organizaron un mitin en el municipio de *Artemisa,* en Pinar del Río, el cual fue suspendido por la fuerza pública con saldo de muertos y heridos.

El Directorio Estudiantil Universitario de 1927 protestó enérgicamente. La mayoría de sus componentes fueron expulsados de la Universidad. Casi todos ellos ingresaron en el Partido Comunista, con excepción de Eduardo Chibás y Ramón Hermida.

La protesta continuó y las cosas fueron de mal en peor.

190. JULIO ANTONIO MELLA

Desde muy joven, Julio Antonio Mella se hizo comunista y encabezó la protesta estudiantil contra el gobierno de Machado. Cuando por este motivo fue llevado preso, se puso en huelga de hambre. Al ser libertado, empezó una campaña terrorista. Volvieron a encarcelarlo. Machado lo dejó libre, pero con la condición de que abandonara el país. Mella se exilió en la Ciudad de México. Un día, en dicha ciudad, al salir de un restaurante, fue muerto a balazos. Unos atribuyeron este crimen al gobierno de Machado, otros a los comunistas.[1]

La situación se agravó. Entre protestas, mítines y contramítines llegó el año de 1930.

[1] Así lo demuestran los doctores Jorge García Montes y Antonio Alonso Ávila en su libro: *Historia del Partido Comunista de Cuba,* publicado en 1970. Ediciones Universal, Miami.

191. EL DIRECTORIO ESTUDIANTIL DEL 30 — LA MUERTE DEL ESTUDIANTE RAFAEL TREJO

En 1930, el malestar y la protesta eran generales. Se sumaron a la lucha contra el gobierno Menocal y Miguel Mariano Gómez, representantes respectivamente de los núcleos conservadores y liberales. Se formó el Directorio Estudiantil de 1930, con Carlos Prío Socarrás a la cabeza.

El 30 de septiembre desfilaron los estudiantes en La Habana, junto al monumento de Eloy Alfaro, en un parque cercano al recinto universitario. La policía trató de detenerlos y en el choque murió el joven Rafael Trejo. Se inició una gran lucha. Los rebeldes fueron cazados a tiros por las calles. En represalia, encontraron la muerte varios policías, entre ellos el teniente Calvo, uno de los agentes más activos del gobierno.

192. LAS GESTIONES DE PAZ DEL EMBAJADOR DE LOS ESTADOS UNIDOS GUGGENHEIM

El embajador de los Estados Unidos, el multimillonario Harry F. Guggenheim, trató de mediar, aunque sin resultado, entre el gobierno y la oposición. Apoyó las gestiones de paz que hacían en Washington Cosme de la Torriente y Manuel Márquez Sterling ante Orestes Ferrara, embajador de Machado en los Estados Unidos y Viriato Gutiérrez, secretario de la Presidencia del gobierno, gestiones que tampoco dieron resultado.

Orestes Ferrara y Marino (1876–1972). Nacido en Italia, llegó a ser figura distinguidísima en la historia de Cuba. Fue coronel del Ejército Libertador, presidente de la Cámara de Representantes y embajador en Washington. También fue escritor notable y en su obra se encuentran *Páginas sueltas de la guerra de Cuba, Las ideas políticas de José Antonio Saco* y sus *Memorias*.

193. EL PLAN CHADBOURNE

Se conoce con este nombre el convenio azucarero suscrito en Bruselas el 9 de mayo de 1931, por haber sido su principal autor el abogado neoyorkino Thomas L. Chadbourne. Fue el primer acuerdo azucarero de carácter internacional para remediar la crisis económica prevalente, y fijar el precio de los azúcares crudos. Dentro de este convenio la más sacrificada fue Cuba. Se vio obligada a reducir el valor de sus zafras a casi el 25%, mientras los demás productores lo hacían solamente en un 12%. A este congreso no concurrieron el Japón, Brasil y Santo Domingo.

194. LAS CONFERENCIAS DEL SHOREHAM

Se llaman así las conversaciones que sostuvieron en este conocido hotel de Washington, de un lado los doctores Ferrara y Gutiérrez, representando al gobierno del presidente Machado, y del otro Cosme de la Torriente y Manuel Márquez Sterling, el primero en nombre de la Asociación Nacionalista y el segundo, que había renunciado a su cargo de Embajador en México, en su propio nombre. Conversaron con la finalidad de buscar un acuerdo civil entre el gobierno y la oposición. Las conversaciones fracasaron.

195. RÍO VERDE Y GIBARA

El fracaso de las conferencias del Shoreham provocó en 1931 el alzamiento revolucionario del general Mario G. Menocal y del coronel Carlos Mendieta en los campos de *Río Verde*. El brote revolucionario fue fácilmente dominado por el ejército. El presidente Machado, más adelante, por gestiones de Cosme de la Torriente, recomendó al Congreso una amnistía general. Al aprobarse ésta, y refrendarla el Ejecutivo, puso en libertad a la mayor parte de los alzados.

Al mismo tiempo desembarcó por *Gibara* una expedición armada, preparada desde Nueva York por José Bosch. La dirigían Sergio Carbó, Lucilo de la Peña y Carlos Hevia. El jefe militar era el teniente Emilio Laurent. En La Habana se batieron heroicamente Arturo del Pino y otros. En Matanzas se alzaron los coroneles Roberto Méndez Peñate y Aurelio Hevia. Ninguno de estos movimientos tuvo éxito. Sin embargo, Machado no tomó represalias y la mayor parte de los conspiradores se exiliaron en Nueva York.

196. LA CLAUSURA DE LAS UNIVERSIDADES, INSTITUTOS Y ESCUELAS

Machado dispuso la clausura de las universidades, institutos y escuelas para librarse de las protestas estudiantiles. El terrorismo, lejos de aminorar, creció. Fue destrozado por una potente bomba, llamada "bomba sorbetera",[2] el jefe de la Policía, Estanislao Massip. Machado declaró que quedaría en la presidencia hasta el término de su mandato. La clausura de los centros de educación lejos de beneficiar al gobierno lo perjudicó, pues se sumaron a la protesta los padres de familia.

197. EL ABC

El fracaso de los métodos revolucionarios tradicionales para derrocar a Menocal y Mendieta abrió paso a los modernos: la subversión y el terrorismo urbano. En esta tarea se destacó el *ABC*, cuyos jefes, Joaquín Martínez Sáenz, Carlos Saladrigas, Jorge Mañach, Emeterio Santovenia y Francisco Ichaso, dirigían clandestinamente la campaña. El lema del ABC era éste: "hombres nuevos, ideas nuevas y procedimientos nuevos". Aspiraban a renovar a Cuba integralmente. El manifiesto del ABC, impreso y distribuido en secreto, despertó gran interés por el acierto y claridad de su expresión, así como por las soluciones propuestas para los males cubanos. En esta lucha cayeron muchos de sus miembros, que se dedicaban por la noche a colocar bombas y petardos en lugares estratégicos.

198. LA JUNTA REVOLUCIONARIA DE NUEVA YORK

Habiendo emigrado a fines de 1932 la mayor parte de los líderes políticos de la protesta contra el gobierno de Machado, se constituyó en Nueva York una Junta Revolucionaria, presidida por Carlos de la Torre, eminente sabio cubano.

199. EL ASESINATO DEL DOCTOR CLEMENTE VÁSQUEZ BELLO

El 28 de septiembre de 1932 asesinaron al presidente del Senado, Clemente Vásquez Bello, político popular que respaldaba resueltamente al gobierno. La opinión pública condenó al ABC, a quien se creía autor del hecho. En represalia, el gobierno ordenó la muerte de los representantes Miguel Ángel Aguilar y Gonzalo Freyre de Andrade, y de los hermanos de éste, Guillermo y Leopoldo, muy comprometidos en la Revolución. Esta medida provocó grandes protestas, con resonancia en la prensa de los Estados Unidos.

La Porra, un sector de la policía, llevó a cabo abusos inauditos. Perdida la serenidad, los líderes de la oposición se lanzaron abiertamente al terrorismo.

---

[2] Tenía forma de *sorbetera*, máquina de hacer helados.

200. EL COOPERATIVISMO

Los cubanos calificaron con el nombre de *cooperativismo* el intento del gobierno de Machado (1929–1933) de gobernar con los tres únicos partidos políticos existentes entonces en Cuba. Dichos partidos eran: el Liberal, de ideología progresista; el Conservador, ni extremista ni derechista; y el Popular, con un programa ocasional, para hacer presidente a su jefe, el doctor Alfredo Zayas. Este ensayo de fascismo tropical dio amargos frutos, y provocó la Revolución de 1933. Si a estos aspectos, añadimos la crisis económica de 1930, que abatió fuertemente a Cuba, y redujo los presupuestos de 100 millones de dólares a menos de 40, comprenderemos por qué se advirtió desde entonces en Cuba una prolongada actividad subversiva que culminó con la caída del gobierno.

201. LA MEDIACIÓN DEL EMBAJADOR WELLES — LA CAÍDA DE MACHADO

Los acontecimientos tomaron un ritmo más acelerado a principios de 1933, cuando el nuevo presidente de los Estados Unidos, Franklin

Estudiantes universitarios armados del grupo "Pro Ley y Justicia", durante la lucha en que cayó el presidente Machado. (Wide World)

Delano Roosevelt, inauguró la "Política del Buen Vecino"[3] en América Latina. Designó embajador en La Habana a Sumner Welles. Le encargó que aconsejara a Machado la mediación, y si éste se resistía, que tratara por todos los medios, sin provocar la intervención de los Estados Unidos, de echarlo del poder para restablecer la paz en Cuba. Roosevelt en una carta privada pedía a Machado que cooperara con Welles en la solución de los muchos problemas cubanos que tenían trascendencia mundial.

Inmediatamente después de presentar sus credenciales, Welles planteó la mediación como una necesidad de llegar a un acuerdo con la oposición de distintos grupos e ideologías. Machado aceptó la mediación. Con ello selló su destino.

Esta mediación fue aceptada por muchos grupos, pero repudiada por otros. Entre éstos se hallaban: el Conjunto Revolucionario Cubano, de Menocal; el Directorio Estudiantil del 30; el Ala Izquierda Universitaria, representados estos dos grupos por Carlos Prío y Aureliano Sánchez Arango, respectivamente.

Esta gestión fracasó, como todas las mediaciones anteriores. Machado prometió conceder la legalidad al Partido Comunista y éste acordó apoyarlo. Al estallar una huelga obrera que dirigía Rubén Martínez Villena, Welles indujo a cierto sector del ejército a que derrocara al presidente, y llegó a amenazar con la intervención. La oficialidad no adicta al régimen tomó los puntos estratégicos de la capital y exigió su renuncia al presidente. Machado, después de forcejear y de dar pruebas de gran valor personal, nombró secretario de Estado al general Alberto Herrera, para que le sucediera en la presidencia a la que renunció el día 12 de agosto de 1933. Salió rumbo a Nassau con varios de sus íntimos. De allí se trasladó a Miami.

La profunda perturbación constitucional y política suscitada por el gobierno de Machado tuvo como consecuencia el desbordamiento de las pasiones y de los bajos instintos. Así quedó el país, como nunca antes había sucedido, bajo el signo de una profunda revolución que tendría largas repercusiones. Por el momento reinaban el saqueo, la persecución y el pillaje.

202. RESUMEN DEL GOBIERNO DEL GENERAL MACHADO

El gobierno de Machado, que había empezado muy bien, se desvió hacia la dictadura después de su reelección. Durante los años que sucedieron a la reforma constitucional de 1928, el gobierno no escatimó

---

[3] La *Good Neighbor Policy* fue iniciada for Franklin D. Roosevelt para fomentar mejores relaciones con América Latina.

Saqueo del periódico machadista *Heraldo de Cuba* por oponentes de Machado.
(Wide World)

medios represivos, exagerándolos dentro del campo obrero. Fueron asesinados Enrique Varona, Alfredo López y Margarito Iglesias, populares en sus respectivos sectores. Por otra parte, cuando el representante Aquilino Lombard presentó en la Cámara el proyecto de ley en favor de la preponderancia del trabajador cubano, al que se concedía hasta un 75% en las labores obreras, Machado se las arregló para que dicho proyecto fracasara en el Senado.

No cabe duda de que su régimen se había convertido en una dictadura, pero ayudaron a su caída no sólo la oposición política, sino

Vista de la calle Zulueta y del Capitolio hacia 1930. (Frederic Lewis)

también la crisis económica iniciada en 1930. La baja del azúcar, que llegó a menos de medio centavo la libra del crudo, las restricciones de las zafras, el plan Chadbourne, la multiplicación de impuestos mal regulados, la rebaja de los presupuestos de 100 millones anuales a menos de 50, y la insistencia de Machado en pagar el capital y los intereses de los empréstitos a la banca norteamericana, creyendo que la falta de pago podía atraparlo en las mallas de la Enmienda Platt, fueron las causas que precipitaron su caída, que tal vez se hubiera podido detener dentro de un arreglo político, como había ocurrido en el pasado.

La dictadura de Machado quebrantó los cimientos de la República y alteró profundamente toda su estructura social. A su caída, se inició un saludable movimiento para renovar totalmente el país. La generación del 95, que desde 1902 había gobernado con las ideas políticas y económicas del liberalismo, estaba pasada de moda. Una nueva generación, la del 30, surgida de la lucha revolucionaria y clandestina, aspiraba al poder para plasmar sus concepciones socio-económicas, dentro de otro marco político. Esta nueva Cuba, que surgía de las ruinas de la política pasada, ya no podía ignorar los urgentes problemas sociales, políticos y económicos. Las formas tradicionales de la democracia se verían obligadas a luchar contra las tendencias

Red de carreteras de Cuba mostrando el plano de la Carretera Central.

socialistas y totalitarias caldeadas por muchos intelectuales de la nueva promoción, procedentes del grupo minoritario de la época de Zayas. También por primera vez, figuraba el militarismo en Cuba, unido con el estudiantado. Puede decirse que la mayoría del pueblo cubano concibió un nuevo enfoque constitucional. Dentro de éste, era necesario dar preferencia a los derechos individuales y a la realización de la justicia social. En esta nueva Cuba, todos estaban de acuerdo en que la Enmienda Platt tenía que desaparecer.

203. LOS BENEFICIOS DEL GOBIERNO DE MACHADO (1925–1933)

Como se ha dicho anteriormente, fueron muchos los perjuicios ocasionados por el gobierno de Machado. Sin embargo, ahora al cabo de los años, puede decirse que su gobierno, en el orden material, fue hasta entonces el más constructivo que hayan conocido los cubanos. Su obra más importante fue la construcción de la Carretera Central, que unió los extremos de la Isla en un trazo de 1,108 kilómetros.

La reforma arancelaria, al fijar altos derechos a los productos importados, fomentó fábricas de zapatos, envases, productos químicos

Vista de la Carretera Central. (Frederic Lewis)

y eléctricos, quesos, mantequilla, forrajes, pinturas, abonos, neumáticos, cristalería, leche evaporada y condensada, tasajo, productos textiles, cemento y cerámica. Incrementó también la siembra del arroz.

Las obras públicas alcanzaron gran desarrollo en las seis provincias de la Isla. En La Habana se construyó el Capitolio Nacional; la Plaza de la Fraternidad; la Avenida de las Misiones, la Quinta Avenida; los repartos cercanos a la capital, especialmente el barrio de Miramar, en Marianao; el Presidio Modelo de Isla de Pinos; la Universidad de La Habana; la extensión y relleno del paseo del Malecón; la Avenida del Puerto; el Parque Maceo y el del Maine; el paseo de Martí; varias carreteras provinciales, entroncadas a la Central; y acueductos en la provincia oriental.

Café El Senado en el Paseo del Prado, 1930. (Brown Brothers)

En materia de educación, es de señalar que los presupuestos del gobierno de Machado dedicaban un alto porcentaje de los ingresos a la expansión de la enseñanza, mejoramiento de las escuelas normales de maestros y de los institutos de segunda enseñanza, y aumento de las asignaciones destinadas a la Universidad de La Habana. Se crearon escuelas de comercio, de enseñanza superior y elemental en La Habana y las provincias. La superior se hallaba adscrita a la Facultad de Derecho de la Universidad de La Habana. Expedía los títulos de doctor en ciencias económicas y de contadores públicos. Se crearon también, en Rancho Boyeros, las escuelas técnico-industriales, que dieron un gran impulso a estos estudios.

Se inauguró el servicio aéreo entre La Habana, Miami y Cayo Hueso. Fueron obra suya varios hospitales en las capitales de provincia; la ley del Retiro Marítimo; la Secretaría de Comunicaciones, y la Dirección Central del Trabajo. Se fundó la Asociación de Industriales, el Instituto de Estabilización del Azúcar, la Comisión Nacional de Propaganda y Defensa del Tabaco Cubano, los retiros de los registradores de la propiedad, notarial y de abogados. Se organizó la feria de Exposición Ganadera y el Centro de Recría Caballar, y se llevó adelante un censo nacional de población, que arrojó un total de 3,962,344 habitantes.

1933
REVOLUCIÓN

204. CÉSPEDES — EL 4 DE SEPTIEMBRE — LA PENTARQUÍA

El general Herrera, que sucedió a Machado en la presidencia, no contaba con la aprobación del embajador Welles, ni con el apoyo de los políticos y revolucionarios. El 12 de agosto de 1933, por sugerencias de Welles, nombró secretario de Estado al doctor Carlos Manuel de Céspedes, y renunció, para que la presidencia de la República recayera

Carlos Manuel de Céspedes (1871–1939), hijo del Padre de la Patria, ocupó la presidencia provisional, a raíz de la caída de Machado en 1933, por espacio de sólo veintitrés días al ser destituido por la Revolución del 4 de septiembre. El doctor Céspedes aceptó la destitución pacíficamente y entregó el poder a la Junta del Gobierno. (UPI)

en éste. Céspedes abrogó la Constitución de 1928, restableció la de 1901 y pretendió conservar el Congreso elegido en 1932. Le fue imposible y lo disolvió por decreto. Céspedes era un gran cubano, hijo del Padre de la Patria. Había servido veinte años en el cuerpo diplomático en los primeros planos, pero desconocía las realidades políticas de aquella Revolución.

El 22 de agosto, apareció un manifiesto, acordado entre el Directorio Estudiantil, y los sargentos y clases del Ejército y la Marina, sublevados contra la oficialidad de ambos cuerpos, en que se abogaba por un gobierno netamente revolucionario y por la celebración de una asamblea constituyente. Lo firmaba en primer término Carlos Prío

Gabinete de Carlos Manuel de Céspedes. Sentados de izquierda a derecha: Nicasio Silverio, Carlos Saladrigas, C. M. de Céspedes, Federico Laredo Bru, Oscar de la Torre. Parados (civiles) Rafael Santos Jiménez, Demetrio Castillo Pokorny, Joaquín Martínez Sáenz, Rául de Cárdenas. (N.Y. Public Library)

Socarrás, y era la última de aquellas firmas la de Fulgencio Batista, con el título de sargento jefe de la Revolución. El 4 de septiembre de 1933 esa combinación de estudiantes y sargentos derrocó a Céspedes y designó un gobierno colegiado que recibió el nombre de *Pentarquía*. Lo encabezaban los profesores de la Universidad Ramón Grau San Martín y Guillermo Portela, el periodista Sergio Carbó Morera, el economista José Miguel Irisarri y el banquero y hombre de negocios Porfirio Franca. La Pentarquía sólo duró seis días. El 10 de septiembre eligió presidente provisional de la República al doctor Grau

San Martín. Éste designó su gabinete. Días antes, el sargento Batista había ascendido a coronel y asumido la jefatura del Ejército. La oficialidad se refugió en el Hotel Nacional.

205. PASO A LA REVOLUCIÓN AUTÉNTICA

La Revolución del 4 de septiembre anuló virtualmente la Enmienda Platt y la gestión del embajador Welles. Por primera vez, los cubanos se rebelaron contra las decisiones de Washington. Roosevelt tenía el derecho de intervenir. Consultó a los gobiernos de México, Argentina, Brasil y Chile. Éstos se pronunciaron contra la intervención. Roosevelt se abstuvo, pero no otorgó su reconocimiento al doctor Grau. Advertía "modalidades extrañas y alarmantes" en el curso de los acontecimientos.

Los factores revolucionarios que llevaron al doctor Grau a la presidencia tenían cifradas grandes esperanzas en su gestión. No se equivocaron. Grau juró su cargo ante el pueblo, en la terraza del

Ramón Grau San Martín (1889–1969). Prestigioso médico, catedrático y escritor de obras científicas, el doctor Grau San Martín fue nombrado presidente revolucionario de la República el 10 de septiembre de 1933 por la Junta Revolucionaria que depuso a Céspedes. Grau rechazó la Constitución de 1901 y por tanto no fue reconocido su gobierno por Washington, que insistía en conservar la Enmienda Platt. En sus cuatro meses de gobierno se promulgaron varias leyes importantes: la Ley del 50%, la Autonomía Universitaria, la jornada mínima de 8 horas y salario mínimo. Ocupó la presidencia de 1944 a 1948 al ser electo por gran mayoría al frente del Partido Revolucionario Cubano Auténtico. A pesar de no tener apoyo mayoritario en el Senado y la Cámara, llevó a cabo infinidad de proyectos de beneficio social y respetó hasta el extremo las libertades públicas.

palacio, en vez de hacerlo en el Tribunal Supremo. Declaró que se trataba de una positiva y auténtica Revolución. Abrogó la Constitución de 1901, rechazó la Enmienda Platt, promulgó nuevos estatutos, convocó a elecciones de constituyentes y encaró las reformas sociales, políticas y económicas con numerosos decretos. Algunas de estas reformas fueron: la jornada de las ocho horas; la obligación de incluir a los cubanos en un 50% de las nóminas; la sindicalización forzosa de empresas extranjeras; la rebaja de las tarifas eléctricas; el repudio de los financiamientos de la época de Machado; la reorganización del ejército; la reforma de la ley de Accidentes del Trabajo; el salario mínimo; la formación de la Asociación de Colonos; la fiscalización de los préstamos para evitar la usura. Estableció, además, el derecho de tanteo, que daba al Estado preferencia en las subastas para evitar que se perdieran valiosas propiedades, de gran importancia para la economía de la Isla. Detrás de estas reformas jugaba un papel esencial Antonio Guiteras y Holmes, de ideología extremista, que gozaba de gran popularidad entre la juventud del país. Cooperaba a ellas el jefe del Ejército, Fulgencio Batista, cuya influencia en los negocios públicos crecía en forma inequívoca.

Esta etapa de la historia de Cuba resultó brillante en cuanto a logros sociales. La Revolución de 1933 fue libertaria y progresista. Protegida por su legislación, Cuba desarrolló y comenzó a prosperar económicamente, como lo demuestran todas las estadísticas oficiales de los muchos departamentos y oficinas de los propios Estados Unidos.

206. LOS COMUNISTAS — LOS PARTIDOS POLÍTICOS — LA BATALLA DEL HOTEL NACIONAL — LA SUBLEVACIÓN DEL ABC

El 10 de septiembre representa la trifurcación de la Revolución. De un lado se hallaba el doctor Grau y los estudiantes; de otro, el coronel Batista y los soldados; y de un tercero, Guiteras y la *Joven Cuba*.

Personalidades de la revuelta del 10 de septiembre de 1933, entre ellas el nuevo presidente, Ramón Grau San Martín (en traje blanco), y a la izquierda el coronel Fulgencio Batista. (Wide World)

Por otra parte, el embajador Welles se encontraba cohibido en sus maniobras intervencionistas. La agrupación del ABC, que había perdido prestigio debido a la mediación y a sus pactos con los viejos políticos, conspiraba contra el gobierno. Si a esto añadimos que el doctor Grau había proscrito a los partidos tradicionales que habían apoyado al presidente Machado, se comprenderá que la situación era bastante inestable. El 19 de septiembre los comunistas perturbaron el orden con motivo del entierro de las cenizas de Mella, que habían traído de México. Al mismo tiempo, atravesaba el país una gran crisis económica. Los comunistas empezaron a difundir en algunos ingenios (Mabay, Jaronú, Cunagua, Antilla, Tacajó y otros) doctrinas soviéticas y fueron frenados por el ejército, al mando del coronel Batista.

En estas circunstancias, el coronel Batista ofreció a la oficialidad, refugiada todavía en el Hotel Nacional, condiciones favorables si abandonaban ese sitio y entraban en negociaciones. La oficialidad se negó. Se trabó combate. Los oficiales levantaron bandera blanca y Batista se anotó una victoria. Hay varias versiones sobre estos hechos.

Soldados y sargentos atacan al Hotel Nacional donde se barricaron los oficiales. (FPG)

Vista de una habitación del Hotel Nacional después del ataque
en octubre de 1933. (Wide World)

Como todavía viven muchos de sus actores, habrá que esperar a que
transcurra el tiempo para juzgarlos sin la pasión del instante. Vencida la oficialidad, el embajador Welles escribió esta nota en su diario:
"El coronel Batista ha crecido considerablemente. El Directorio Estudiantil se ha dado cuenta de que no es el estudiantado el que ha dominado la situación, sino el ejército".

En los días del 7 y 8 de octubre se sublevó la asociación del ABC
contra el gobierno de Grau, queriendo tomar los cuarteles y las estaciones de policía. Pero el ejército, dirigido por los coroneles Batista y
José E. Pedraza, venció nuevamente. El saldo de muertos y heridos
fue grande. El ejército se excedió, y fueron muertos muchos abecedarios aun después de terminada la lucha.

207. LA SÉPTIMA CONFERENCIA PANAMERICANA DE MONTEVIDEO — LA TERMINACIÓN DEL GOBIERNO DE GRAU

A pesàr de ser Grau uno de los hombres más populares de este
proceso y del que le sigue, no lograba afianzarse en el poder, y ya por
el mes de diciembre de 1933 se tambaleaba. Aprovechó la celebración
de la Conferencia de Montevideo para darle la batalla a Washington,

que le negaba el reconocimiento. Con instrucciones de buscar la anulación definitiva de la Enmienda Platt, designó una delegación compuesta por Ángel Alberto Giraudy, que la presidía, Alfredo Nogueira, Herminio Portell Vilá, Carlos Prío Socarrás y Juan Antonio Rubio Padilla. Cordell Hull, jefe de la delegación americana, reconoció, al votar la *Convención de Derechos y Deberes de los Estados,* el principio de no intervención. El gobierno cubano salió vencedor en aquella prueba.

Pero la situación interna de Cuba era insostenible. Los intereses conservadores y los de los viejos partidos unidos a los más radicales y desafectos al gobierno, amén de la subversión comunista que flotaba sobre todas aquellas protestas, hacían gravísima la situación. Surgieron más complicaciones cuando un sector del estudiantado recorrió las calles gritando: "King Kong, que se vaya Ramón. King Kong, que se vaya Ramón . . ."

Por otra parte, el coronel Batista llegó a varios acuerdos con el embajador Welles. Éste deseaba deshacerse del gobierno auténtico. Roosevelt llamó a la Casa Blanca a Manuel Márquez Sterling, representante diplomático de Cuba desde el gobierno de Céspedes y secretario de Estado de Grau. Le notificó que no reconocería al gobierno de Grau, ni abrogaría la Enmienda Platt, hasta que no se constituyera un gobierno estable. Welles asumió el cargo de Secretario Asistente de Estado para asuntos latinoamericanos. Lo sustituyó en Cuba como representante diplomático el embajador Jefferson Caffery, y éste y el coronel Batista se entendieron. Cuando llegó a La Habana Márquez Sterling, encontró que Grau había renunciado. Lo había sustituido el ingeniero Carlos Hevia. Pero éste no se pudo mantener en el poder y se lo entregó al secretario de Estado, Manuel Márquez Sterling. Éste, en su carácter de presidente provisional, convocó a los sectores revolucionarios, que eligieron presidente al coronel Carlos Mendieta, con la aprobación de los Estados Unidos y la aceptación del coronel Batista, que iba a asumir el papel de gobernante. Se clausuraba la etapa revolucionaria, y empezaba la administrativa y política.

208. EL GOBIERNO DEL CORONEL MENDIETA

Instalado provisionalmente en la presidencia el 18 de enero de 1934, reconocido en seguida por la Casa Blanca y demás gobiernos extranjeros, aclamado por grandes demostraciones públicas, el coronel Mendieta constituyó un gobierno de coalición; con su Partido Nacionalista figuraban los amigos y partidarios del general Menocal; los de Martínez Sáenz, componentes del ABC; los de Miguel Mariano, integrantes de Acción Republicana; y otras facciones de carácter independiente. En este gobierno hacía prácticamente de primer ministro

Carlos Mendieta (1873–1960). El coronel Mendieta asumió la presidencia el 18 de enero de 1934 con el apoyo de Batista y la Junta de Columbia. A pesar de su popularidad como opositor al régimen machadista, Mendieta se encontró con grandes dificultades políticas y económicas. Durante su gobierno se firmó el Tratado de Reciprocidad con los Estados Unidos, se concedió el voto a la mujer y se abrogó la Enmienda Platt. Renunció poco antes de las elecciones del 10 de enero de 1936. (UPI)

Justo Luis del Pozo, que se había distinguido brillantemente en las luchas políticas por su lealtad a los principios liberales y su devoción a Mendieta. El gobierno mantuvo en Washington como embajador a Manuel Márquez Sterling, que presentó credenciales en seguida.

La situación era difícil. Mendieta poseía el espíritu revolucionario grausista. Derogó los estatutos constitucionales del gobierno anterior y promulgó una nueva ley constitucional, modificada y reformada de continuo. Confirió la facultad para legislar al Consejo de Secretarios. Organizó un Consejo de Estado presidido por el exlegislador conservador Carlos Manuel de la Cruz, opositor vehemente de Machado, de la Pentarquía y de Grau.

DONDE MANDA CORONEL...

209. LA CREACIÓN DEL PARTIDO REVOLUCIONARIO AUTÉNTICO — BATISTA CONSOLIDA SU POSICIÓN MILITAR Y POLÍTICA

Combatido por los sectores estudiantiles comunistas y los partidarios del doctor Grau, Mendieta se vio amenazado por una huelga revolucionaria desde los primeros días de su gobierno. Mientras Grau se encontraba fuera de la Isla en viaje de propaganda antiimperialista, sus partidarios, reclutados entre los políticos más nuevos, fundaron el *Partido Revolucionario Cubano Auténtico* en el local de la revista *Alma Mater*. Guiteras, por su parte, comenzó a elaborar una conspiración de largo alcance. Acusaba al nuevo gobierno de estar vendido al imperialismo estadounidense y atado a la voluntad del coronel Batista, que después de Washington, era su sostén más importante.

El nuevo régimen tomó grandes precauciones. Se halagó a la clase obrera más moderada. Batista, por los decretos-leyes números 26 y 408 de febrero de 1934, consolidó su posición al frente de las fuerzas armadas. El primero de esos decretos establecía el fuero militar y sus tribunales de excepción; el segundo declaraba extinguidos los derechos y obligaciones que pudieran corresponderles a los oficiales vencidos en el Hotel Nacional, creando en su lugar el Ejército Constitucional. En el orden laboral, se dictaba el decreto-ley número 3 de febrero de 1934, reglamentándose el derecho a huelgas, las cuales se dividían en lícitas e ilícitas, según tuvieran o no carácter político con propósitos subversivos. Estos preparativos provocaron en el estudiantado radical, parapetado en la Universidad, y en los comunistas grandes ataques al gobierno, acentuándolos sobre el ABC, al que acusaban de traidores a la Revolución.

210. MENDIETA CONVOCA A UNA ASAMBLEA CONSTITUYENTE — SE AGRAVA LA SITUACIÓN DEL ORDEN PÚBLICO

El gobierno de Mendieta, al promulgar la ley Constitucional de 3 de febrero de 1934, señaló como fecha para las elecciones de delegados a la asamblea constituyente el 31 de diciembre de aquel año. Al mismo tiempo, promulgó el decreto-ley número 565 de 5 de octubre, que derogaba el del gobierno de Grau, en el que se había inhabilitado a los partidos tradicionales —Liberal, Conservador y Popular— para tomar parte en las elecciones. La rehabilitación de esos partidos, especialmente del Liberal, que conservaba una gran fuerza política, ofendió a las izquierdas estudiantiles y comunistas, dando comienzo a una intensa campaña terrorista. El presidente Mendieta y el secretario de Estado Cosme de la Torriente fueron atacados con bombas, de las que afortunadamente salieron ilesos. Esta campaña obligó al gobierno a crear los Tribunales de Urgencia, integrados por jueces y magistrados de carrera designados por la Sala de Gobierno del Tribunal Supremo, con facultades para dictar la pena de muerte. En las reuniones del Partido Revolucionario Cubano Auténtico, Guiteras aseguraba, a nombre de la *Joven Cuba,* que el gobierno cívico-militar de Mendieta no era de los que podían derrotarse en las urnas. En consecuencia, al negarse los grausistas a tomar parte en las elecciones de 1934, la situación se agravó considerablemente.

211. LA MATANZA DEL ABC

De los atentados personales, las izquierdas y el comunismo pasaron al ataque colectivo. En una tarde del mes de junio, desfilaba por el paseo del Malecón una manifestación abecedaria compuesta de hombres, mujeres y niños indefensos, portando alegremente banderas y gallardetes, cuando de pronto, desde las azoteas y lados del paseo, previamente parapetados, elementos pertenecientes a esas izquierdas abrieron fuego. Los abecedarios estaban indefensos. Hubo gran número de muertos y heridos. La opinión pública unánimemente condenó el salvajismo de tal acto. El ABC rompió con el gobierno, estimando que no les había dado la protección que merecían. A partir de entonces se creó una pugna entre el jefe abecedario, Martínez Sáenz, y el jefe del Ejército, coronel Batista. La revista Bohemia, que no se distinguía por su defensa de Mendieta y de Batista, publicó un acertado comentario: "Si el ABC estimaba que no tenía garantías y que estaba empujado al matadero, no debió haber organizado esa manifestación".

212. CRECE EL TERRORISMO

Después de la matanza del ABC se separaron del gobierno los

menocalistas y otros sectores políticos, dejando solos a los nacionalistas con la responsabilidad de aquellos graves instantes. El ejército y la policía se hacían más importantes. Al salir del gabinete aquellos factores, el coronel Batista aprovechó el momento para situar a sus amigos en el gobierno. Entraron a formar parte del gabinete los doctores Andrés Domingo Morales del Castillo y Leonardo Anaya Murillo, que hasta esos momentos pertenecían a la judicatura.

Todos los días ocurrían atentados, asaltos, exigencias de dinero y actos de terrorismo. Fueron secuestrados acaudalados hombres de empresa y terratenientes, entre éstos los millonarios Antonio San Miguel y Eutimio Falla Bonet, que tuvieron que pagar altos rescates.

213. LA HUELGA DE MARZO DE 1935

En marzo de 1935, obedeciendo al mandato del comunismo internacional, se organizaba febrilmente la huelga revolucionaria. Ésta fue secundada por los estudiantes, una gran parte del magisterio, núcleos auténticos y guiteristas, muchos de los empleados públicos y de los sindicatos obreros.

El gobierno asumió la responsabilidad de terminar la huelga y suspendió las garantías constitucionales. El 8 de marzo, por acuerdo conjunto del Gabinete y del Consejo de Estado, se declaró el estado de sitio, designando gobernador militar al jefe de la Policía de La Habana, coronel Pedraza. Éste dictó un bando que imponía el toque de queda y se puso al frente de la represión. Los huelguistas lucharon en las calles de La Habana contra la policía y el ejército y hubo muchos muertos. Otros fueron sacrificados en las cárceles de la policía. Cuenta uno de aquellos presos que Enrique Fernández, que había sido subsecretario de Gobernación con Guiteras, gritaba: "¡Esto es un matadero . . . ! Aquí no hay defensa posible. . . ."

214. LA MUERTE DE ANTONIO GUITERAS

El 8 de mayo de 1934 cayó peleando bravamente en el Morrillo el insustituible ídolo de las juventudes del 33. Se ha dicho que Guiteras fue asesinado cuando trataba de llegar al mar desde las costas de Matanzas por Morrillo. Pero lo más probable es que haya caído peleando con los soldados que lo perseguían para impedir su salida de Cuba. Con la muerte de Guiteras se calmaba, por el momento, la agitación revolucionaria provocada por el gobierno de Machado y por los que siguieron.

215. EL PACTO RIVERO-ZAYAS — LAS ELECCIONES DE 1936

Las elecciones constituyentistas señaladas para tener efecto en

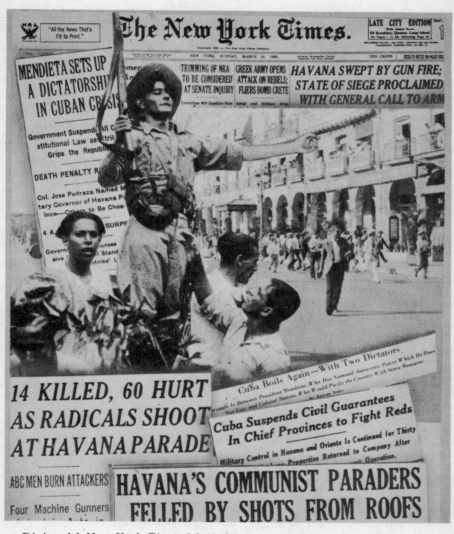

Página del *New York Times* del 10 de marzo de 1935, y otros titulares, comentando la crisis en Cuba.

el año de 1934 no pudieron celebrarse. El desasosiego, la paralización de los negocios y la actuación de la Casa Blanca fueron tan intensos, al ser vencida la huelga de marzo, muertos los jefes, y exiliados sus principales personajes, entre ellos el propio doctor Grau, que provocaron un gran anhelo de paz.

Los partidos de Grau, de Alejandro Vergara y de Martínez Sáenz reanudaron la petición de comicios constituyentes, pero Menocal, secundado por los demás jefes de partido, advirtió enérgicamente que si se efectuaban elecciones de constituyentes antes que las presidenciales, su partido, el más fuerte en esos momentos, se abstendría de tomar parte en esos comicios.

La petición de elecciones generales, hecha por Menocal y otros núcleos electoralistas, encontró en el director del *Diario de la Marina*, Pepín Rivero, un campeón decidido. Secundado por Oscar Zayas, director del periódico *Avance*, se dieron a la tarea de reconciliar las tendencias políticas. Lograron convencer a todos los grupos tradicionales, no así al doctor Grau, que al morir Guiteras asumió la dirección de todos los revolucionarios democráticos; a Martínez Sáenz, del ABC; y a Vergara, del Partido Agrario Nacional.

No hizo caso el coronel Mendieta de la exigencia revolucionaria y convocó a elecciones generales. Se formaron dos grandes coaliciones. Una apoyaba la candidatura de Menocal, que llevaba de vicepresidente al doctor Gustavo Cuervo Rubio. Otra, al doctor Miguel Mariano

Aniversario de la independencia de Cuba durante el gobierno de Mendieta.
(Wide World)

212

Gómez, hijo del caudillo liberal José Miguel Gómez, que era acompañado en la vicepresidencia por el doctor y coronel Federico Laredo Bru. Iniciadas las elecciones, Menocal acusó a Mendieta de parcialidad en favor de la candidatura de Gómez. "El Solitario de Cunagua", como se llamaba al presidente Mendieta, que desde la época de Machado se había retirado a sembrar caña, renunció. Le sustituyó José A. Barnet, que ocupaba la Secretaría de Estado, y que como primer magistrado llevó el proceso eleccionario hasta la celebración de las elecciones el 10 de enero de 1936. Triunfó Miguel Mariano, tomando el cargo el 20 de mayo de 1936.

216. RESUMEN DEL GOBIERNO DE MENDIETA — LA ABOLICIÓN DE LA ENMIENDA PLATT

Mendieta hubiera preferido, de las dos clases de elecciones, la de constituyentes. Así lo declaró al hacer convocatoria de las generales. Pero los acontecimientos dominan a los hombres.

La firma del tratado que abrogó la Enmienda Platt. Por los Estados Unidos el secretario de Estado Cordell Hull y por Cuba el embajador Manuel Márquez Sterling.

En el orden internacional Mendieta se apuntó varios éxitos: abolición de la Enmienda Platt, reforma del Tratado de Reciprocidad Comercial, y concesión de una cuota azucarera a favor de los Estados Unidos.

La abolición de la Enmienda Platt la negociaron, en La Habana el secretario de Estado Cosme de la Torriente, y en Washington Manuel Márquez Sterling directamente con el secretario y el subsecretario de Estado, Cordell Hull y Sumner Welles. Se firmó el 29 de mayo de 1934.

Un nuevo tratado comercial y el acuerdo de cuotas azucareras se firmaron en el curso de ese año. Roosevelt, creador de la política del Buen Vecino, decidió sustituir la onerosa tarifa Hawley-Smoot por dichas cuotas de importación determinadas por la ley Costigan-Jones.

Firmas del tratado.

IN FAITH WHEREOF, the respective Plenipotentiaries have signed the present Treaty and have affixed their seals hereto.

DONE in duplicate, in the English and Spanish languages, at Washington on the twenty-ninth day of May, one thousand nine hundred and thirty-four.

EN FE DE LO CUAL, los Plenipotenciarios respectivos han firmado el presente Tratado y han estampado sus sellos.

HECHO por duplicado, y en los idiomas inglés y español, en Washington el día veinte y nueve de mayo, de mil novecientos treinta y cuatro.

La situación de Cuba mejoró notablemente, pues subieron los precios del azúcar, y empezaron a atenderse todos los renglones de los presupuestos.

No hay dudas de que el gobierno de Mendieta tuvo aciertos económicos. Dictó una moratoria para las deudas del Estado, hasta que se recaudaran 70 millones de dólares anualmente, y comenzaron a reordenarse los impuestos, especialmente aquellos que ayudarían a mantener las escuelas cívico-rurales, en las que se mostraba muy interesado el coronel Batista.

El gobierno de Mendieta, naturalmente, tuvo sus errores, pero no se lo puede considerar un gobierno reaccionario, ni tampoco contrarrevolucionario, si por tal se entiende cerrar el paso al comunismo, es decir, a quienes aspiran a sovietizar el mundo occidental.

LAREDO BRU–CONCILIACIÓN NACIONAL

217. MIGUEL MARIANO GÓMEZ, VÍCTIMA DEL CONFLICTO CÍVICO-MILITAR

Al iniciarse el gobierno del presidente Gómez, el problema más serio fue el lograr el entendimiento entre las fuerzas militares y las políticas originadas por la Revolución del 33. Cuba corría el riesgo de caer en el círculo vicioso y crónico de los golpes militares al estilo de la mayor parte de las naciones latinoamericanas. Este dilema se resolvió, como se verá, en la Constitución de 1940. Fue un compromiso na-

Miguel Mariano Gómez Arias (1890–1950). Hijo del general y expresidente José Miguel Gómez, fue alcalde de La Habana dos veces con bastante éxito y se destacó en la lucha contra el machadato. Fue electo presidente el 10 de enero de 1936 y depuesto el 23 de diciembre de 1936 ante la pugna que sostuvo con el coronel Batista. El doctor Gómez trató con gran, y quizás excesivo, entusiasmo de devolver el poder público a manos civiles y normalizar la vida republicana.

cional de paz y justicia social, aceptado por todas las fuerzas políticas activas y por los militares.

El presidente Gómez y el jefe del Ejército coronel Batista chocaron por la creación de las escuelas cívico-rurales patrocinadas por el último. Tenían por objeto estas escuelas reducir el analfabetismo del campesinado. Como el proyecto de ley presentado en la Cámara no establecía una adecuada vigilancia de parte de la Secretaría de Educación, muchos temieron, entre ellos el mismo secretario Luciano Martínez, que fueran utilizadas para militarizar a la juventud. En realidad se trataba de una confrontación entre el poder civil y el militar.

Gómez anunció que vetaría la ley. Batista se preparó para derrocarlo. Para muchos significaba una rémora en la marcha democrática de Cuba. Acusado Gómez por la Cámara, el Senado, por votación de 24 contra 12, lo destituyó. Gómez fue sacrificado para evitar una dictadura militar y mantener la apariencia de régimen civil. Más tarde, en 1950, el Congreso rehabilitó a Gómez, declarando que no había sido culpable de aquella supuesta infracción constitucional.

Destitución de Miguel Mariano Gómez en 1936. José Manuel Gutiérrez, senador por Matanzas, defiende al presidente Gómez. (Wide World)

Federico Laredo Bru (1875–1946) asumió la presidencia al ser destituido Miguel Mariano Gómez con el que había sido electo vicepresidente en 1936. Laredo, por fortuna, fue la persona ideal en ese difícil período de transición. Fue un presidente conciliador. Su principal logro fue la realización de una Asamblea Constituyente que culminó con la creación de la Constitución de 1940, producto de un proceso pulcrísimo y democrático, en el que inclusive participaron delegados comunistas. Además, importantes leyes económicas y administrativas fueron decretadas e implementadas y se dio particular impulso a la creación de escuelas rurales e institutos de segunda enseñanza. Fue un gobierno de estabilidad y progreso.

218. LA PRESIDENCIA DE LAREDO BRU — CONCILIACIÓN NACIONAL

A la caída de Gómez, ocupó la presidencia el vicepresidente, doctor y coronel Federico Laredo Bru. Comprendió éste en el acto que el civilismo, para triunfar, tendría que elegir una asamblea constituyente, como lo venía demandando un crecido número de elementos políticos, y se dio a la tarea de resolver ante todo dos problemas, producto de la agitación revolucionaria: la apertura de todos los centros docentes y el regreso de los exiliados. Lo primero se logró con la aprobación de la nueva ley presentada en el Senado por Ramón Vasconcelos, jefe del Partido Liberal; y lo segundo, con la feliz intervención de su secretario de Defensa, Juan J. Remos, y la gestión, a nombre del exilio, del director del periódico *Ahora*, Guillermo Martínez Márquez. Laredo Bru contó con el apoyo del coronel Batista, interesado en despejar el camino hacia las elecciones de constituyentes.

219. LA CONSTITUYENTE DE 1940

Con gran agilidad continuaba el presidente Laredo Bru su labor conciliadora. Habiendo vuelto a Cuba el doctor Grau San Martín y el jefe del ABC, Martínez Sáenz, el presidente logró el acuerdo de todos los líderes de la oposición. En una reunión en la finca *Párraga*, lugar de veraneo del presidente, Grau y Batista se dieron un abrazo en presidencia de los representantes de todos los partidos y acordaron la fórmula electoral. Se redactó un nuevo código, a iniciativa de Gustavo Gutiérrez, Carlos Márquez Sterling y Miguel Suárez Fernández. Se fijó para dichas elecciones el 15 de noviembre de 1939.

Ramón Vasconcelos. Brillante escritor y diarista.
Polemista excepcional, rehabilitó por su campaña
periodística al Partido Liberal a raíz de la
Revolución de 1933.

Federico Laredo Bru, presidente de Cuba, conversando con el coronel Fulgencio
Batista, jefe del Ejército. (Wide World)

Santiago Verdeja y Neira. Presidente
del Partido Conservador, senador y
presidente de ambas cámaras.
También fue presidente del Conjunto
Nacional Democrático.

Las elecciones a la nueva constituyente fueron honestas. Se efectuaron en un clima de paz y armonía. Las ganó la oposición. Ésta eligió
41 delegados y el gobierno 35. Batista aceptó su derrota. Renunció a
la jefatura del Ejército y asumió la dirección de los partidos que, agru

Emilio Núñez Portuondo. Secretario
de la Asamblea Constituyente de 1940
y brillante embajador de Cuba a las
Naciones Unidas de 1952 a 1959.

Constitución de 1940. (Arriba) edificio y (abajo) mesa donde se firmó.

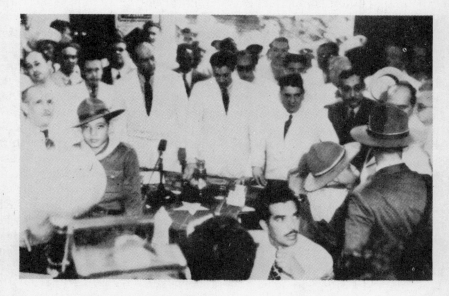

pados con el nombre de *Coalición Socialista Democrática*, le ofrecieron la nominación presidencial.

La Constitución de 1940 fue una de las más progresistas de América. En materia de derechos civiles recogía los principios más avanzados. En cuanto al orden social y económico, resultó excelente, marcando pautas educativas y culturales, además de facilitar el desarrollo de todos los factores agrícolas e industriales. Tal vez resultó demasiado específica para un cuerpo de doctrinas. En cuanto a la forma de gobierno, propiciaba el semiparlamentarismo e introducía la novedad de crear el cargo de Primer Ministro, el margen adicional que le permitiría resolver crisis entre los poderes gubernamentales y así fomentar la concordia nacional. Debe aclararse que esto no fue aprovechado por Batista y sus sucesores.

El poder legislativo comprendía Cámara y Senado, electos por cuatro años, renovándose éste totalmente cada cuatro años y la Cámara, por mitades cada dos años. En cuanto a los gobiernos provinciales y municipales, introdujo inadecuadas reformas, que tornaban ineficaces a los primeros y poco funcionales a los segundos. La discusión del articulado comenzó en el mes de febrero de 1940, y constituyó una lección cívica para el pueblo de Cuba. La radio llevó a todos los hogares de la nación los debates de sus delegados, creando un gran fervor patriótico y acrecentando la fe del pueblo en sus destinos. Nunca estuvieron más identificados los cubanos con sus instituciones políticas como en 1940.

Para presidir las elecciones se eligió al doctor Ramón Grau San Martín. El jefe auténtico no conocía bien el tejemaneje parlamentario. Como aspiraba a la presidencia de la República, en las elecciones generales trataba de agradar a aquellos delegados que movían las masas con proyectos ajenos a los asuntos constitucionales. La Convención, por consiguiente, se veía interrumpida con frecuencia, y se empezó a temer que se terminara el plazo sin llegar a promulgar la carta. Al romper el general Menocal la mayoría convencional y declarar su apoyo a la candidatura de Batista, Grau renunció a la presidencia de dicha asamblea y fue electo el doctor Carlos Márquez Sterling que, anteriormente, había presidido la Cámara de Representantes. Fue la actuación decisiva de Márquez Sterling que permitió un desenlace satisfactorio para todos. El 8 de junio de 1940 se aprobó la carta, ratificada después en Guáimaro. Era un triunfo para la nación. El país quedaba ordenado. El creciente poder militar se detenía ante la ciudadanía. Bien pudo decir Márquez Sterling, al promulgar la nueva constitución, que en aquel documento la voz del pueblo cubano se hacía sentir por primera vez.

220. BALANCE DEL GOBIERNO DE LAREDO BRU

El gobierno de Laredo Bru fue excelente. Ajustó su conducta a las realidades de la vida política de entonces, contando con la ayuda del coronel Batista, que no interfirió en las decisiones del primer magistrado.

CONVENCIÓN CONSTITUYENTE DE 1940

Pocos eventos en la historia de Cuba han tenido tanta trascendencia como el de la creación de la Constitución de 1940. Aparte del triunfo electoral y constitucional que representó, fue un proceso cubanísimo y eminentemente democrático. La voz del pueblo se hizo sentir a través de sus delegados de todos los partidos, inclusive los del Partido Comunista. En las palabras de José Manuel Cortina pronunciadas en una de las reuniones iniciales:

La patria de Martí tiene que ser de todos,
con todos y para el bien de todos.

Cada agrupación política envió sus mejores hombres. En estas páginas vemos algunos de ellos. No todos se encontrarán aquí, por falta de espacio unos, y otros, los comunistas, por razones obvias.

Carlos Márquez Sterling
Presidente de la Convención Constituyente

Emilio Núñez Portuondo
Secretario de la Convención Constituyente

José Manuel Cortina García
Presidente de la Comisión Coordinadora
de la Convención Constituyente

Emilio Ochoa Ochoa

Eusebio Mujal Barniol

Orestes Ferrara y Marino

José Manuel Casanova

Carlos Prío Socarrás

Gustavo Cuervo Rubio

Miguel Coyula Llaguno

Francisco Ichaso y Macía

224

Oscar de la Torre

Rafael Guas Inclán

Primitivo Rodríguez Rodríguez

Ramón Zaydín y Márquez

José R. Andreu Martínez

Jorge Mañach Robato

Antonio Bravo Acosta

Eduardo Chibás

Alfredo Hornedo y Suárez

Miguel A. Suárez Fernández

Ramón Corona García

Joaquín Martínez Sáenz

Antonio Martínez Fraga

Aurelio Álvarez de la Vega

Pelayo Cuervo Navarro

Quintín George Vernot

El coronel Batista con Manuel Benítez (izquierda), jefe de
la Policía, en Pinar del Río, 1936. (Wide World)

De 1936 a 1940, se registraron actividades, beneficiosas unas,
perjudiciales otras, pero de saldo positivo.

Una de las leyes más perjudiciales de aquel período fue la llamada
ley de Rehabilitación del Crédito Público, que revalorizaba los bonos
de Obras Públicas. Éstos habían sido rechazados por el gobierno de
Grau y se contraían a los financiamientos de la época de Machado. Esta
ley fue muy censurada, porque se le insertó la deuda del Estado con
los ferrocarriles.[1] Fue vetada por el presidente Laredo Bru, pero el
Congreso la reconsideró.

En cambio, una de las más importantes para Cuba fue la ley
llamada de *Coordinación Azucarera*. Esta ley hacía época en los anales
de la economía cubana, puesto que regulaba los jornales azucareros
de acuerdo con el precio del azúcar, aseguraba la permanencia de la
tierra al que la trabajaba y dejaba preparado el camino de una amplia
y beneficiosa reforma agraria.

El gobierno Laredo Bru-Batista continuó la carrera ascendente
iniciada con la Revolución de 1933. Se reorganizó la enseñanza, las
granjas agrícolas, los institutos y escuelas normales y de comercio.
De 6,972 aulas saltó la enseñanza pública a 8,796, aumentando notablemente el número de maestros.

---

[1] El Estado cubano le debía a las Empresas de Ferrocarriles unos 12 millones por distintos
servicios prestados a gobiernos anteriores.

1940-1944
BATISTA PRESIDENTE

221. LAS ELECCIONES DE 1940 — LA PRESIDENCIA DE BATISTA

El presidente Roosevelt invitó en noviembre de 1938 al coronel Batista, por medio del general Malin Craig, a tomar parte en los festejos del Día del Armisticio de la Primera Guerra Mundial. El subsecretario de Estado Sumner Welles recibió a Batista en la Union Station. Se mostró muy cordial. En su libro *The Time for Decision* lo calificó de figura brillante de la Revolución cubana.

El coronel Batista visitó también a México. Fue muy agasajado allí por el entonces presidente Lázaro Cárdenas. Tras este viaje surgió la idea de reconocer al Partido Comunista. Este partido, que contaba con Blas Roca como secretario general y con Lázaro Peña como líder obrero, le hacía falta a Batista para contrarrestar la influencia de Grau, que gozaba de grandes simpatías entre las clases laborales.

En las elecciones presidenciales del 14 de julio de 1940 compitieron la Coalición Socialista Democrática, con la candidatura Batista-Cuervo Rubio, y la Alianza Grausista de auténticos, abecedarios y republicanos, con la candidatura Grau-Carlos de la Cruz. La ventaja estaba de parte de Batista, debido a que el voto era preferencial. No se votaba por la presidencia ni por las senadurías, sino únicamente por los representantes. Dado que Batista agrupaba 7 partidos en su favor y Grau 3, aquél contaba con un crecido número de representantes que le aseguraba la mayoría.

Aunque la Constitución de 1940 había reconocido el voto libre y directo, debido a que dicho texto no entraba en vigor hasta el 10 de octubre de 1940, las elecciones se efectuaron al amparo del viejo sistema. El procedimiento fue incorrecto, pero no ilegal. En efecto,

Carlos Saladrigas. Primer ministro de 1940–1942 y candidato a la presidencia en 1944 que perdió con Grau San Martín.

Batista ganó las seis provincias y tomó posesión de la presidencia el 10 de octubre de 1940. Se restablecía así el poder civil. Una de las primeras medidas fue desmilitarizar las escuelas, lo que había provocado cuatro años antes la confrontación cívico-militar. Para el nuevo cargo de Primer Ministro, Batista seleccionó al doctor Carlos Saladrigas y Zayas, que tenía madera de estadista.

222. INTENTOS DE GOLPE DE ESTADO — SE SUBLEVA PEDRAZA — LA ORPA

Bajo el gobierno de Batista se construyeron grandes hospitales, se impulsaron las obras públicas y se reparó la red de carreteras de la Isla, sobre todo la Carretera Central. En febrero de 1941 el coronel Pedraza, en compañía de algunos jefes militares, trató de derrocar a Batista. Éste, actuando con rapidez y decisión, pudo desbaratar la conspiración, y se mostró generoso con sus adversarios.

En este período fue cuando Cuba se vio envuelta en la Segunda Guerra Mundial al lado de las naciones demócratas. Éstas necesitaban del azúcar no sólo como alimento, sino como materia prima para muchos productos industriales, e hicieron grandes compras. Con esto mejoró notablemente la economía del país, pero continuaba el descontento contra el gobierno, debido al racionamiento de víveres y la escasez general a causa de la guerra. Para organizar el abastecimiento se creó la Oficina de Regulación de Precios y Abastecimientos (ORPA), a cuyo frente se puso al ingeniero Carlos Hevia.

223. LA JORNADA GLORIOSA

Al acercarse las elecciones de 1944, se vio que Grau y el Partido Auténtico no concurrirían a dichos comicios si no se reformaba el Código Electoral y se establecía el voto directo y libre.

Batista no se podía reelegir, pues la Constitución de 1940 no lo permitía antes de transcurridos ocho años después del primer período. Se nombró en el Congreso una comisión. Después de varias reuniones entre representantes del gobierno y de la oposición, se llegó al acuerdo de reformar por completo la legislación electoral. Se votó el *Código del 43*.

Conforme a estos acuerdos se alinearon los partidos de la Coalición Socialista Democrática, integrada por liberales, conjuntistas, comunistas y abecedarios, que llevaban de candidatos a la presidencia y a la vicepresidencia, respectivamente, a los doctores Carlos Saladrigas y Ramón Zaydín; y la Alianza Auténtico-Republicana, que integraban la fórmula Grau, presidente, y Raúl de Cárdenas, vicepresidente. El artífice de esta coalición política fue el doctor Guillermo Alonso Pujol.

Ramón Zaydín y Márquez (1895–1968). Orador y escritor elocuente, profesor y político cubano de gran renombre como jurisconsulto y legislador social. Su labor en la creación de legislación fue brillante. Fue primer ministro de 1942 a 1944.

Guillermo Alonso Pujol. Fue varias veces presidente del Senado de la República, artífice de la Coalición Auténtico-Republicana que ganó las elecciones de 1944 y 1948, y vicepresidente de 1948 a 1952.

Existían grandes temores de que el presidente Batista apelara a los resortes públicos para elegir al candidato de la coalición gubernamental. Batista se encargó de disipar estas dudas con un discurso decisivo, pronunciado en un almuerzo en el Club Rotario, al declarar enfáticamente que las elecciones serían honradas y se respetaría la voluntad popular. En consecuencia, ganó en los comicios el doctor Grau, y uno de sus partidarios más entusiastas, el senador Eduardo Chibás, calificó de "jornada gloriosa" para el pueblo de Cuba aquellas elecciones del primero de junio de 1944. Grau tomó posesión de la presidencia el 10 de octubre. Batista, respetado por sus adversarios y admirado por sus adeptos, partió de Cuba en viaje de recorrido por América. Se había portado correctamente.

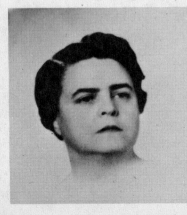

María Gómez Carbonell (1903–   ). Poetisa, educadora y estadista cubana, fundó la Alianza Nacional Feminista y siempre ha figurado en el primer rango en la vida cubana.

Manuel Capestany y Abreu
(1891–   ), popular abogado y
senador por Las Villas durante
muchos años, fue uno de los
principales opositores a la reelección
de Machado. Contribuyó de manera
decisiva a la rehabilitación del Partido
Liberal, y defendió la candidatura de
Núñez Portuondo en 1948. El doctor
Capestany ha sido siempre un
legislador cubanísimo y de conducta
intachable.

224. SALDO DEL GOBIERNO DE BATISTA

El gobierno constitucional del general Batista fue realmente
fecundo en todos los ramos de la administración. Las recaudaciones
llegaron a más de 200 millones de dólares. Los presupuestos crecieron
y se crearon nuevos servicios públicos. Siempre se preocupó Batista
por la enseñanza pública. Dedicó a ésta el 17% del presupuesto. Se
crearon institutos y escuelas, entre ellas la de periodismo *Manuel
Márquez Sterling*.

Un error del coronel Batista fue aliarse con el comunismo e incluir en su gabinete a dos ministros sin cartera,[1] Carlos Rafael Rodríguez y Juan Marinello, comunistas que hoy colaboran con Fidel
Castro. Batista atribuyó ese paso a las exigencias de la guerra, ya que
la Unión Soviética era aliada de Inglaterra y los Estados Unidos
contra el nazismo alemán. La Isla se vio rodeada de submarinos alemanes. Un espía alemán fue fusilado.

Durante este gobierno fue muy notable la actuación del embajador
estadounidense Spruille Braden, que prohibió a las compañías de su
país que hicieran contribuciones de dinero en las campañas presidenciales. Esta decisión favoreció al doctor Grau, y debilitó al candidato
del gobierno, doctor Saladrigas.

Batista se valió del estado de emergencia declarado por el Congreso. Éste permitía al Consejo de Ministros legislar durante cuarenta
y cinco días, siempre que el Congreso ratificara dicha legislación.

[1] miembro del gabinete sin secretaría o ministerio definido

Eduardo Suárez Rivas (1903–   ).
Eminente legislador, el doctor Suárez
Rivas ingresó a la Cámara de
Representantes por Las Villas en 1936
y sirvió en el Senado de 1940 a 1958
y de 1944 a 1946, presidiéndolo. Fue
ministro de Agricultura en el gobierno
de Prío Socarrás. Llevó a cabo una
gran labor en la legislación social,
especialmente en el período 1948–1959.
Firmó el Pacto de Montreal en 1953
contra el batistato y ha sido uno de
los principales combatientes en el
exilio contra el castrocomunismo.

Aprovechando la autorización constitucional, se regularon las contribuciones, se estableció el impuesto sobre la renta y el ministro de Hacienda, doctor Oscar García Montes, pudo desarrollar verdaderas reformas que fueron muy beneficiosas para la administración pública.

Unas de esas reformas, denominada *Violentación de Impuestos*, para aumentar sueldos, gratificaciones, dotación de hospitales, plazas de profesores y maestros, pensionados y jubilados, fue marcada por medio del inciso K, uno de los más importantes. Éste fue combatido por el Partido Auténtico y su representación en el Congreso. Más tarde, durante el gobierno de Grau, se convirtió en una verdadera mina para las recaudaciones. Al amparo del mismo, por filtraciones y gastos superfluos nunca supervisados, se hicieron grandes fortunas, como la del secretario de Educación José Manuel Alemán.

Durante el gobierno de Batista se abusó de las exenciones arancelarias. Se dictaron varios decretos que fueron fuente de enriquecimiento para muchos funcionarios corruptos.

La economía, que al principio de la guerra pareció afectada, reaccionó después. Las exportaciones, que en 1943 habían sido de 182,391,000, en 1944 llegaron súbitamente a 443,095,000. Elaboraron estas leyes económicas los senadores Aurelio Álvarez, Ramón Zaydín, Eduardo Suárez Rivas y otros. En resumen puede afirmarse que Batista, pese a la corrupción administrativa, fomentó el progreso del país.

25

1944-1948
GRAU SAN MARTÍN–
LA CUBANIDAD ES AMOR

225. GRAU Y LOS AUTÉNTICOS EN EL PODER (1944–1948)

El triunfo del doctor Grau, aunque por vías legales, provocó otra revolución. Subió con él al poder la clase media inferior y la vanguardia del obrerismo anticomunista, dando al gobierno un fuerte carácter democrático y civilista. Además, volvían los estudiantes del 27 y del 30, maduros ya para las tareas de gobierno.

En cuanto asumió el mando, comenzó Grau a deshacer la obra de Batista. Reorganizó el ejército, al que temía; transformó el cuerpo de policía; dejó cesantes a los empleados que habían respaldado al gobierno de Mendieta durante la huelga del 35; suprimió la bandera del 4 de septiembre, admitida por la Constitución del 40 para las fuerzas armadas; paralizó y pospuso todas las obras de construcción del gobierno anterior, especialmente el hospital de Topes de Collantes, por el que el general Batista mostraba el mayor interés.

Pero, sobre todo, Grau se hizo el desentendido respecto a los grupos revolucionarios, con lo que se desató nuevamente el gangsterismo. Se desmandaron los grupos UIR (Unión Insurreccional Revolucionaria), ARG (Acción Revolucionaria Guiteras) y MSR (Movimiento Socialista Revolucionario). Agravó esta situación, admitiendo miembros rivales de estas asociaciones en la policía. El resultado fue la batalla de *Orfila,* en Marianao, entre la UIR y el MSR, con enorme saldo de muertos y heridos. Para poner fin a esta batalla, sacó los tanques a la calle. Por otra parte, se negó a darle garantías al general Batista, que viajaba por América, para que pudiera regresar a vivir en Cuba. Éste, que tenía muchos enemigos dentro de aquellos grupos revolucionarios, se vio obligado a exiliarse en la Florida.

226. CORRUPCIÓN Y VIOLENCIA — TRUEQUES Y MALVERSACIONES

En este clima de discordia, cayeron muchos militares y amigos del general Batista, y el doctor Grau no se preocupó por frenar la violencia, pues creía que echando a pelear a esos grupos entre sí, iba a deshacerse de ellos. El gobierno auténtico representó una gran decepción. A pesar de que el lema auténtico desde la Revolución del 33 siempre fue el de establecer la honradez administrativa, el resultado fue todo lo contrario.

Sin embargo, el alza de los precios del azúcar y el estímulo que habían recibido las nuevas industrias provocó un gran aumento en lás recaudaciones. Cuba nadaba en la abundancia. Los presupuestos llegaban a 300 millones anuales. El inciso K se había convertido en una mina de oro. Gracias a él, recibían jugosas sinecuras y grandes sueldos sin trabajar los infames "botelleros". Más adelante, para ganar las elecciones, se constituyó un grupo político dirigido por el ministro de Educación, José Manuel Alemán, y Francisco Grau, sobrino de Grau, que era ministro de Agricultura.

En esa época se puso en práctica por el Ministerio de Comercio los llamados *trueques*, que consistían en cambiar azúcar por diversos productos traídos del extranjero. Estas operaciones eran beneficiosas. No así la administración de los créditos, con cargo a los cuales se

Demostración popular frente al palacio presidencial durante la huelga general de trabajadores, enero de 1947. (Wide World)

prodigaban comisiones que enriquecían a ministros, senadores y representantes.

Los trueques provocaron interpelaciones en el Senado y en la Cámara, y la leyenda de la honestidad administrativa desapareció. Se organizaron grupos que apedreaban el Capitolio para evitar más interpelaciones en el Congreso. Estos ataques llegaron al colmo cuando se interpeló en el Senado al ministro Alemán. Se dijo que funcionarios de Hacienda y de Educación habían sacado de Cuba, en maletas, casi 100 millones de dólares, invertidos más tarde en Miami, ciudad que se había convertido en la meca de los malversadores. Esta corrupción provocó la división del autenticismo. En protesta por aquellos atropellos constantes se separaron los senadores Eduardo R. Chibás y Emilio Ochoa. Fundaron el Partido del Pueblo Cubano que, al adoptar el abandonado programa de regeneración y honestidad en defensa de Cuba, recibió el sobrenombre de *Ortodoxo*. Éste nutría sus filas con los desilusionados auténticos. Chibás, por la estación de radio CMQ, predicaba semanalmente su doctrina, y llegó a tener un auditorio de más del 45%. Su hora era un éxito. Su partido, que adoptó como símbolos la escoba y el sombrero guajiro de *yarey*,[1] se formaba lentamente, al grito de "Vergüenza contra dinero", lema del partido de Muñoz Marín en Puerto Rico.

Durante este gobierno ocurrieron cosas realmente inexplicables. Un día desapareció del Capitolio el gran diamante del kilómetro cero de la Carretera Central, enmarcado allí dentro de un arco de oro desde la época de Machado. Pero lo más curioso es que apareció, misteriosamente, en la mesa del despacho del presidente Grau.

227. LA LEGIÓN DEL CARIBE — CAYO CONFITES — LAS ELECCIONES DE 1948

No sabiendo que hacer el presidente con los grupos revolucionarios que perturbaban su gobierno, les permitió organizarse en *Cayo Confites* para que, con ayuda de la *Legión del Caribe*,[2] derrocaran al presidente de Santo Domingo, Rafael Leónidas Trujillo. En uno de estos grupos apareció Fidel Castro, enrolado en la aventura. Se gastaron más de 3 millones de dólares en la compra de barcos, armas y recursos bélicos, facilitados por el Ministerio de Educación. La opinion pública estaba escandalizada. Pero un día, por consejo del jefe del Ejército Genovevo Pérez Dámera e insinuaciones de Washington, ordenó el presidente que se desbandara la expedición.

[1] hoja de palma tejida

[2] frente interamericano del Caribe con el propósito de precipitar la caída de Trujillo en la República Dominicana

Elecciones de 1948, propaganda electoral. (Frederic Lewis)

Se acercaban las elecciones a principios de 1948, y el gobierno dedicó una verdadera millonada para ganarlas. Los candidatos fueron: por la Alianza Auténtico-Republicana, Carlos Prío Socarrás y Guillermo Alonso Pujol; Ricardo Núñez Portuondo y Gustavo Cuervo Rubio por la Coalición Liberal-Demócrata; Eduardo R. Chibás y Roberto Agramonte por la Ortodoxia; y Juan Marinello y Lázaro Peña por el Partido Comunista, a quien nadie quería tener por socio en aquellas elecciones. En un momento de la campaña pareció que Núñez, cirujano bien conocido por su arte y su ciencia, podía salir victorioso. Pero el autenticismo desató sobre él una campaña de calumnias y acusaciones con la que lo derrotó. Los ortodoxos quedaron en tercer lugar, y los comunistas muy atrás. Prío tomó posesión de la presidencia el 10 de octubre de 1948.

228. LOGROS DE LA ADMINISTRACIÓN DE GRAU

Grau no se vio exento de intentonas revolucionarias y conspiraciones para derrocarlo. Las más importantes fueron las conocidas con el nombre de la *Capa Negra,* dirigida por el periodista Ernesto de la Fe, y la del *Cepillo de Dientes,* encabezada por el coronel Pedraza. Fueron fácilmente dominadas por el jefe del Ejército Pérez Dámera.

Constructiva fue la administración de Grau en materia de Obras Públicas. El ministro de éstas, Pepe San Martín, sobrino suyo, cons-

Calle típica de La Habana. (Frederic Lewis)

truyó bien y rápidamente. Surgieron carreteras como la Vía Mulata y la Vía Blanca, que enlazaban una red de ellas por toda la Isla.

En legislación social, se aprobaron leyes muy beneficiosas. A iniciativa del ministro del Trabajo Carlos Azcárate, se reorganizó la Sección de Estudios Sociales. Se preparó un proyecto de ley creando el Banco de Seguros Sociales, que en la administración anterior se había tratado de establecer.

Grau dictó una medida de gran popularidad: *la jornada de verano.* Ordenaba el cierre de los establecimientos comerciales durante ciertos días de la semana en los meses de junio, julio y agosto. Con respecto a la vivienda, autorizó por decreto a los dueños de casas a subir los alquileres en sólo un 10%. Estableció en los llamados *Ómnibus Aliados,* la jornada de seis horas con pago de ocho. Grau se ocupó asimismo de los veteranos, disponiendo por ley que se les abonaran sus pensiones, y reintegrándoles en total las disminuciones que habían venido sufriendo. Hubo veteranos o viudas de veteranos que recibieron cheques por 15 y 20 mil pesos, además de su mensualidad corriente. En todo puso la mano el doctor Grau. En la agricultura, en las industrias, en los fondos de estabilización del tabaco, en la reforma de los impuestos, en la política internacional y, sobre todo, en el llamado *Diferencial Azucarero,* en beneficio de los trabajadores y obreros del azúcar. Por razón de este decreto, Grau dispuso que se captaran las diferencias en los costos y el precio final del azúcar, para que dichas diferencias se repartieran a fin de año

El central Hershey, moderno ingenio de azúcar. (Compárese con las fotografías de las páginas 69 y 73). (Wide World)

entre los obreros azucareros. Esta medida, beneficiosa para el pueblo en general, tuvo tal impacto que cuando el Tribunal Supremo la declaró inconstitucional, por no tener el presidente facultad para legislar, nadie se atrevió a enfrentársele y así continuó la situación.

Grau dejaba a su sucesor, el doctor Prío, un país, si bien corrompido en el orden político y administrativo, nadando en abundancia y en plena fase de progreso.

Vista típica del puerto de La Habana en 1948. (Frederic Lewis)

26

1948-1952
PRÍO SOCARRÁS–
DESORDEN, PROSPERIDAD
Y MADRUGÓN

229. EL GOBIERNO DE PRÍO SOCARRÁS (1948–1952)

Prío llegó a la presidencia diciendo: "Yo quiero ser un presidente cordial". En efecto lo era. Conservaba los modales juveniles de su época de estudiante. Como demostración de su cordialidad, levantó el destierro que pesaba sobre Batista, electo senador por Las Villas, dentro de la coalición Liberal.

El doctor Prío, poseedor de una gran simpatía personal, fue muy bien recibido por la nación. Ésta deseaba un freno vigoroso contra la corrupción y el gangsterismo. Consciente de dicho anhelo, Prío pidió al Congreso una ley que remediara esas lacras, y la ley le fue concedida. Iniciando lo que él llamó los "Nuevos Rumbos", Prío rompió con Grau, y sacó de los puestos claves a familiares y amigos de éste.

Respetuoso de las libertades públicas y queriendo demostrar que Cuba era de todos, Prío puso fin a la persecución contra los amigos y partidarios de Batista. Autorizó a éste, en ocasión de su regreso, a que escogiera su guardia personal. Durante su gobierno se promulgaron muchas leyes. Quería convertir en realidades los objetivos de la Constitución de 1940. Se crearon el Banco Nacional, el Banco de Fomento Agrícola Industrial y el Tribunal de Cuentas. Las dos primeras instituciones beneficiaron grandemente la economía de Cuba, que continuaba en franco proceso de desarrollo.

Prío calificó al gobierno anterior de mala herencia para el suyo. A pesar de sus buenas intenciones, la corrupción continuaba y las

Carlos Prío Socarrás. Nació en La Habana en 1903. Durante sus estudios de derecho en la Universidad de La Habana fue líder destacado del Directorio Estudiantil Universitario y luchó contra el machadato. Fue senador por Pinar del Río de 1940 a 1948 y resultó electo presidente de la República en 1948. Inició la política de los Nuevos Rumbos y formó un gabinete ministerial de hombres capaces. Fue un gobernante democrático, cordial y constructivo. Bajo su gobierno, Cuba experimentó grandes adelantos materiales. Poco antes de las elecciones de 1952, Batista lo derribó forzándolo a exiliarse. Regresó a Cuba en 1959 después de haber contribuido decisivamente a la caída de Batista, pero nuevamente tuvo que exiliarse al ocurrir la contrarrevolución castrocomunista. (UPI)

pandillas seguían atacándose entre sí. Era tan difícil dominar esta situación y poner freno a los atentados personales, en uno de los cuales cayó abatido a balazos un miembro del Congreso, que el jefe de Policía, general Quirino Uría, renunció. La policía nuevamente entró en crisis. Cooperaban en mantener la agitación la revista *Bohemia,* que con informaciones reales y deformadas, presentaba a Cuba como el paraíso de los ladrones y malversadores, contribuyendo con su campaña, enlazada con la del nuevo locutor, José Pardo Llada, a desacreditar al poder público. El presidente Prío, en su afán de no lesionar su posición de hombre demócrata y respetuoso del derecho, no actuó con la energía que exigía aquella anómala situación. Se excedieron los jóvenes pandilleros. Se descubrió en el Ministerio de Hacienda que los billetes inutilizados por el uso, en lugar de ser incinerados, habían sido repartidos entre los encargados de quemarlos. El senador Pelayo Cuervo presentó en los tribunales una gravísima denuncia por malversación contra el expresidente Grau, la que alcanzaba a varios millones de dólares.

En estas circunstancias, se efectuaron los comicios de 1950, y Antonio Prío, hermano del presidente, fue derrotado por el alcalde de

La Habana, Nicolás Castellanos. Resultó electo el senador Eduardo Chibás, fiscal implacable del régimen desde su hora radial los domingos a las ocho de la noche, trasmitida por la CMQ; y otro de los voceros de la Ortodoxia, Pardo Llada, fue electo representante por una votación abrumadora. Pero la nota sangrienta y más escandalosa de aquella época la dieron dos jóvenes pandilleros, Fidel Castro y Rafael del Pino, que emboscados en los portales del edificio donde estaba el *Diario de la Marina,* trataron de asesinar al senador Rolando Masferrer cuando éste salía del Capitolio.

Consciente Chibás de la debilidad del gobierno, seguía atacándolo, descubriendo ante la opinión pública reales e imaginarios negocios turbios. Acusó al ministro de Educación, Aureliano Sánchez Arango, de malversar fondos públicos y de poseer un imperio maderero en Guatemala. Sánchez Arango fue a la televisión y exigió pruebas. No las había. La revista *Bohemia* se las había prometido a Chibás. Al carecer de ellas, éste pensó que había perdido su popularidad. Escogió como escenario el micrófono de la CMQ y se disparó un tiro en el pecho, gritando que ésa era su prueba, su último aldabonazo. El propósito falló. Chibás se pegó el tiro cuando ya los canales de la trasmisión se habían cerrado. El pueblo se enteró después. Chibás, conducido a la clínica del doctor Julio Sanguily, se debatió entre la vida y la muerte por más de diez días, al cabo de los cuales falleció. Su entierro constituyó una manifestación de duelo como jamás se había visto en la historia de la República. Este hecho dejó al país

Eduardo Chibás (1907–1951). Chibás fue una de las principales figuras del autenticismo y contribuyó fuertemente al éxito de la candidatura de Grau San Martín en 1944. Fundó el Partido del Pueblo Cubano Ortodoxo y fue candidato a la presidencia en 1948. Opositor enérgico del gobierno de Prío Socarrás, murió pocos días después de intentar suicidarse durante la transmisión de su conocido programa de televisión por la CMQ, el 5 de agosto de 1951.

sumido en la mayor confusión. Se vivía en un ambiente de anarquía política, muy a propósito para un cataclismo político. Y éste no se hizo esperar.

230. LA MADRUGADA DEL 10 DE MARZO DE 1952

En un clima revolucionario, Auténticos y Ortodoxos, los partidos más fuertes, postularon sus candidatos presidenciales para las elecciones del primero de junio de 1952. Los primeros estaban representados por el ingeniero Carlos Hevia y el alcalde de Santiago de Cuba, Luis Caseros, ambos justamente respetados por su probada honradez; los segundos, encabezados por el profesor universitario Roberto Agramonte y el senador Emilio Ochoa, igualmente honestos. Existía un tercer candidato, el general Batista, que aparecía en las encuestas muy detrás de los otros dos, excepto en la provincia de La Habana, donde la diferencia entre los tres era mínima y dependía de las combinaciones senatoriales.

Consciente el general Batista de su inferioridad numérica en las urnas, entró en el campamento militar de Columbia, en las afueras de

El general Fulgencio Batista produce el golpe de estado, el famoso "madrugón" del 10 de marzo de 1952. (Wide World)

La Habana, en la madrugada del 10 de marzo y depuso a Prío, que tomó el camino del exilio vía México. Sin derramamiento de sangre, se adueñó del poder, prometiendo terminar con el gangsterismo y la corrupción administrativa. Este golpe de estado, apoyado por el ejército, no provocó reacción popular y fue aceptado por el país, cansado de la anarquía de los auténticos. Los amigos de Batista se jactaban de que habían ganado las elecciones con sus tres partidos: el blanco, el azul y el amarillo, aludiendo al color de los uniformes de la marina, la policía y el ejército.

231. LOS COMUNISTAS — EL BLOQUE DE PRENSA — NUEVAS CONSPIRACIONES

Sorprendidos los Partidos Auténticos y Ortodoxos por el golpe de Batista, se unieron para integrar la oposición al "régimen del Madrugonazo", como se llamó la entrada de Batista en Columbia. Dicha integración no suponía formar un sólo grupo político, sino colaborar de común acuerdo para derrocar al nuevo régimen militar. Al producirse el golpe, los comunistas corrieron a Columbia y se pusieron a disposición de Batista. Éste rechazó esa cooperación. Días después, con motivo de un incidente en las aduanas con la representación soviética, que se negó al registro que querían llevar a cabo los inspectores, se rompieron las relaciones con el Kremlin, y el comunismo inició sus ataques al régimen. "El gobierno del 10 de marzo —decían los comunistas en un manifiesto que las autoridades dejaron publicarse ha constituido para contener la lucha de las masas, estorbar el logro de la paz y frenar el movimiento antiimperialista".

Se restablecieron las garantías, mediante un decreto constitucional, que recibió el nombre de *Estatuto de Dolores* por haberse promulgado en Semana Santa, en abril de 1952. Se iniciaron gestiones por medio del llamado "Bloque de Prensa", el que presidía Cristóbal Díaz, socio del senador Hornedo, presidente del Partido Liberal y condueño con éste del periódico *El País,* a fin de tener un acuerdo con la oposición. Pero ésta exigió el restablecimiento de la Constitución de 1940, la formación de un gobierno "inequívocamente neutral" y el nombramiento de un presidente por medio del Congreso, que hasta ese momento no había sido disuelto de derecho, aunque lo estaba de hecho. Estas gestiones no llegaron a nada. Batista no aceptó, y a los pocos días disolvió el Congreso, disponiendo al mismo tiempo que se les siguiera pagando sus sueldos a senadores y representantes. Éstos, con poquísimas excepciones, continuaron cobrando sus emolumentos.

Deslindados los campos, comenzaron las conspiraciones, entre las cuales las más notables fueron la del grupo Triple A, dirigido por Aureliano Sánchez Arango; las de Prío y Tony Varona, que se proponían asaltar el campamento de Columbia, lo que no llegó a efectuarse por haber sido descubiertas por la policía, al mando del coronel Salas Cañizares; y la del domingo de Resurrección, encabezada por el profesor Rafael García Bárcena y el abogado Armando Hart. Sorprendidos en sus propósitos fueron torturados por la policía para que revelaran complicidades que, en realidad, no existían. En todas estas conspiraciones fueron sacrificados varios jóvenes que se agregaron al martirologio de una nueva era revolucionaria, entre los cuales cabe citar al estudiante Rubén Batista. Este joven, no emparentado con el presidente, cayó muerto en las proximidades de la Universidad, cuando los estudiantes dirigidos por Álvaro Barba, presidente de la Federación Estudiantil, se enfrentaban a la policía.

Mientras el gobierno se aprestaba a ejercer la dictadura, en el terreno de la opinión pública y de sus órganos de difusión —radio y prensa— se transmitían los más violentos ataques contra él: *El Acusador,* de los estudiantes; *La Calle,* de Luis Orlando Rodríguez, donde escribía furibundas diatribas Fidel Castro; *La Palabra,* de Pardo Llada, la hora de radio más escuchada de cuantas existieron; y la revista *Bohemia,* de Miguel Quevedo, que en su sección "En Cuba" se esforzaba en presentar a Batista como el dictador más sanguinario de América.

27

1952-1956
LA CRISIS DEL BATISTATO

232. MONTREAL — EL ASALTO AL CUARTEL MONCADA DE SANTIAGO DE CUBA — LAS ELECCIONES PRESIDENCIALES DE 1954

Fracasados todos los movimientos revolucionarios contra el régimen, y sin esperanzas de que pudieran ponerse de acuerdo la oposición y Batista, que después de haberse proclamado primer ministro, a raíz del 10 de marzo, asumió la presidencia, surgió el pacto revolucionario firmado en Montreal el 2 de junio de 1953. Fidel Castro también viajó a Montreal y trató de ser él y los comunistas admitidos al grupo revolucionario, sin éxito.

En estas circunstancias, los de la oposición, en su mayoría dirigidos por el doctor Ramón Zaydín, presentaron en un documento redactado por el doctor y coronel Cosme de la Torriente, un recurso de inconstitucionalidad, para que se declarara fuera de la ley al gobierno de Batista, por medio del fallo que en efecto, dictó el Tribunal de Garantías Constitucionales y Sociales, el más alto de la República. El propósito era impertinente, puesto que el Tribunal Supremo había declarado en 1933 que la Revolución era fuente de derechos. Efectivamente, el doctor Zaydín y sus clientes recibieron una rotunda negativa.

El 26 de julio de 1953 Fidel Castro, acompañado de 80 ó 90 jóvenes, asaltó el *Cuartel Moncada* de Santiago de Cuba, situado en un viejo caserón de la época de la colonia. Las versiones del hecho difieren según la postura política de los comentaristas. Lo más verosímil es que dicho asalto tenía por objeto el derramamiento de sangre para predisponer la opinión pública en favor de los jóvenes asaltantes. Según muchas de estas versiones, Castro no llegó a entrar en el cuartel y se refugió en casa del doctor Felipe Salcines, rector de la Universidad de Oriente. La sorpresa del ataque permitió a los

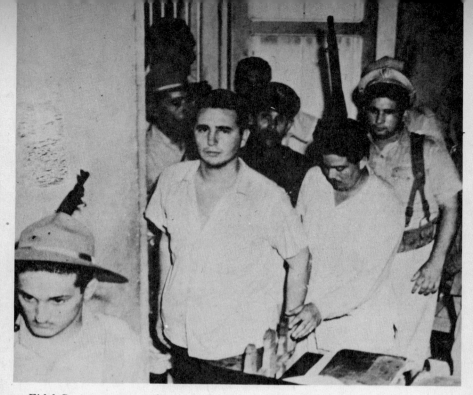

Fidel Castro es arrestado a raíz del ataque al Cuartel Moncada. Durante este juicio, él dijo: "La historia me absolverá". (Keystone)

asaltantes llevar a efecto una verdadera carnicería, así como la que a su vez llevó a efecto la soldadesca con los fidelistas cuando se repuso de dicha sorpresa. Fidel Castro aprovechó la confusión para salir de casa de Salcines y ponerse bajo la protección del arzobispo de la provincia, el monseñor Enrique Pérez Serantes.

Encausados Fidel Castro y sus compañeros del Moncada, aunque en este caso se efectuó el juicio a puertas cerradas, se defendieron en medio de un gran clamor público, representados por abogados muy distinguidos en la política, algunos de ellos senadores y representantes. Castro primeramente se hizo el enfermo. Después compareció ante los jueces, y en alegato cuidadosamente elaborado en su celda, parodiaba el libro *Mi Lucha* de Adolfo Hitler: "Señores Magistrados, condenadme, pero la Historia me absolverá". Fue condenado a quince años de prisión y enviado a la Isla de Pinos, en la cárcel Modelo, donde fue tratado con benevolencia por el comandante Capote, que hasta le instaló un radio para que escuchara los debates de la campaña política. Pero esto no fue obstáculo para que fusilara a Capote cuando llegó al poder.

Un mes antes del juicio del Moncada, uno de los ayudantes del presidente Batista había informado que el SIM (Servicio de Inte-

Vista del Cuartel Moncada en Santiago. (Wide World)

ligencia Militar) había incautado documentos en los que se demostraba que existía una conspiración comunista, y que de acuerdo con el plan intitulado "El País XXVI", Cuba había sido escogida para caer bajo el dominio de la Unión Soviética.

Pasados los efectos del asalto al Cuartel Moncada, que conmovió al país de un extremo al otro, Batista consideró llegada la hora de señalar fecha para la celebración de elecciones generales. Promulgó una ley electoral, que reemplazaba el voto directo y libre por el *convoyado*, consistente en acumular los sufragios de senadores y representantes en favor del candidato presidencial. Entregó el mando al doctor Andrés Domingo y Morales del Castillo, en el que tenía plena confianza, y asumió la dirección política de los partidos que lo habían escogido como candidato.

Los ortodoxos y los comunistas despreciaron la elección. Pero el Partido Revolucionario Cubano, auténtico, aceptó los comicios y nominó candidato al doctor Grau.

En esta oportunidad, la pujante asociación política surgida de la Revolución de 1933 se desmembró, pues gran número de auténticos, con el doctor Prío a la cabeza, se declaró en favor del abstencionismo y privó a la candidatura grausista de la inmensa mayoría de sus partidarios. Viéndose perdido, el doctor Grau decidió retirarse cuarenta y ocho horas antes de la fecha señalada para la votación. A juicio de sus partidarios, debió haber seguido hasta el final con el propósito de obtener un número mayor de senadores y representantes, gobernadores, alcaldes y concejales. Visto el resultado, que era de esperarse, Grau dio unas declaraciones por las que prohibía a los electos de su partido tomar posesión, pero solamente uno obedeció: el doctor José Miguel Morales Gómez, nieto del general Gómez, y sobrino de Miguel Mariano, del mismo apellido. Los poderes públicos quedaron constituidos con una mayoría abrumadora de seguidores de Batista, lo que habría de dificultar un acuerdo nacional más adelante.

233. AMNISTÍA — OFERTAS DE PAZ — LA SAR — MITIN DEL MUELLE DE LUZ

El 24 de febrero de 1955 tomó posesión el general Batista de la presidencia, y de la vicepresidencia su compañero de boleta doctor Rafael Guas Inclán, político liberal de verdadero apoyo popular. Asistieron a esta inauguración 51 embajadas extranjeras. Batista designó un gabinete, presidido por el doctor Jorge García Montes como primer ministro. Éste pertenecía al grupo de los llamados civilistas y era partidario decidido de establecer la paz entre todos los cubanos.

Con el propósito de propiciar la paz, el senador Arturo Hernández Tellaheche presentó un proyecto de ley de amnistía en favor de los revolucionarios, entre los que figuraba Fidel Castro.

Hernández Tellaheche gozaba de gran popularidad, por ser autor de la ley por la que se establecía pago doble el mes de diciembre a los empleados. Esta ley, que era un buen aguinaldo, se llamó la *ley de Arturito,* por su iniciador.

Batista aprobó la amnistía, y Fidel Castro, desde su celda de Isla de Pinos, por medio del joven Luis Conte Agüero, se acogió a ella. También por los senderos de la política podía lucharse en pro del mejoramiento del pueblo. Pero al volver a La Habana, inició tremendos ataques contra el presidente Batista por la radio y televisión, y en entrevista virulenta que le hizo la revista *Bohemia*. No hacía otra cosa que incitar al pueblo a la rebelión, pero viendo que no le hacían caso, se marchó al exilio.

Las ofertas de paz no dieron el menor resultado y los partidos políticos de oposición se dividieron. En el Auténtico, Grau representaba la tendencia electoralista. El doctor Prío, que al amparo de la amnistía había regresado, la abstencionista. En la Ortodoxia ocurría lo mismo. Carlos Márquez Sterling enarbolaba la bandera electoral, Millo Ochoa la revolucionaria y Roberto Agramonte, la de hacer esa nueva Revolución con recursos propios. Con esto quería expresar que la Ortodoxia no se aliaba con nadie.

Al mediar el año 1955 empezó a dominar la escena la *Sociedad Amigos de la República,* conocida por su sigla: SAR. La presidía el coronel Cosme de la Torriente. Éste reunió en el seno de la SAR a todos los sectores políticos de la oposición que habían proliferado, no ya tan sólo en partidos, sino en grupos y asociaciones. La SAR organizó varios mítines con el objeto de obligar al gobierno a buscar una solución. Pero en dichos mítines no se oía la voz de los oradores cuando proponían elecciones con garantías, pues la muchachada al pie de las tribunas gritaba sin cesar: "¡Revolución, Revolución, Revolución!" Todo esto llegó a su colmo cuando la SAR celebró el mitin del *Muelle de Luz,* donde tomaron parte todos los sectores políticos. Aquello terminó a palos, silletazos y gritos de: "¡Abajo el imperialismo americano!" Estos gritos hicieron exclamar a de la Torriente, desde la tribuna: "¡Insensatos! ¡Nos moriríamos de hambre!" La oposición acusó al gobierno de sabotear el mitin. No era cierto, el mitin lo estropearon los comunistas y los simpatizadores de Fidel Castro. Éste escribía desde México, donde se había radicado, que era necesario a toda costa frenar la tendencia electoralista de Grau y Márquez Sterling, y en especial, la de éste último, que se producía en el seno del Partido Ortodoxo, en el cual Castro había puesto sus ojos para extraer de él los elementos que le hacían falta para organizar su propio movimiento. Tan lejos llevó Castro su intervención en las filas de los ortodoxos que un grupo de jóvenes penetró en el bufete de Márquez Sterling, agrediéndolo a tiros, lance del que escapó por puro milagro.

234. EL MOVIMIENTO 26 DE JULIO — EL MITIN DE FLAGLER EN MIAMI — LAS ENTREVISTAS DE LA TORRIENTE CON BATISTA

El mitin de la SAR en el Muelle de Luz sacó de sus casillas a Fidel Castro y a su *Movimiento 26 de Julio,* ya independizado del Partido Ortodoxo. Organizó en Miami, en la Calle Flagler, un mitin para atacar a los líderes de todos los partidos políticos. Su frase más sobresaliente fue ésta: "Era un espectáculo deprimente escuchar en el acto de la SAR la voz de los hombres enriquecidos en el poder, tan culpables de los males de Cuba como el propio Batista, que quieren llevar a los Amigos de la República a una componenda con el régimen asesino del 10 de marzo. Por eso sostenemos que la única solución es que Batista entregue el poder a Cosme de la Torriente, para que éste presida las elecciones generales que se reclaman. Si hay fórmula electoral con Batista, nadie creerá en ella y antes de que esas elecciones lleguen, vendrá la Revolución. Los politiqueros serán castigados e inhabilitados durante largos años para el sufragio activo y pasivo, y hombres nuevos ocuparán los tres poderes del Estado . . ."

Deslindados los frentes y resultando imposible coordinar la tendencia electoralista con la que abogaba por una revolución revanchista, Cosme de la Torriente decide entrevistarse con Batista. En su primera visita no puede tratarse nada, porque el viejo mambí se indispone y tiene que ser atendido por el médico de Palacio. Se efectúa en enero de 1956 una segunda entrevista. Al salir del despacho presidencial, don Cosme informa a los periodistas que se ha convenido efectuar una reunión entre líderes del gobierno y de la oposición, a fin de buscar una salida a la situación que cada día se torna más explosiva.

Al conocer estos contactos Fidel Castro, escribe un largo artículo en la revista *Bohemia* "Frente a todos", en el cual arremete contra los políticos, a los que califica de pedigüeños, asustados de la fuerza creciente de su movimiento revolucionario. Los caminos de la paz van cerrándose cada día más.

28

1956-1957
BALAS O VOTOS

235. EL RECURSO DE INCONSTITUCIONALIDAD DE MÁRQUEZ STERLING — EL DIÁLOGO CÍVICO — LAS CONSPIRACIONES DEL 4 Y DEL 29 DE ABRIL DE 1956 — EL PLAN DE VENTO

Buscando los caminos de la paz, Carlos Márquez Sterling presenta ante el Tribunal Supremo un recurso de inconstitucionalidad contra el decreto agregado a la Constitución de 1940, que suprimía el sorteo de los representantes y disponía que éstos no lo necesitaban para quedarse los cuatro años. Además, el decreto suprimía las elecciones parciales y dificultaba todas las gestiones de arreglos políticos. Pero el Tribunal Supremo desestimó el recurso.

En tales circunstancias, el primero de marzo de 1956 se efectuó la primera reunión de los representantes del gobierno con los de los partidos de la oposición. Dicha reunión recibió el nombre de *Diálogo Cívico*, que fue un gran fracaso. El gobierno ofreció elecciones para una asamblea constituyente. La oposición exigía la renuncia inmediata de Batista y unas elecciones generales. Este fracaso sólo benefició a Fidel Castro. Al conocer éste el resultado negativo del Diálogo Cívico, se deshace en elogios para aquellos mismos a quienes no hacía mucho había injuriado con los peores insultos.

Fracasado el Diálogo Cívico, las cosas se complicaron. Interrogados Grau y Márquez Sterling, únicos oposicionistas que no deseaban una revolución, declararon que había que buscar cómo salir de aquella encrucijada. "Hay dos caminos —dijo Grau— balas o votos. Nosotros estamos por los votos". En igual sentido se expresó Márquez Sterling en una entrevista televisada por la CMQ. Tan exacerbados estaban los ánimos que Márquez Sterling y sus amigos, al abandonar el edificio de la CMQ, fueron atacados a tiros. Castro imponía su revolución por todos los medios. Él y sus partidarios intimidaban a todos aquellos que se mostraban en favor del arreglo pacífico. Castro, desde el extranjero, desmintió que él alentara esos ataques. Pero los que cometían tales desafueros eran sus más cercanos colaboradores.

En el año de 1956 prosperan las conspiraciones y el terrorismo. La policía, usando la violencia, penetra en la Universidad al enterarse de que el Directorio Estudiantil, presidido por el joven José Antonio Echevarría, pactaba con el 26 de Julio para fomentar la insurrección. El 26 de Julio pactaba, pero no cumplía.

El 4 de abril se descubre en el ejército una conspiración dirigida por el coronel Ramón Barquín. El 29 del mismo mes, el joven priísta Reinaldo García trata de tomar el cuartel de San Severino en Matanzas, y es derrotado y muerto. El 28 de octubre es atacado y muerto a balazos el coronel Antonio Blanco Rico, jefe del Servicio de Inteligencia Militar, cuando en compañía de unos amigos se retiraba del cabaret Montmartre. Al día siguiente, el coronel Salas Cañizares, jefe de la Policía, recibe una llamada telefónica en relación con la embajada de Haití, donde había muchos asilados y cuando llega a ella, en el reparto Miramar, es muerto a balazos. En represalia, los policías que lo acompañaban, penetran en dicha sede y llevan a efecto una verdadera matanza. El gobierno culpa a Prío. Éste, para evadir su detención cuando se presentan los elementos represivos en su finca, les dice: "A mí hay que matarme o embarcarme". Escogen lo segundo. Y sin darle tiempo a vestirse, en guayabera, como se hallaba, es conducido al aeropuerto.

Restablecidas las garantías ciudadanas en el mes de junio de 1956, Batista convoca su gabinete a una reunión en las oficinas del acueducto de *Vento*. Terminada la reunión, los doctores Santiago Rey y Justo Luis del Pozo hacen la siguiente declaración: "Acordamos ofrecerle a la oposición, en vista de que no pudimos ponernos de acuerdo en el Diálogo Cívico, elecciones parciales dentro de diez meses, y generales un año después. Pero la oposición no las aceptó".

236. EL CHE GUEVARA — LA EXPEDICIÓN DEL GRAMMA — SUS EFECTOS EN LA POLÍTICA DE LA ÉPOCA

Los caminos políticos cada vez se hacen más difíciles. Castro, desde México, y sus partidarios en La Habana los van cerrando con sus amenazas a cuantos hablan de paz. Fidel Castro conoce en México al Che Guevara, que había servido al gobierno comunista de Jacobo Arbenz en Guatemala. Guevara es, indudablemente, un personaje interesantísimo, idealista y fanático por temperamento. Nacido en la Argentina, donde se alió a los comunistas, acaba por abrazar el marxismo. Simpatizador de Castro, lo pone en contacto con la embajada de la Unión Soviética en México, desde donde distribuía propaganda a toda la América Latina, especialmente a Cuba. Unidos el Che y Castro, trataron de impedir las elecciones, que pudieran detener la Revolución.

Mientras que en La Habana la campaña terrorista crece cada vez más y el gobierno, equivocadamente, se enfrenta a ella con el contraterrorismo, cometiendo toda clase de excesos, Castro y el Che preparan la invasión de la Isla, financiados por la URSS, los partidos comunistas de Latinoamérica y el expresidente Prío. Éste, más tarde, a la caída de Batista, declaró que había contribuido a esa expedición con una alta suma de dinero. Finalmente, Castro anuncia que invadirá Cuba. "Seremos héroes o seremos mártires", dijo.

El 25 de noviembre de 1956 salió de las costas de México el yate *Gramma,* donde viajaba Fidel Castro con 81 acompañantes. Le comunicó a Frank País, jefe del Movimiento 26 de Julio en la ciudad de Santiago de Cuba, que arribaría a la Isla el 30 de noviembre. Le pedía que, para distraer a las fuerzas armadas, se lanzaran a la calle ese día. Así lo hicieron Frank País y sus seguidores en la fecha indicada. Teniendo en sus manos la mayor parte de la ciudad, hicieron un llamamiento general al pueblo, pero éste no acudió a la cita. La policía, con muchos esfuerzos, recuperó la ciudad. Murieron en la refriega policías y revolucionarios, y quedaron 17 heridos de ambas

Vista de la Sierra Maestra donde Castro estableció su cuartel general.
(Wide World)

partes. El 2 de diciembre llegó el Gramma a las costas de Cuba, por un lugar llamado *Las Coloradas*, próximo a Cabo Cruz. Las fuerzas del ejército esperaban a Castro y sus expedicionarios. En los encuentros sostenidos, los rebeldes se dispersaron y tuvieron más de 60 bajas. Pero a Castro y a un pequeño grupo de sus acompañantes, los esperaba un guía expertísimo sobre aquellas altas montañas de la Sierra Maestra, Crescencio Pérez, prófugo de la justicia. Los condujo a lugar seguro.

La expedición del Gramma centró la atención de toda la Isla en la Sierra Maestra. Sus efectos fueron desastrosos para el ejército. La mayor parte de los líderes de los partidos desistieron de llevar adelante el proceso cívico. Por su parte, el gobierno se tornó intransigente, y las organizaciones civiles, clubes y círculos sociales siguieron su ejemplo, negándose a parlamentar con los funcionarios públicos que luchaban junto al general Batista para llegar a una serie de concesiones que hicieran posibles las elecciones. Por otra parte, con el desastre del Gramma se logró en cambio la mediatización de la dirigencia de los partidos que no se adherían abiertamente a los designios de Fidel Castro, pero que colaboraban con él, y así se entorpecía toda clase de gestiones pacíficas.

237. INTERVENCIÓN DEL NEW YORK TIMES EN EL DRAMA CUBANO — CRECE EL TERRORISMO

En la prensa extranjera y en la de Cuba se publica que Fidel Castro ha sido muerto por las fuerzas del ejército y la marina. Fidel, por mediación de sus partidarios y amigos, consigue que el *New York Times* envíe a su escondite de la Sierra al corresponsal Herbert Matthews. El embajador de los Estados Unidos en La Habana, Arthur Gardner, consigue con Batista la autorización para que dicho periodista pueda entrevistar a Castro.

La entrevista se efectúa. En toda la prensa americana se publica un gran retrato de Matthews con Fidel Castro. La noticia pone en ridículo al gobierno cubano, que había asegurado por medio del ministro de Defensa que el joven revolucionario había muerto. Matthews aprovecha la ocasión y describe a Fidel Castro como un nuevo Robin Hood. Castro se vale de la entrevista para definir su revolución como un movimiento limitado a sacar a Batista del poder y a restablecer la Constitución de 1940, que había sido violada. La entrevista de Matthews y la campaña en favor de Castro que inicia el *New York Times* tienen la virtud de desatar con extraordinaria violencia el terrorismo revolucionario. El fallecimiento de Cosme de la Torriente, el 8 de diciembre de 1956, deja a la SAR sin dirección, y recrudece la

Fidel Castro y Herbert Matthews en la Sierra. (New York Times)

lucha entre los diversos grupos políticos incapaces de llegar a un acuerdo. Se advierte a partir de entonces la influencia que dentro de los núcleos adictos a Castro ejercen dos importantes personalidades: el doctor José Miró Cardona y el exsenador Pelayo Cuervo.

238. EARL T. E. SMITH, NUEVO EMBAJADOR DE LOS ESTADOS UNIDOS EN CUBA — ASALTO A PALACIO DEL DIRECTORIO ESTUDIANTIL UNIVERSITARIO

La influencia del periodista Matthews en el drama cubano fue de efectos negativos. No era imparcial, sino un partidario decidido de Fidel Castro. Sabedor Matthews de que el embajador Gardner no simpatizaba con la Revolución y de que había informado a la cancillería en Washington que el 26 de Julio tenía todas las características de un movimiento comunista, se empeñó con sus amigos del Departamento de Estado en que removieran a Gardner del cargo. Como en dicho departamento dirigían la política respecto a Cuba el secretario asistente de Estado, Roy Rubottom, y William Wieland, director de la Sección Cuba en el Departamento de Estado, ambos simpatizadores del movimiento castrista, lograron efectivamente la cesantía de Gardner. Pero el presidente Eisenhower nombró embajador en La Habana a uno de sus amigos, que le había ayudado económicamente en su campaña presidencial, Earl T. E. Smith. Este nombramiento disgustó a Matthews. Para contentarlo, se le dijo a Smith que informara y consultara a Matthews, cosa que el novel embajador no llevó a efecto. Pidió autorización para recorrer la Isla. En Santiago de Cuba fue recibido por una manifestación de damas enlutadas, que pedían justicia en nombre de la Revolución. La policía las dispersó con mangueras de agua. El embajador criticó el procedimiento. Regresó a la capital, dentro de una fuerte tensión, y empezó a orientarse.

El mes de marzo de 1957, como consecuencia del terrorismo, de la campaña de Matthews y de la resistencia de los partidos políticos a tomar decisiones, resultó trágico y verdaderamente sangriento. Existía una gran rivalidad entre el Directorio Estudiantil y el 26 de Julio. Los miembros del Directorio acusaban a Castro de exhibicionismo y por militantes del 26 de Julio. Su jefe militar era el oficial Dionisio torio organizó el asalto a Palacio para matar al presidente Batista. Fue un gesto valiente, pero de muy corto alcance. Sin embargo, lo

Fidel Castro y sus principales ayudantes, Armando Hart, Celia Sánchez, Raúl Castro y Javier Pazo, en la Sierra Maestra.

planearon con gran efectividad, y faltó poco para que lograran su objetivo. Mientras unos 30 hombres lograban introducirse en la mansión presidencial, un pequeño grupo de estudiantes de la FEU (Federación Estudiantil Universitaria), con su presidente José Antonio Echeverría a la cabeza, ocupaba la estación de Radio Reloj. Echeverría se aproximó a los micrófonos, y gritó: "¡Cubanos, por fin hemos liquidado al tirano en su madriguera!" Echeverría se vio forzado a abandonar la emisora. Al salir se encontró con un carro patrullero. Disparó contra la policía. Ésta respondió y el joven idealista cayó muerto. Echeverría no era partidario de Castro. Era un joven digno de apoyo, católico y decididamente anticomunista.

Cuando los asaltantes del Palacio llegaron al segundo piso, donde estaba el despacho del presidente Batista, éste acababa de subir al tercero, donde residía. Un soldado, tras una columna, a tiro de ametralladora fue diezmando, según subían, a los del Directorio. La señora del presidente y sus hijos tuvieron que tirarse al suelo. Las escaleras y el piso quedaron sembrados de cadáveres. Esa misma noche, 13 de marzo, fue descubierto el exsenador y presidente de la Ortodoxia Revolucionaria, doctor Pelayo Cuervo, oculto en casa de uno de sus amigos. Detenido sin ningún miramiento, fue conducido al laguito del Reparto Country Club y muerto a balazos. Salvaje procedimiento que realizó la policía y que produjo efectos demoledores para la permanencia del gobierno. A la protesta de los elementos del gobierno por el asalto a Palacio, vinieron a sumarse las críticas, inesperadas por cierto, de Fidel Castro en la revista *Bohemia*, en que se oponía a actos de aquella índole. El Partido Comunista también se declaró enérgicamente "en contra de esos métodos".

Spruille Braden, embajador de los Estados Unidos en Cuba durante los gobiernos de Batista y de Grau San Martín, de 1941 a 1945. Braden fue uno de los pocos diplomáticos estadounidenses que señaló oportunamente que la revolución castrista era comunista y así lo denunció en 1956 y 1957 en los Estados Unidos. Braden, excelente amigo de Cuba, ha defendido su democracia activamente.

1957-1959
EL CAOS

**239.   EL JUICIO DEL GRAMMA — LA EXPEDICIÓN DEL CORINTHIA —
LA BATALLA DEL UVERO — LOS TIGRES DE MASFERRER**

En mayo de 1957 empezó a celebrarse el juicio oral y público
contra los expedicionarios del Gramma, que habían sido apresados en
Las Coloradas. La atención del país estaba fija en esas sesiones. En
ese juicio sobresalen dos actitudes: la del fiscal Francisco Mendieta
Echeverría, que retira su acusación contra los implicados, y la del
magistrado Manuel Urrutia Lleó, que a la hora de dictar sentencia
suscribe un voto particular. Sostiene, basado en el artículo 40 de la
Constitución, que la resistencia civil para la protección de los derechos
individuales es legítima. Poco después, solicita su jubilación y ob-
tenida ésta, se traslada a los Estados Unidos. Abraza la causa de la
Revolución. En esos días desembarca en la Isla por Mayarí la expedición del *Corinthia*, fletada y organizada desde Miami, con el
propósito de unirse a los grupos qua comanda Raúl Castro, hermano
de Fidel. Al entrar en batalla esta expedición, es derrotada por la
fuerza al mando del coronel Fermín Cowley, que meses después es
abatido en las calles de Holguín por partidarios de Castro. Por estos
días, se libra también el combate del Uvero, donde las pequeñas fuerzas
de Fidel Castro desbaratan fácilmente la escasa tropa que vigilaba los
alrededores del aserradero, propiedad de los hermanos Babún.

El ejército estaba a la defensiva. Los únicos oficiales que peleaban
eran los comandantes Sosa Blanco y Sánchez Mosquera. El senador
Rolando Masferrer, que capitaneaba un grupo de valientes hombres,
visitó al presidente Batista y al jefe del Ejército, Francisco Tabernilla, y les pidió autorización para organizar a sus hombres, conocidos
con el nombre de "Tigres de Masferrer" y subir a la Sierra a perseguir a Fidel Castro. Ni el presidente ni el Estado Mayor aceptaron

esta original propuesta. Pero tuvo el efecto de estimular al ejército. Se cambiaron los mandos. Los diarios publicaron fotografías mostrando al jefe del Ejército Tabernilla y al coronel Ríos Chaviano en las proximidades de la Sierra movilizando sus efectivos. Castro anunció una huelga general en Santiago de Cuba, la que fracasó. Las clases trabajadoras, al mando de Eusebio Mujal Barniol, nunca tuvieron simpatías por la revolución fidelista, por lo cual los revolucionarios las acusaban de estar vendidas al imperialismo estadounidense.

Los acontecimientos eran de tal gravedad, que el presidente abrió las puertas de palacio para recibir adhesiones de las clases industriales, agrícolas y comerciales de la nación. De estas reuniones nació la idea de ofrecer las elecciones con todo género de garantías.

240. LA COMISIÓN INTERPARLAMENTARIA — EL MANIFIESTO DE LOS CINCO — RESPUESTA DE LA SIERRA — SUBLEVACIÓN DE CAYO LOCO

A principios de abril de 1957 el presidente del Congreso, Anselmo Alliegro, inició, a través de una comisión compuesta de senadores y representantes, una nueva gestión para encauzar el proceso electoral. Convocó a todas las agrupaciones y los núcleos políticos del país. Con excepción de los ortodoxos abstencionistas dirigidos por Manuel Bisbé, sustituto del doctor Pelayo Cuervo en el mando de este intransigente sector, todos los demás factores oposicionistas del país concurrieron e informaron. Asistieron los auténticos de Grau San Martín; los ortodoxos inscriptos de Millo Ochoa; los nacionalistas de Pardo Llada y Enrique Huerta, expresidente de la FEU; los auténticos abstencionistas de Carlos Prío y Manuel Antonio de Varona; los demócratas de José R. Andreu; los constitucionalistas de Guillermo Alonso Pujol; el grupo Liberación Radical de Amalio Fiallo y los Ortodoxos Libres de Carlos Márquez Sterling.

La información fue un éxito. Se concedieron todas las garantías reclamadas: nuevo censo; Código del 43; voto directo y libre; supresión del veto provincial; y cuanto se había exigido. Millo Ochoa, entusiasmado con los trabajos de la Comisión de ambas cámaras legislativas, visitó al doctor Anselmo Alliegro en compañía del exprimer ministro auténtico Oscar Gans, y declaró: "Si ustedes logran el noble propósito de llegar a una solución pacífica de los problemas nacionales y consolidan la concordia nacional, ningún otro Congreso habrá realizado obra más patriótica".

Las gestiones de la Comisión Interparlamentaria empiezan a paralizarse. La FEU y el Directorio Estudiantil consiguen que las autoridades universitarias clausuren la Universidad. El argumento

Zona residencial del Vedado en La Habana a fines del gobierno de Batista.
(Wide World)

era éste: "Dentro de un gobierno dictatorial, como el de Batista, no debe haber clases". El Comité Conjunto de Instituciones Cívicas publica un largo manifiesto en que se declara que el pueblo no apoyaba las gestiones de la Comisión. Y a este manifiesto se adhieren algunos de los sectores que han sido escuchados y complacidos en ambas Cámaras.

Matthews llega nuevamente a Cuba y hace saber, especialmente al sector Ortodoxo abstencionista, que el gobierno de Washington simpatiza con la Revolución. Su actuación es francamente subversiva. Mas, lo grave es que usa el nombre del Departamento de Estado. Asegura que el embajador Smith ha recibido la orden de Washington de consultarle su actuación. En estas circunstancias la gestión de la Bicameral se derrumba. Estos hechos motivaron la reunión urgente de los cinco doctores Ochoa, Pardo Llada, Márquez Sterling, Porfirio Pendás y Amalio Fiallo. Los periódicos, con excepción de la revista *Bohemia,* publicaron el *Manifiesto de los Cinco.* Contenía una llamada al patriotismo y al sentido común de la ciudadanía. Después de analizar el cuadro que se observaba, decían, con gran visión: "Nos interesa que este gobierno abandone el poder por la voluntad mayoritaria del pueblo y que se establezca un sistema de plena democracia que proteja celosamente la vida humana, el orden institucional y los principios de autoridad. Cuba gana con la legitimidad del poder, con la entrega incruenta del gobierno al pueblo victorioso, porque de no lograrse estos objetivos cardinales, la patria se perderá en la violencia implacable, en la dictadura totalitaria y en el revanchismo obcecado y sangriento".

Este manifiesto produjo excelente impresión en el ánimo de los que querían salvar a Cuba. Pero el gobierno cometió un gran error al reforzar la Constitución, y crear dos minorías senatoriales para asegurarse la concurrencia de los sectores oposicionistas a las elecciones. El problema no era de senadurías, naturalmente, sino de salir por medio de las elecciones de aquella situación tan compleja. Matthews aseguró a los jefes de muchos de aquellos sectores que los días de Batista estaban contados. La Sierra aprovechó la oportunidad, y no tardó en lanzar desde las montañas un manifiesto firmado por Raúl Chibás, hermano de Eduardo Chibás, Felipe Pazos y el propio Fidel Castro, situado modestamente después de los dos primeros firmantes, asegurando que no podía haber elecciones con la presencia de Batista en la presidencia. Las asociaciones cívicas respaldaron la oposición de Castro y formularon tantas exigencias, que uno de los más talentosos miembros del gobierno, el doctor Mario Cobas Reyes, declaró: "La declaración de la Sierra es una invitación al caos".

El 5 de septiembre un grupo de oficiales de la marina se sublevó en la estación naval de *Cayo Loco,* en la Bahía de Cienfuegos. Estaban dirigidos por el expresidente del Senado, Manuel Antonio de Varona, y por militantes del 26 de Julio. Su jefe militar era el oficial Dionisio San Román, separado con anterioridad del servicio por haber conspirado con Barquín. En La Habana los conjurados habían pospuesto la fecha del alzamiento, pero olvidaron comunicarlo a Cienfuegos. El gobierno, con gran despliegue de tanques, aplastó a los rebeldes. Fracasada la revuelta, la policía persiguió al doctor Varona. Éste se asiló en la embajada de Chile. Batista, al conocer este hecho, declaró que Varona no tenía necesidad de asilarse, y facilitó su salida al extranjero. Varona se exilió en Miami. En aquellos días parecía imposible una solución pacífica.

241. SE RESTABLECEN LAS GARANTÍAS CONSTITUCIONALES — EL PARTIDO DEL PUEBLO LIBRE — EL SEGUNDO FRENTE REVOLUCIONARIO DEL ESCAMBRAY — LA GESTIÓN DEL EPISCOPADO — CAÍDA DEL RÉGIMEN DE BATISTA

Al amparo de las garantías constitucionales, restablecidas a consecuencia de las reuniones bicamerales, los doctores Grau y Márquez Sterling decidieron aceptar el proceso electoral. El segundo de los jefes mencionados constituyó el Partido del Pueblo Libre. Al mismo tiempo los elementos revolucionarios, reunidos en Miami, llegaron a un acuerdo conjunto, ratificado más tarde en Caracas. Decidieron proponer para presidente provisional de Cuba, tras caer Batista, al doctor Felipe Pazos, distinguido economista de reconocida capacidad. Castro, desde la Sierra, rechazó aquellos acuerdos, indi-

Carteles de los candidatos presidenciales reproducidos en el Diario de la Marina en 1958.

cando que la selección de presidente provisional ya estaba hecha y había sido designado el magistrado Manuel Urrutia Lleó. Los partidos y sectores obedecieron los dictados castristas.

La Revolución había crecido considerablemente. Existía un nuevo grupo en las montañas del *Escambray*. Eran sus jefes Faure Chomón, Víctor Bordón y Gutiérrez Menoyo. Carecían de armas y municiones. Fidel Castro, que no los miraba con simpatía, suponiéndoles competidores, les envió al Che Guevara y a William Morgan, con los recursos que les hacían falta.

Tratando de allanar el camino hacia las elecciones, la Iglesia ofreció su mediación. El cardenal Arteaga solicitó del gobierno la constitución de un gabinete nacional. El manifiesto, suscrito por el cardenal y los obispos, era muy ambiguo. Mucha gente pensó que le habían exigido la renuncia a Batista. Éste lo interpretó en su recto sentido. El 6 de marzo de 1958 designó primer ministro al doctor Emilio Núñez Portuondo. Éste, muy apreciado en Washington por su brillante actuación en las Naciones Unidas como embajador de Cuba, anunció que conduciría el país a unas elecciones honradas, inclusive supervisadas por la OEA o por las propias Naciones Unidas. Pero

Vista del Parque Martí, Matanzas, durante la década de 1950. (Wide World)

Núñez Portuondo presentó su renuncia irrevocable a los pocos días, porque sin consultársele, se habían suspendido nuevamente las garantías constitucionales.

El Departamento de Estado en Washington, disgustado con todos aquellos cambios de frente, decretó el embargo de armas al gobierno de Batista, permitiendo, por otra parte, el suministro de armas de contrabando para los revolucionarios de la Sierra. Esto reforzó considerablemente a Castro. Cuando los obispos quisieron subir a la Sierra en gestiones de paz, el jefe revolucionario declaró que fusilaría a todo el que fuera a sus montañas a proponerle nada que no fuera la salida inmediata de Batista. Días antes había hecho saber a la prensa de los Estados Unidos que no aceptaría las elecciones presididas por el general Batista, "aunque fueran honradas". Asimismo, el 21 de febrero había promulgado una de sus radicales medidas: el fusilamiento de todos aquellos que abogaran por las elecciones, así como también de los candidatos que cayeran en poder de la Revolución. No se trataba de una simple amenaza, sino de una realidad. Días antes, un hermano del candidato gubernamental a la presidencia, doctor Andrés Rivero Agüero, fue asesinado en su propia casa. También en la Sierra llevó a cabo varios fusilamientos.

El Movimiento 26 de Julio cometió toda clase de atropellos y crímenes. En nombre de Fidel Castro se exigía a los dueños de fincas e ingenios azucareros que contribuyeran con un tanto por ciento, en dinero en efectivo, según los sacos de azúcar que producían dichas empresas. Fue tan productivo el impuesto que Castro llegó a La Habana con una caja que contenía, más o menos, 10 millones de dólares. Al mismo tiempo, ordenó Castro una huelga general en todo el país el 9

Fusilamiento de un rebelde acusado de traición. (Wide World)

de abril de 1958, aniversario del bogotazo,[1] en que diez años antes había tomado parte. Días antes, había visitado nuevamente La Habana el periodista Herbert Matthews, tratando de conquistar adeptos para la causa de la Sierra. Repartió un manifiesto que contenía veintidós puntos que suscribía Fidel Castro, con amenazas para los que no lo apoyaban. La huelga fracasó, lo que parecía facilitar las elecciones de junio. Éstas fueron pospuestas para el mes de noviembre, a fin de que el país pudiera reponerse de aquellos acontecimientos que no le daban paz.

Indiscutiblemente, la mayor parte del pueblo cubano, asustado por el carácter que tomaba aquella Revolución, deseaba las elecciones. La Revolución amenazaba por la radio a la ciudadanía, con ametrallarla en las filas de la votación si se atrevían a ejercer el sufragio. Votar en las zonas dominadas por las guerrillas era casi imposible, pero en las ciudades y pueblos era factible. Sin embargo, hubo un gran ausentismo. Sólo votó un 60%, más o menos. Pero no había dudas de que la salida era la electoral. Los candidatos por el gobierno eran André Rivero Agüero y Gastón Godoy; por el grausismo, su jefe Grau San Martín y Antonio Lancís; por el Partido del Pueblo Libre, Carlos Márquez Sterling y Rodolfo Méndez Peñate, exrector de la Universidad de La Habana; y por el Partido Unión Cubana, el periodista Alberto Salas Amaro y Miguel Ángel Céspedes. "Los más sagaces —dice el historiador Rafael Esténger— calculaban que el gobierno, muy lejos de buscar para sí la victoria, habría de eludirla, como última oportunidad de evitar un derrumbe catastrófico. Sin embargo, Batista se empecinó en transferir el mando a sus parciales".

Inconformes los Estados Unidos con el resultado electoral, hicieron saber al gobierno de Cuba por medio de su embajador en La Habana, Earl T. E. Smith, que no reconocerían al gobierno de Rivero Agüero. En estas circunstancias, el jefe del Ejército, Francisco Tabernilla, visitó sin conocimiento de Batista a Smith, en busca de un arreglo. Por otra parte, el general Eulogio Cantillo, que gozaba de gran popularidad en el ejército por su corrección y honorabilidad, se acercó a Fidel Castro con autorización de Batista y comenzó a parlamentar con él.

La desorganización y corrupción que se observaba en el ejército era muy grande. Era en realidad un ejército vencido, más que por la Revolución, por su falta de moral. Resultaba increíble que más de 40,000 soldados fueran derrotados por el pequeño grupo de revolucionarios de la Sierra. Pero en verdad no fue la acción guerrera la que triunfó, sino la sublevación civil y ciudadana contra el gobierno de Batista. Todo el pueblo deseaba que éste desapareciera a toda costa.

[1] Véase la ilustración de arriba, página 305.

FULGENCIO BATISTA Y ZALDÍVAR (1901-1973)

El general Batista, tres veces presidente, nació en Banes, provincia de Oriente, el 16 de enero de 1901, y murió en Marbella, España, el 6 de agosto de 1973.

Cursó las primeras letras en las escuelas de Banes y la segunda enseñanza en colegios públicos de Santiago de Cuba. Se dedicó a la agricultura, fue empleado de los ferrocarriles y se graduó de maestro. Ingresó en el ejército. En 1921 se hizo sargento taquígrafo y trabajó como tal con el presidente Zayas. Más tarde pasó al Estado Mayor, a las órdenes del general Alberto Herrera, por lo cual llegó a conocer perfectamente el funcionamiento de las fuerzas armadas.

En 1933, en unión del Directorio Estudiantil Universitario, y representando a la Unión Militar de sargentos, cabos y soldados, organizó la Revolución que depuso al presidente Machado, y ascendido a coronel por la Pentarquía gobernante, se hizo el hombre fuerte de Cuba, que ponía y quitaba presidentes.

En 1940 fue electo presidente. Gobernó con mesura y acierto. En 1944, presidió unas elecciones intachables, calificadas de *Jornada Gloriosa*, en las que triunfó su adversario político, Ramón Grau San Martín. Salió a recorrer América y escribió un libro. En 1948 regresó a Cuba, al resultar electo senador por la provincia de Las Villas. Aspiró de nuevo a la presidencia. No creyó posible su triunfo, y organizó el golpe militar del 10 de marzo que derrocó al presidente Prío cuando sólo faltaban dos meses para los comicios presidenciales, tomando de esta manera nuevamente el poder.

No hay dudas de que el general Batista trastornó los cauces legales de la República. En ello estriba su responsabilidad, indirecta, en la formación revolucionaria de Fidel Castro, al fracasar las elecciones de 1958. Pero es absolutamente falso que en el orden gubernamental de aquel período (1952-1959), caracterizado por la corrupción administrativa y el enriquecimiento personal, como los anteriores, se cometieran las crueldades y crímenes que le atribuye la propaganda comunista.

El embajador Smith no aceptó las proposiciones de Tabernilla, pero, autorizado por su gobierno, notificó a Batista que debía irse. Éste se preparó a partir, y el primero de enero de 1959, salió en avión con destino a los Estados Unidos. Ya en el aire cambió de rumbo y enfiló hacia Santo Domingo.

242. DATOS CONCLUYENTES: 1959

Cuando el gobierno de Batista cayó, Cuba no era, en ningún sentido, un país subdesarrollado, pues se hallaba en la fase de despegue. Sus presupuestos alcanzaban los 400 millones de dólares anuales. En un período de cincuenta y seis años había cuadruplicado su población y elevado sus ingresos considerablemente.

El total del comercio cubano, en esos años, había sido de $14,715,-832 en importaciones, y de $18,841,767 en exportaciones. Los saldos de la balanza de pagos, a partir de la vigencia de la Constitución de 1940, fueron siempre favorables, y las reservas de oro llegaron a más de 500 millones.

El Censo Agrícola de 1946 había puesto de manifiesto que mientras el promedio de fincas rurales en Cuba era de 56.7 hectáreas, el de los Estados Unidos era de 78.5; el de México de 82; y el de Venezuela de 335. El nivel de vida de Cuba constituía la admiración del hemisferio, y la manera de vivir cubana resultaba muy superior a la de Rusia y los países sujetos al Pacto de Varsovia.

No solamente poseía Cuba más altos niveles —dice El Economista de México, en aquellos días de 1959— en automóviles, radios, televisores, ferrocarriles y teléfonos, los más baratos del mundo, entonces, sino que en cuanto a servicios públicos y confort se registraban cifras de término medio, superiores a las de la propia Unión Soviética. Los técnicos rusos, checos y polacos que comenzaron a llegar a Cuba, en 1959 y 1960, quedaban asombrados al comprobar los adelantos de la economía cubana.

Con cifras de autenticidad indudable, de tales organizaciones como la CEPAL (Comisión Económica para la América Latina); la OEA; la ONU; los Departamentos de Agricultura y Comercio de Washington; y el Estudio de los Economistas Cubanos, dirigidos por el exsecretario de Hacienda en el gobierno del presidente Prío, se prueba que Cuba se hallaba en fase de crecimiento continuo y que 1957 había sido el mejor año económico de toda su historia.

Naturalmente, en Cuba había mucho que hacer, como hay mucho que hacer aun en los propios Estados Unidos, pero se hallaba muy lejos de ser un país pobre y miserable, como lo ha pintado la propaganda roja.

CUBA SATÉLITE COMUNISTA

243. CONSTITUCIÓN DEL GOBIERNO DE LA REVOLUCIÓN — URRUTIA PRESIDENTE

Batista entregó el gobierno al Tribunal Supremo para que éste fuera presidido por el magistrado más antiguo, de acuerdo con la Constitución del 40. El magistrado más antiguo era Manuel Piedra. Pero, tanto dicho tribunal, como Fidel Castro desde la ciudad de San-

Entrada de los barbudos en La Habana. (Wide World)

tiago de Cuba, que se le había rendido totalmente, lo impugnaron. Días antes de bajar de la Sierra, en un lugar conocido por *Cieneguita*, Castro había escogido como presidente al magistrado Manuel Urrutia, y éste formó su gabinete, con el doctor José Miró Cardona como primer ministro.

Después de recorrer triunfalmente toda la Isla y de ordenar una huelga general, Castro entró en La Habana el 8 de enero de 1959. Sus parciales y los oportunistas habían ocupado las plantas de radio y televisión y destruido todos los archivos de los cuerpos policíacos y servicios de espionaje, donde se hallaban los expedientes de los comunistas y agitadores más activos. El cable internacional transmitía al mundo entero las consignas, que presentaban la caída de Batista como una derrota de Washington. "Han caído los norteamericanos junto con Batista". "Patria o Muerte". "Abajo el imperialismo americano". Al mismo tiempo, se inventaba una serie de mentiras para justificar los excesos revolucionarios: que Cuba era un país pobre y miserable; el régimen caído había asesinado a más de 20,000 personas; obreros y trabajadores habían sido explotados; la industria azucarera era causa de la esclavitud económica de los cubanos; y que había sido imposible resolver el tránsito del poder por medio de las elecciones. En realidad, todas las instituciones se habían desplomado. El país presentaba una mezcla de alegría y terror. Las ciudades se vieron invadidas, de la noche a la mañana, de soldados barbudos vestidos de verde olivo. Ostentaban camándulas y escapularios y hablaban de humanismo. Las fachadas de las casas y edificios se cubrieron de letreros: "Gracias, Fidel". "Ésta es tu casa, Fidel". Los comandantes Che Guevara y Camilo Cienfuegos ocuparon las fortalezas de La Cabaña y el polígono de Columbia. En esta última unidad, la más importante, existían 4,000 soldados bajo las órdenes del coronel Barquín. Cuando Castro llegó todos se entregaron. Éste pronunció su célebre discurso de la Paloma, que interrumpía preguntando: "¿Voy bien, Camilo?" Mientras tanto, se fusilaba en todos los rincones de la Isla, y se instalaban tribunales revolucionarios. Sólo Raúl Castro pasó por las armas a 71 sentenciados en Santiago de Cuba y a un grupo de oficiales y clases, que sepultó en el propio sitio de la ejecución, valiéndose de un "bulldozer".

244. PRIMEROS PASOS DEL GOBIERNO REVOLUCIONARIO — CASTRO PRIMER MINISTRO

Constituido el gobierno en La Habana, se decretó la reforma de la Constitución del 40 con el fin de echar abajo dos disposiciones fundamentales: la que prohibía las confiscaciones, y la que impedía la retroactividad de las leyes penales. Después de dicha reforma, no quedaba nada de la Constitución, la misma en cuyo nombre se había iniciado la Revolución. Desde el primero de enero de 1959 —decían más tarde los jurisconsultos de Ginebra— el gobierno de Cuba no ha hecho otra cosa que violar la Declaración Universal de los Derechos Humanos. El 10 de febrero se dictó una nueva Ley Fundamental, amén de otras de carácter transitorio. Éstas invalidaban el cuerpo de garantías. Se creó en seguida el Ministerio de Recuperación de Bienes Malversados, con facultades confiscatorias. Todos los acusados ba- tistianos fueron despojados de sus propiedades, hubieran malversado o no. Al mismo tiempo continuaban los fusilamientos. Castro asumió el cargo de Primer Ministro. Uno de los tribunales revolucionarios, el de Santiago de Cuba, absolvió a los aviadores del ejército de Batista, al comprobarse que no habían bombardeado la Sierra, pero Castro exigió un segundo juicio. En éste fueron condenados a treinta años de cárcel. La promulgación de leyes revolucionarias corría a cargo del doctor Osvaldo Dorticós Torrado, concejal afiliado al Partido Comu- nista en la ciudad de Cienfuegos. Éste se convirtió en el brazo derecho de Castro. Derogó el *hábeas corpus,* suprimió el derecho de huelga, prohibió las apelaciones ante tribunales superiores y aceleró las con- fiscaciones y fusilamientos.

Un condenado se confiesa antes de ser fusilado. (UPI)

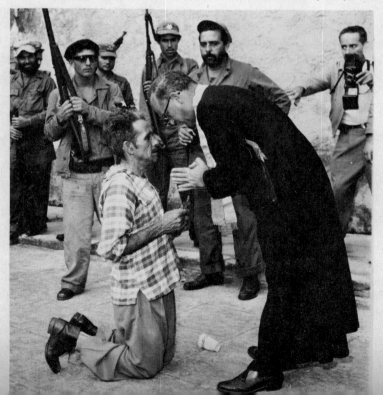

245. VIAJE DE FIDEL CASTRO A WASHINGTON — LA REFORMA AGRARIA — DESTITUCIÓN DE URRUTIA — REACCIÓN POPULAR

Los Estados Unidos, desde los primeros momentos de la instauración del gobierno revolucionario, habían enviado un nuevo embajador, Philip Bonsal. Éste gozaba fama de liberal. Era hijo de un conocido periodista norteamericano que había visitado La Habana durante la Guerra de Independencia. Bonsal trasmitió a Castro una invitación, aunque no oficial, para que visitara Washington y Nueva York. Así lo hizo el jefe de la Revolución en abril de 1959, acompañado de las más importantes figuras de su gobierno. Castro negó en esa ocasión que su gobierno fuera comunista, y negó también lo de los fusilamientos.

El 11 de mayo de 1959 el gobierno revolucionario promulgó la ley de la *Reforma Agraria*. No se trataba realmente de una reforma, sino de la ocupación de toda la tierra. Sólo se permitiría a propietarios y dueños una posesión de treinta caballerías. Se creó el Instituto de la Reforma Agraria (INRA). Dicha reforma era un mito. Las tierras no se entregaban a los campesinos en propiedad, sino en usufructo. Se formaban cooperativas. Sus componentes no tenían voz ni voto. Ganaban menos que cuando estaban a sueldo de sus antiguos amos. Pero se había creado un nuevo tipo de propiedad: la delegada, en que todo era del Estado. Al conmemorarse el primer aniversario del asalto al Cuartel Moncada, el ministro de Recuperación de Bienes, Faustino Pérez, entregó a Castro un cheque por 20 millones de pesos. Esta suma era producto de las confiscaciones. Fidel Castro podía disponer de ese dinero como lo estimara conveniente.

Se continuaba persiguiendo no sólo a los que habían sido funcionarios de Batista, sino también a los capitalistas. Se seguía fusilando diariamente. El presidente Urrutia quiso frenar tales excesos; pero halló resistencia en el primer ministro.

Las multitudes congregadas en las calles vecinas a la CMQ respaldaron a Castro; y éste exigió a Urrutia su renuncia. La vida del presidente corría peligro y no le quedó más salida que dimitir. Castro lo sustituyó con Dorticós. Con este nombramiento ya no quedaban dudas acerca del rumbo que llevaba el gobierno: el comunismo.

El comandante Hubert Matos, que tanto se había distinguido en la Sierra, escribió una carta a Castro, enviándole su renuncia de la jefatura de Camagüey porque el gobierno estaba comunizándose. Castro le envió al comandante Camilo Cienfuegos, jefe superior de las Milicias, que habían sustituido al ejército. Se ignora lo que conversaron ambos jefes. Hubert Matos fue preso, sometido a juicio y condenado bajo la acusación personal de Castro a veinte años de presidio. Camilo Cienfuegos, regresando en avión de Camagüey, desapareció. Se dice que fue asesinado. Otros se inclinan a pensar que

El secretario de Estado norteamericano Christian Herter saluda a Castro durante su visita a Washington en abril de 1959. (N.Y. Public Library)

se mató en el avión y que su muerte fue provocada de exprofeso. En estos días, el jefe de la Aviación castrista, Pedro Díaz Lanz, excomandante revolucionario, había renunciado y comparecido en Washington arrojando propaganda en que acusaba de comunista al gobierno de Castro.

El régimen se adentraba cada vez más en el comunismo. Aceptó la cooperación del Partido Socialista Popular de Blas Roca, Juan Marinello y Carlos Rafael Rodríguez. Y Castro acuñó esta frase: "Ser anticomunista es ser antirrevolucionario". En sus discursos aludía frecuentemente a la iglesia católica. En uno de ellos preguntaba: "¿Por qué van a venir a meter la religión en la Revolución, si la Revolución no se ha metido con la religión?" Pero los católicos ya no podían resistir más la invasión revolucionaria-comunista en todas las actividades del país. El 29 de septiembre de 1959, perdida la popularidad entre la clase media, se efectuó una manifestación enorme que algunos calculan al millón de personas. Su tema era muy claro: "Justicia social, sí; comunismo, no". Y a los gritos amenazadores de "¡Paredón, Paredón!", contestaban valientemente: "¡Caridad, Caridad!" La reacción del gobierno fue tremenda. Jamás volvió a reunirse el pueblo cubano libremente.

Castro con Camilo Cienfuegos poco antes de
desaparecer éste misteriosamente.

246.   DESAPARICIÓN DEL PODER JUDICIAL — INVASIONES REVOLUCIONARIAS — PACTO CON LA UNIÓN SOVIÉTICA — EL FRENTE DEMOCRÁTICO REVOLUCIONARIO

A principios de 1960 el poder judicial comenzaba a desaparecer, con la creación múltiple de los Tribunales del Pueblo. El propósito de éstos era evitar toda oposición organizada posible. Uno de los juicios más repugnantes fue el de Jesús Sosa Blanco, comandante del Ejército Constitucional. Los testigos jamás habían visto a aquel hombre, y muchas veces se equivocaban y señalaban a otra persona, a pesar de que el acusado se hallaba de pie y con las manos esposadas.

Durante el año anterior y el de 1960, Castro estuvo subvirtiendo a toda la América y especialmente a los Estados Unidos. En abril de 1959 organizó la invasión de Panamá; en junio la de Santo Domingo;

El coronel Sosa Blanco es sentenciado a muerte. (UPI)

en agosto la de Haití; y en diciembre la de Nicaragua. Cuando José Figueres, presidente de Costa Rica, visitó La Habana, tomando parte en un mitin frente al palacio presidencial, y declaró que en caso de guerra Cuba debía situarse al lado de los Estados Unidos, Castro le arrebató el micrófono de las manos y negó esa posibilidad.

En febrero de 1960 llegó a La Habana el viceprimer ministro de la Unión Soviética, Anastas Mikoyan, y firmó un convenio con el gobierno de Castro. Rusia concedía a Cuba un crédito de 100 millones de dólares, y se comprometía a comprar un millón de toneladas de azúcar anuales durante cinco años, pagando en efectivo 200 mil al precio del mercado mundial, y recibiendo las restantes en trueque de maquinaria agrícola y otros productos industriales. Un mes después voló en la bahía el vapor francés *La Coubre*. Se organizaron grandes manifestaciones a la cabeza de las cuales marchaban Castro y Dorticós, y toda la representación del Partido Comunista. Acusaron a los Estados Unidos de ser los autores de esa explosión.

Todos los hechos y el pacto con Rusia demostraban que la revolución castrista tenía una segunda parte, más importante que la primera: fomentar la Revolución en los Estados Unidos, al grito de "abajo el imperialismo americano".

Castro con el viceprimer ministro de la Unión Soviética Anastas Mikoyan cuando éste visitó La Habana.

El tratado con el Kremlin, y los que le siguieron, se concretaron en gran parte al cambio de azúcar por armas y carburantes. Con el tiempo convirtieron la Isla en el país mejor armado de América, después de los Estados Unidos, según el informe publicado por el Departamento de Estado de Washington en 1962.

A principios de 1960 empezaron a salir de Cuba las principales figuras de los partidos políticos, la banca, el comercio y la industria para situarse en Washington, Nueva York y Miami. A mediados del mes de mayo de 1960 se constituyó en Nueva York el *Frente Democrático Revolucionario*. Lo componían los doctores Manuel Antonio de Varona, Manuel Artime Buesa, José Ignacio Rasco, Justo Carrillo y Aureliano Sánchez Arango, en nombre respectivamente de Recuperación Revolucionaria, Rescate Revolucionario, Demócrata Cristiano, Asociación Montecristi y Triple A. Desde sus inicios, se sabía que todas estas organizaciones tenían el apoyo de la Agencia Central de Inteligencia (CIA), que respondía a órdenes concretas del presidente Eisenhower.

Desembarco de los primeros exiliados en Miami en 1960. (Wide World)

247. **CONFISCACIONES Y EXPROPIACIONES — DECLARACIÓN DE LA HABANA — VIAJE DE CASTRO A LA ONU — LOS COMITÉS DE VIGILANCIA**

La respuesta de Castro a las actividades del Frente Revolucionario en los Estados Unidos y otros países de América, se basaba en las confiscaciones y en las expropiaciones. Como la actitud de los Estados Unidos era simplemente contemplativa, mientras el embajador Bonsal informaba que era posible llegar a un acuerdo con Castro, la Revolución cubana no se detenía en apoderarse de todo.

Se dictaron dos decretos de la mayor importancia. Uno de ellos disponía la confiscación de dos grandes refinerías de petróleo: la Esso norteamericana y la Shell inglesa. El otro disponía la expropiación de todas las propiedades norteamericanas. Poco después, ordenó la confiscación de todos los ingenios, y promulgó, además, en la *Gaceta Oficial* la llamada *Reforma Urbana*. Consistía ésta en adueñarse el Estado de toda propiedad cubana, creando un fondo con el importe de los alquileres para pagar mensualmente a los dueños durante quince años y para que con esos mismos alquileres, los arrendatarios se hicieran dueños de las fincas.

Lo que hacía el castrismo era hacer al estado comunista el nuevo propietario de las viviendas de todos, o sea "desvestir un santo para vestir otro". Lo·que han adquirido los inquilinos es un raro derecho de permanencia.

En agosto de 1960 se reunió la *Organización de los Estados Americanos (OEA)* en Costa Rica, y en un débil acuerdo, fundado en el Tratado de Río de Janeiro de 1947, de Asistencia Recíproca, resolvió rechazar la intervención continental en América. Castro reunió a sus partidarios en el Parque Medina, barriada del Vedado, rompió con sus propias manos los tratados interamericanos, y lanzó la *Declaración de La Habana,* haciendo patente su alianza y vinculación con la Unión Soviética. Luego, emprendió viaje a Nueva York con destino a las Naciones Unidas, donde se abrazó con Kruszchev, ratificando.así,

Fidel Castro con Nikita Kruszchev en las Naciones Unidas.
(Wide World)

una vez más, su alianza con el imperio ruso. Poco después, al regresar a Cuba, como el orden público mostraba corrientes clandestinas contra el gobierno, creó los *Comités de Vigilancia*, estableciéndolos no solamente en las barriadas, sino en cada manzana. Estos comités venían, en realidad, a sustituir a las estaciones de policía, con más activa vigilancia a los vecinos, los que debían concurrir a los comités a dar cuenta de todos sus movimientos. En Washington suspendieron las exportaciones a Cuba, exceptuando medicinas y alimentos. Castro contestó firmando un amplio pacto comercial con la Unión Soviética.

Los "idiotas útiles" de la izquierda norteamericana siempre han sido los aliados gratuitos de Castro. Este "colaborador" del Fair Play for Cuba Committee no es nada menos que Lee Harvey Oswald, el que meses después asesinaría al presidente John F. Kennedy. Aquí Oswald distribuye propaganda a favor de Castro en las calles de Nueva Orleáns. El estudio de la Warren Commission sobre el asesinato de Kennedy concluyó que Oswald había actuado por su cuenta. Han surgido datos recientemente que desacreditan esa investigación. Haya habido o no relación directa entre los rusos o Castro mismo con Oswald, el resultado fue el mismo, y Oswald no duró ni dos días después de su crimen. (Michael O'Connor — Black Star)

1961
BAHÍA DE COCHINOS–
PÁGINA NEGRA

248.   SE ROMPEN LAS RELACIONES DIPLOMÁTICAS ENTRE LOS ESTADOS UNIDOS Y CUBA — EL LIBRO BLANCO — LA INVASIÓN DE BAHÍA DE COCHINOS

El 3 de enero de 1961, molestó Castro con las actividades de la embajada de los Estados Unidos en La Habana, que tenía una nómina de más de 200 funcionarios, notificó al embajador Bonsal que debía reducir ese personal a 11 empleados. La Casa Blanca se vio forzada a romper sus relaciones diplomáticas con Castro.

En realidad, desde que se constituyó el Frente Revolucionario Democrático, venía preparándose Washington para invadir la Isla. Este Frente se convirtió en el *Consejo Revolucionario Cubano*. Lo formaban José Miró Cardona, Manuel Rey Rivero y Manuel Antonio de Varona. Lo presidía el primero de éstos. Días antes, la Cancillería de Washington había publicado el *Libro Blanco*, conjunto de errores y desaciertos, como si se quisiera justificar a Castro. Aprobaba las medidas de los primeros tiempos. Carecía de datos estadísticos, y cuando citaba alguno para demostrar la miseria y pobreza de la época anterior al triunfo de la Revolución, se hallaba siempre en contradicción con los de sus propios Departamentos de Agricultura y Comercio. Contenía tantos errores que el exembajador en Cuba, Spruille Braden, lo calificó como uno de los documentos más indefendibles que se hayan publicado en los Estados Unidos.

En abril de 1961 ya no estaba en el poder el republicano Eisenhower, sino el demócrata John F. Kennedy, que le había ganado las elecciones de 1960 a Richard M. Nixon, candidato republicano. Kennedy lo encontró todo preparado, y continuó adelante. Recibió al

Manuel Antonio Varona (1908–   ),
camagüeyano, miembro del Directorio
Revolucionario en 1930, fue primer
ministro en el gobierno de Prío
(1948–1950) y presidente del Senado.
Con Manuel Artime dirigió la Brigada
2506.

Consejo Revolucionario Cubano en la Casa Blanca, aunque no públicamente, pues no quería verse mezclado en aquellas gestiones, que, por
otra parte, ya eran conocidas del espionaje ruso y castrista y hasta se
habían publicado en periódicos de la América Latina y de los propios
Estados Unidos, especialmente en el *New York Times*. Éste no
ignoraba las labores de la Brigada 2506, cuya mayor parte se adies-
traba en Guatemala, patrocinada y protegida de acuerdo con Washington por el presidente de aquella República, Miguel Idígoras Fuentes, enamorado de la libertad de Cuba.

En marcha el propósito de invadir a Cuba y derrocar a Castro,
el presidente Kennedy insistía en el secreto, un secreto a voces en los
cables internacionales, pero que él seguía negando. No hay que buscar
la causa final del fracaso, que no fue otra que el deseo de hacerle creer
al mundo que la Brigada 2506, con sólo 1,200 hombres, era solamente
la encargada de vencer a Castro y sus milicias. Eso fue el origen del
desastre de Bahía de Cochinos. El miércoles 12 de abril de 1961, en
conferencia de prensa, Kennedy declaró que los Estados Unidos no
intervendrían en Cuba bajo ningún pretexto. Esta declaración tenía
una importancia enorme. Pero era falsa, porque los Estados Unidos
estaban interviniendo a través de la Brigada, que era su obra. Tres
días después, al producirse el primer bombardeo sobre las bases
aéreas cubanas, Raúl Roa, canciller de Cuba, compareció ante las
Naciones Unidas y denunció a los Estados Unidos de estar preparando
la invasión de la Isla. Intervino el embajador Adlai Stevenson, representante de Washington en las Naciones Unidas, y logró silenciar esos
ataques, para que no obstaculizaran las maniobras contra la aviación
comunista, muy superior ésta a la que tenía la Brigada 2506. Los
periódicos de Castro en La Habana decían: "Vienen solos".

La invasión de *Bahía de Cochinos* es una página lamentable para

Ataque a la Playa Girón. La artillería de Castro bombardea la expedición de Bahía de Cochinos. (UPI)

la administración del presidente Kennedy. A su lado había enemigos y partidarios de la invasión. Entre los partidarios se encontraba el director de la CIA, Allan Dulles, conocedor a fondo de la situación.

Ante todos estos acontecimientos, los órganos represivos de Castro actuaron a toda prisa. Hubo miles de detenciones. Se rompió el movimiento clandestino con el que no quiso tratar la CIA. Sus jefes principales fueron fusilados ante los pelotones dándole vivas a Cuba Libre. El disimulo de Washington de no querer aparecer mezclado en la invasión y sus consecuencias destruyó la resistencia civil en la Isla. En 1965, se aseguró que durante la preparación para invadir Bahía de Cochinos y sus resultados posteriores, se había encarcelado o detenido en la Isla unas 950,000 personas.

La descripción detallada de estos hechos no cabe en un manual de historia de Cuba. El 17 de abril las tropas castristas estaban prácticamente esperando a los invasores. Unos aviones "Sea Fury", que Inglaterra había vendido al gobierno del general Batista, entraron en acción en la defensa del castrismo, y con facilidad dieron buena cuenta de los heroicos expedicionarios. Iniciada la invasión, Kennedy se reunió con sus asesores políticos y militares. Cada vez que alguno de éstos proponía algo en pro de la intervención de los Estados Unidos, Kennedy objetaba que los Estados Unidos no debían aparecer implicados. El almirante Arleigh Burke, en una oportunidad, contestó:

Invasores de la Brigada 2506 son conducidos a
prisión. (N.Y. Public Library)

"Pero, señor Presidente, si ya estamos implicados. Nosotros hemos
adiestrado y armado a esos hombres. No podemos permitir que los
destrocen así". Pero la opinión de Kennedy se impuso. Los Estados
Unidos no podían aparecer implicados. Días más tarde, ante la realidad de la catástrofe, Kennedy asumió la responsabilidad de lo sucedido. El 19 de abril todo había terminado. El coronel cubano, Vicente
León, al contemplar la inutilidad de la resistencia, el abandono en que
los habían dejado, se suicidó. El comunismo seguía triunfando en
Cuba. Esta derrota constituye una de las páginas más sangrientas de
la historia de América. No obstante, en mayo de 1961, los profesores
de la Universidad de Harvard publicaban en el *New York Times*,
como anuncio pagado, una declaración en que exigían que no se
llevaran a cabo, en ningún momento, acciones de armas contra el
régimen de Castro.

249. LA OEA EXCLUYE A CASTRO DEL SISTEMA INTERAMERICANO — SE CONSTITUYE EN CUBA EL PARTIDO ÚNICO — RUSIA DECLARA QUE APOYA A CUBA

En su afán de buscar la protección de los países comunistas,
especialmente de parte de Rusia y de China, Castro confesó pública-

mente que él siempre había sido marxista-leninista, y que no lo había revelado antes porque muy pocos cubanos lo hubieran seguido. En consecuencia, proclamó oficialmente que Cuba era la primera república socialista de América. Esta declaración fue seguida de la reunión de la Organización de Estados Americanos el 31 de enero de 1962, en Punta del Este, Uruguay, en la que con el voto de todos los asistentes, excepto el de México, se excluyó a la Cuba castrista de dicha organización y se dispuso que todos los gobiernos de América rompieran relaciones con Castro.

Ministros americanos de la OEA votan la expulsión de Cuba el 31 de enero de 1962 en Punta del Este, Uruguay. (Wide World)

Este acuerdo, erróneo desde todos los puntos de vista y falto de base legal, pues ni los estatutos de la OEA, ni la Carta de Bogotá,[1] ni el

[1] *La Carta de la Organización de los Estados Americanos*, suscrita en la Novena Conferencia Internacional Americana en Bogotá, del 30 de marzo al 2 de mayo de 1948:
Capítulo V. Seguridad Colectiva. Artículo 24: Toda agresión de un Estado contra la integridad o la inviolabilidad del territorio o contra la soberanía o la independencia de un Estado Americano, será considerada como un acto de agresión contra los demás Estados Americanos.
Artículo 25. Si la inviolabilidad o la integridad del territorio o la soberanía o la independencia política de cualquier Estado Americano fueran afectadas por un ataque armado o por una agresión que no sea ataque armado, o por un conflicto extracontinental, etc. . . se aplicarán las medidas y procedimientos establecidos en los tratados especiales existentes en la materia.

Tratado de Río,[2] ni el acuerdo de Caracas,[3] autorizaban una medida de ese orden, fue contestado por el régimen de La Habana con una nueva declaración, ratificando su doctrina comunista. Decimos que aquel acuerdo de la OEA era erróneo y liberaba a Castro de dichos tratados interamericanos porque no se expulsaba a Cuba de la OEA, sino al castrismo. Como éste quedaba en posesión de la Isla, la intervención de la Unión Soviética en el continente continuaba y era a ésta, si se oponía, a quien había que expulsar del Continente de la única manera que autorizaba el Tratado de Río: con la fuerza. A partir de Punta del Este, otro error de la diplomacia continental, la presencia de Rusia en Cuba quedaba asegurada. Ésta comprendió que América no se atrevía a exigirle el respeto a sus acuerdos.

La amarga realidad de esta situación aconsejó a Castro constituir el partido único de la Revolución, con el nombre de *Organizaciones Revolucionarias Integradas*. Y el Kremlin, para consolidar su posición en Cuba y respaldar a Castro, estableció bases para cohetes atómicos, apuntando al sur de los Estados Unidos, y envió a la Isla armas defensivas y técnicos militares que procedieron a llevar a la práctica esos propósitos. El 2 de septiembre de 1962 ésta era la situación, en respuesta al acuerdo inocuo de expulsar a Castro de la comunidad interamericana. El momento no podía ser más difícil, no para los cubanos, que emigraban de su patria por centenares de miles, sino para los Estados Unidos, a los cuales se desafiaba sin rodeos.

---

[2] El *Tratado de Asistencia Recíproca* suscrito en Río de Janeiro, para el mantenimiento y la seguridad del Continente, del 15 de agosto al 2 de septiembre de 1947. Su artículo 6º dice:
Si la inviolabilidad o la integridad del territorio o la soberanía o la independencia política de cualquier Estado Americano fueran afectadas por una agresión que no sea ataque armado, o por un conflicto extracontinental, o por cualquier otro hecho o situación que pueda poner en peligro la paz de América, el Órgano de Consulta se reunirá inmediatamente, a fin de acordar las medidas que en caso de agresión se deben tomar en ayuda del agredido, o en todo caso las que convenga tomar para la defensa común y para el mantenimiento de la paz y la seguridad del Continente.
[3] *Declaración de Caracas* (1954):
El dominio o control de Instituciones políticas de cualquier Estado Americano por parte del Movimiento Internacional Comunista, constituirá una amenaza a la soberanía e independencia política de los Estados Americanos que pondría en peligro la paz de América, y exigiría una reunión de ministros de Relaciones Exteriores para considerar la adopción de medidas.

1962
LA CRISIS DE LOS COHETES

250. LA CRISIS DE LOS COHETES

Al saber el presidente Kennedy que los rusos estaban instalando en Cuba las bases de proyectiles teledirigidos, que permitirían el lanzamiento de cohetes con alcance de 1,400 kilómetros, pudiendo destruir ciudades y centros industriales en los Estados Unidos, re-

Vista aérea de las bases de cohetes que provocaron la crisis con los Estados Unidos. (U.S. Dept. of Defense-Wide World)

accionó enérgicamente. En un vigoroso discurso el 22 de octubre de 1962, exigió el desmantelamiento de dichas bases y la retirada de las armas nucleares, aviones de guerra y bombarderos atómicos. Decretó el bloqueo de la Isla por mar y aire, y que todos los barcos, especialmente los soviéticos, que en esos días viajaban a Cuba con los cohetes, fueran registrados en alta mar para impedir que los rusos siguieran introduciendo en la Isla armas nucleares.

Descubierta la política de Kruszchev respecto a los Estados Unidos, la tensión mundial estaba pendiente del barco ruso que navegaba hacia Cuba con los últimos dispositivos de los cohetes atómicos. ¿Se detendría dicho barco? ¿Lo registrarían las unidades navales norteamericanas? No hubo necesidad. El barco ruso se detuvo. Kennedy había ganado la partida.

Entonces comenzó una negociación entre el Kremlin. y la Casa Blanca, encaminada a lograr una promesa por parte de los Estados Unidos de no invadir a Cuba, ni permitir que fuera invadida desde lugares de América, a cambio de que la Unión Soviética retirara de Cuba las armas nucleares y desmantelara las bases edificadas. Pero nunca se ha sabido con certeza si Moscú cumplió este acuerdo, porque habiendo sido designada una comisión norteamericana para comprobarlo, cuando Castro recibió al secretario de las Naciones Unidas, U. Thant, se negó rotundamente a admitir en Cuba la presencia de comisión alguna. La inspección sobre el terreno jamás se llevó a efecto.

Con este acuerdo personal entre Kruszchev y Kennedy, sin la sanción del Congreso, quedó garantizada la permanencia del régimen comunista a 90 millas de los Estados Unidos, pues los cubanos del exilio no podrían llevar la guerra a Cuba. Todos los barcos de la organización revolucionaria fueron incautados por las autoridades norteamericanas. Y más adelante, habiéndose hecho imposible las relaciones del Consejo Revolucionario con la Casa Blanca, aquél se disolvió. El doctor Miró Cardona publicó una carta explicativa de su conducta y de las razones de su renuncia a la presidencia de dicho organismo. Así quedó sellada la suerte de Cuba.

251.   RESCATE DE LOS EXPEDICIONARIOS DE BAHÍA DE COCHINOS

La condena a treinta años de prisión de los expedicionarios de Bahía de Cochinos, conocidos también como expedicionarios de *Playa Girón*, era una pena para el presidente Kennedy y cuantos le habían aconsejado que no tomara parte en la invasión a Cuba. Para remediar esto se formó en Washington un comité presidido por la viuda del presidente Franklin D. Roosevelt, a fin de recaudar fondos para

Buques soviéticos con carga de aviones de bombardeo para Cuba.
(U.S. Dept of Defense-Wide World)

Carlos Rafael
Hablará en el 45
aniversario de la
Revolución de Octubre
(Vea columna Ocho)

REVOLUCION

PRIMERA EDICION

(Acogida a la Franquicia Postal e Inscripta como Correspondencia de Segunda Clase)

Año V   No. 2168   La Habana, Lunes 5 de Noviembre de 1962   Director: Carlos Franqui ● 10 Centavos

¡PRIMERAS FOTOGRAFIAS DEL AVION YANQUI ABATIDO!

Restos del avión U-2, norteamericano, derribado sobre suelo cubano cuando espiaba. (Foto de la SECCION CINEMATOGRAFICA DEL MINFAR).

CONTINUAN HOY LAS CONVERSACIONES DE MIKOYAN

Página del diario comunista *Revolución,* con fotografías del avión norteamericano
U2 derribado durante una misión de reconocimiento el 5 de noviembre de 1962.
(Wide World)

Juicio en La Habana de los expedicionarios de Bahía de Cochinos. (UPI)

289

rescatar a los presos. Castro recomendó al tribunal revolucionario que fijara una cantidad de dinero por cada uno según su importancia. Esas cantidades fluctuaban entre 10 mil y medio millón de dólares. Al mismo tiempo, se formó en Miami un *Comité de padres y familiares de los presos*, presidido por el hacendado Álvaro Sánchez y del que era secretario el abogado Ernesto Freyre. Tanto la comisión presidida por la señora Roosevelt y de la que formaba parte Milton Eisenhower, hermano del general Eisenhower, como el comité dirigido por Sánchez y Freyre tuvieron grandes dificultades. Finalmente se llegó a un acuerdo con Castro en el que, por la suma de 70 millones de dólares, pondría en libertad a los expedicionarios. Éstos llegaron a la Florida a fines de año y Kennedy los recibió en su casa de veraneo en Palm Beach. Días después, en un acto público llevado a efecto en el Bayfront Park de Miami, prometió izar la bandera de Cuba en lo más alto de las montañas cuando se recuperara la Isla de las garras comunistas. Él bien sabía que esto no lo podría cumplir, según lo pactado con Kruszchev.

252. EMPIEZA EL FOMENTO DE LA REVOLUCIÓN COMUNISTA EN AMÉRICA POR PARTE DEL CASTRISMO

Los acontecimientos narrados en las páginas anteriores nos llevan a la conclusión de que los dos hechos más importantes de la reciente

El presidente John F. Kennedy recibe la bandera de la Brigada 2506 al regreso de los prisioneros rescatados. (UPI)

historia de Cuba —el fracaso de Playa Girón y la negociación de la crisis de los cohetes— la dejaban en manos de los comunistas; a los cubanos del interior de la Isla, sin defensa posible; y a los del exilio, incapaces de valerse por sí mismos para fomentar en Cuba una revolución contra el comunismo, no tan sólo por falta de elementos para esa lucha, sino también por los compromisos adquiridos por el gobierno de los Estados Unidos.

De esta manera, Castro estrechó más sus relaciones con Moscú. Hizo un viaje a la meca del comunismo. Al regresar, declaró en un discurso que su régimen renunciaba, por el momento, a industrializar a Cuba. En realidad convirtió la Isla en un centro de producción agropecuaria en beneficio de la Unión Soviética. Todo el año de 1963 lo pasó Castro atacando a los Estados Unidos, y merodeando por Las Bahamas, asaltando islas y territorios ingleses cuando sospechaba que en ellos se fraguaban expediciones de cubanos contra su régimen. Sin descanso promulgaba toda clase de decretos dirigidos contra la ciudadanía que aún no se sometía. Dos de esos decretos, el relativo a la vagancia, y el de las labores de la zafra, parecían copiados de los dictados por los capitanes generales en la época de la Colonia. Todo el mundo estaba obligado a trabajar. Los empleados públicos, además de sus labores en las oficinas del Estado, tenían que ir a cortar caña, con un jornal de siete pesos mensuales. La naturaleza no le favoreció. En septiembre de 1963 el ciclón Flora arrasó la Isla con crecido saldo de muertes y pérdidas por valor de varios millones de dólares. La pobreza se acentuó aún más y se hacía difícil la obtención de toda clase de alimentos. El gobierno se veía obligado a racionarlo todo. Se establecieron las libretas familiares, que todos los consumidores necesitaban para comprar cuanto les hacía falta para comer y vestir. Las libretas de racionamiento y las colas diarias en todos los establecimientos y tiendas del pueblo, llegaron a ser una verdadera pesadilla.

Dice el historiador Rafael Esténger que el Kremlin, al adueñarse de la dirección del gobierno de Cuba a través del castrismo, tenía tres objetivos fundamentales: 1) situar un país comunista en la zona de influencia norteamericana; 2) penetrar desde allí en las demás naciones de la América Latina; 3) fomentar los resentimientos tradicionales entre las repúblicas del Sur y la del Norte. En efecto, pronto se vieron los efectos de esta política: el descubrimiento de armas, recursos bélicos y toda clase de implementos de esta índole en Venezuela, que provocó la denuncia de esta nación y la reunión de la OEA. Se acordó por las dos terceras partes de sus miembros establecer un rígido bloqueo de la Isla, necesitándose para revocarlo igual número de votos, de acuerdo con el Tratado de Asistencia Recíproca de Río de

Janeiro del año de 1947. Pero los acuerdos de la OEA jamás impresionaron a Castro. En cuanto al bloqueo, éste no lo afectó, pues los países de Europa y algunos de América, México principalmente, no se sintieron obligados a seguir la política de los Estados Unidos en la OEA.

Al terminar el año 1964, en Cuba no existía la más mínima expresión de libertad. Todos los periódicos habían caído bajo el terror comunista. Los periódicos *Avance, El País, Excélsior*, el viejo y tradicional *Diario de La Marina, El Mundo, Información, Prensa Libre*, las revistas *Bohemia, Carteles* y *Vanidades* habían desaparecido. Sólo se editaban dos diarios sujetos a la dirección de Castro: *El Gramma* y *Verde Olivo*. Cuando la SIP (Sociedad Interamericana de Prensa) se reunía y declaraba que en Cuba no existía la libertad de prensa, decía una verdad a medias. Lo que no existía era la prensa. Por otra parte, Castro había llevado los fusilamientos a su más alto grado. Cayeron bajo las balas de sus esbirros muchos de sus colaboradores en la Sierra. Humberto Sorí Marín, redactor de una ley de reforma agraria, que a Castro no le pareció bastante fuerte, entró en el clandestinaje de las conspiraciones, y al ser descubierto fue pasado por las armas. Cayó también William Morgan, un soldado de fortuna norteamericano que, junto con la CIA, quiso llevar adelante una conspiración. Nadie escapaba al furor castrista. El terror de la Revolución Francesa de 1789 duró dos años. Castro andaba por el quinto año de su revolución, y el terror continuaba.

En 1970 cuando pasó por Nueva York el consejero de la embajada de España en La Habana, Jaime Caldevilla, cuyo relevo había pedido Castro, aseguró en una rueda de periodistas que de acuerdo con la Gaceta Oficial de la Habana, los fusilados pasaban de la suma de 24,000, y que el gobierno comunista de Cuba no había dejado un solo día de aplicar la pena de muerte a los que lo combatían. No se sabe, en realidad, cuántos son los que han encontrado la muerte en los paredones, pero el ritmo de dicho gobierno en hacer funcionar los tribunales populares es tal que los muertos oficialmente condenados a esa pena deben pasar de 30,000.

Raúl Castro hizo promulgar la ley del Terror Campesino, calcada de un bando del capitán general de la Isla, conde de Valmaseda, cuando en 1870 los patriotas cubanos luchaban contra la Metrópoli hispana. La ley declaraba que serían inmediatamente fusilados, sin celebración de juicio, aquellos campesinos que fueran vistos fuera de sus viviendas después de las ocho de la noche y antes de las cinco de la mañana. Más adelante, Fidel Castro impuso otra ley de este tipo, denominada del Servicio Militar Obligatorio. Comprendía a todos los hombres entre los diecisiete y los cuarenta y cinco años. Nadie escapaba a la represión comunista.

Presos en La Cabaña durante los primeros años del gobierno de Castro. Esta foto fue tomada por un prisionero. (UPI)

Juana Castro habla con la prensa en contra de su propio hermano desde el exilio en México. (UPI)

En el año de 1964 se efectuó el juicio contra Marcos Rodríguez, apodado "Marquito". Lo acusaban de haber delatado a cuatro jóvenes que durante el gobierno de Batista se habían ocultado en un apartamento de la calle Humboldt, 7 donde fueron ametrallados por la policía. En este juicio, resultaron también implicados como delatores el viejo comunista Joaquín Ordoqui y su mujer Edith García Buchaca. Salvaron éstos la vida por la intervención del Kremlin, pues pertenecían a la vieja guardia. Pero Ordoqui tuvo que firmar una carta de arrepentimiento y autocrítica dirigida a Castro. Marquito no escapó. Fue fusilado.

El mismo año Juanita Castro, hermana de Fidel, salió de Cuba en dirección a México y luego hacia los Estados Unidos. Desde que llegó a los Estados Unidos empezó a atacar el sistema comunista. Un periodista le preguntó en una ocasión: "¿Cómo ha podido usted estar contra su hermano"? Juanita le replicó: "Usted está equivocado. Mis hermanos son los que luchan por la libertad de Cuba".

Al finalizar el año 1964, Castro declaró que la Isla debía a la Unión Soviética la suma de 2,500 millones de dólares. Esta suma exorbitante para Cuba se había empleado, en su mayor parte, en armar a los milicianos que llegaban ya a 200,000.

253.   LA TRAGEDIA DEL CHE GUEVARA

Los auxiliares de Fidel Castro, por orden de importancia, eran el Che Guevara y Raúl Castro. Entre ellos existía verdadera rivalidad.

"Che" Guevara en las Naciones Unidas en 1959. (OEA)

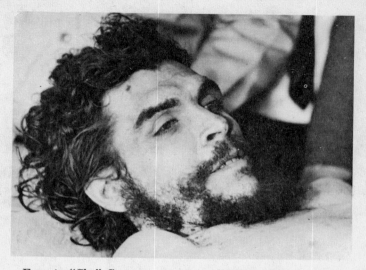

Ernesto "Che" Guevara muerto en Bolivia. (Wide World)

El Che, cuya ignorancia en economía era obvia, comenzó su carrera como presidente del Banco Nacional y anunció que Cuba sería industrializada. La campaña resultó un verdadero fracaso. En vez de industrializarla, con sus medidas erróneas, destruyó lo que ya existía.

Nunca se llegó a traslucir públicamente el distanciamiento que había entre Castro y el Che. Éste se hizo más patente cuando la Revolución tuvo que escoger entre la Unión Soviética y la China de Mao. Fidel se situó al lado de la primera y el Che hizo públicas sus simpatías por la segunda. Cuando el Che viajaba por los países tricontinentales (África, Asia y América), Castro lo llamó. Al desembarcar en La Habana, el Che desapareció. Corrieron absurdos rumores y hasta se llegó a decir que lo habían asesinado. Hay varias versiones sobre estos hechos. En 1965 el Che apareció en Bolivia, dirigiendo sus guerrillas para llevar la Revolución a la América del Sur. En realidad no sabía el terreno que pisaba. Mal informado por los indios y perseguido de muy cerca por el ejército boliviano dos años después, el Che, al que no puede negársele un idealismo fanático, fue cercado y capturado. Se había dado orden de eliminarlo. "¡No me maten!" gritó el Che. "Vivo soy más útil que muerto". Fue en vano. Lo ametrallaron. Últimamente, en el diario *El Tiempo* de Cochabamba se ha publicado una serie de artículos firmados por Ignacio Callau Berbery que arrojan mucha luz sobre el asunto. Castro, al desligarse de un socio que ya no le convenía, lo abandonó a su suerte.

33

CUBA JUGUETE DE LA POLÍTICA INTERNACIONAL

254. EL PRESIDENTE JOHNSON — LOS VUELOS DE LA LIBERTAD — LAS CONFERENCIAS TRICONTINENTALES — VISITA DE KOSYGIN

En 1963 fue asesinado el presidente Kennedy en Tejas por el misterioso Lee Harvey Oswald, que le disparó desde un edificio al pasar en automóvil el joven presidente acompañado de su esposa. Este sujeto había estado en México, en la embajada de Cuba. Pertenecía a una asociación titulada *Fair Play for Cuba*. A consecuencia de este crimen, aún no esclarecido del todo, ascendió a la presidencia el vicepresidente Lyndon Johnson. La política de éste continuó sobre los mismos caminos. Aprovechando unas declaraciones de Castro, en las que decía que todos aquellos que quisieran abandonar la Isla podían hacerlo, Johnson permitió que se iniciaran vía Miami-Varadero los llamados *Vuelos de la Libertad*, en los que cuatro aviones diarios sacaban de Cuba a cuantos deseaban radicarse en Miami o en otros lugares de los Estados Unidos. La salida de la Isla no era fácil. Los emigrantes tenían que entregar todas sus pertenencias y esperar meses y años que les llegara su turno. Aun en medio de estas dificultades, cerca de medio millón de cubanos salió de la Isla.

Para combatir este éxodo que indudablemente lo perjudicaba, Castro organizó las *Conferencias Tricontinentales*, cuyo objetivo era alinear a los países de varios continentes contra los Estados Unidos. La primera reunión tuvo efecto en La Habana, a partir del 13 de enero de 1966, poniendo de manifiesto el propósito subversivo que la animaba. Esta conferencia afianzó más a Castro, aunque lo abandonaron algunos de sus aliados. Todavía quedaban dentro de la Isla

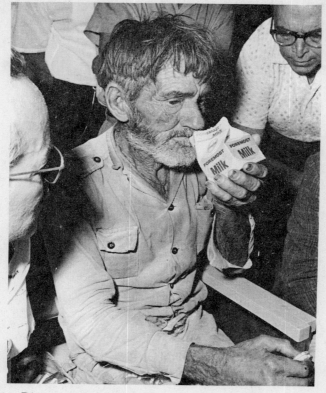

Juan Santos Ríos, pescador cubano de 69 años de edad, descansa en Miami después de su huida en un bote de vela. Santos y cuatro compañeros hicieron el viaje de Matanzas a Marathon, Florida, en dos días. (Wide World)

Grupo de refugiados cubanos escapa en un barco pequeño. (Wide World)

Refugiada cubana que dejó un hijo en la Isla.
(Wide World)

restos de su lucha contra los comunistas tradicionales, y Castro se vio obligado a castigar a algunos de sus partidarios. Rolando Cubelas, que tanto había cooperado a la Revolución en la época de la lucha contra Batista, fue descubierto conspirando y fue condenado a treinta años de prisión. También fue penado Efigenio Almejeiras, que había sido jefe de Policía. Después de un sonado congreso de estudiantes interamericanos que ofrecieron su concurso a la Tricontinental, visitó Cuba el primer ministro soviético, Aleksei Kosygin. Su respaldo al régimen fue manifiesto. Al año siguiente tuvo efecto en La Habana, en julio de 1967, la apertura de la Conferencia OLAS (Organización Latinoamericana de Solidaridad) para fomentar la lucha del socialismo en América.

255. ELIGEN PRESIDENTE A RICHARD M. NIXON — EL TRATADO DE PIRATERÍA — VISITA DE BRESHNEV

Richard M. Nixon siempre se había manifestado en favor de la libertad de Cuba. Al ser nominado candidato a la presidencia en 1968, un grupo de cubanos con el doctor Emilio Núñez Portuondo a la cabeza, le ofreció el apoyo de los cubanos en su campaña electoral. Nixon, a su vez, prometió cooperar con el exilio cubano. Instalado después de su triunfo en la Casa Blanca, se olvidó Nixon de lo prometido. Años después en 1973, mediante la embajada suiza, acordó con Castro el cese de la piratería aérea que llevaba los aviones asaltados a Cuba y dejaba a ese régimen grandes utilidades cobradas a título de rescate. En ese acuerdo se incluyó el artículo 2, a todas luces innecesario y perjudicial a los intereses de los rebeldes cubanos. Por ese artículo los Estados Unidos se obligaron a impedir que desde sus playas o de cualesquiera otras del continente se atacara al régimen de Castro.

Este tratado y la visita que hizo a Cuba el líder soviético Leonid Breshnev consolidaron la posición de Castro.

256. EL PLAN TORRIENTE

A fines de 1969 José Elías de la Torriente, miembro de una distinguida familia cubana, publicó unas importantes declaraciones diciendo que él estaba en condiciones de libertar a Cuba. Días después, logró la unión de la gran mayoría de los cubanos en los Estados Unidos. El doctor Enrique Huerta, presidente de la Federación de Médicos Cubanos Exiliados, le entregó todo el dinero recaudado por él, que ascendía más o menos a 50 mil pesos, para libertar a Cuba. Torriente suscribió un documento con los doctores Carlos Prío Socarrás, Andrés Rivero Agüero y Juanita Castro, dando inicio a sus trabajos. Torriente no explicaba en que consistía su plan. Seleccionó a sus colaboradores y nombró como segundo suyo al periodista Guillermo Martínez Márquez. Torriente prometía la libertad de Cuba para el año 1970. Cuando llegó éste, la prometió para más adelante. Su plan despertó muchas ilusiones, pero como no se materializaba, no obstante sus esfuerzos, empezó a tener dificultades con los grupos revolucionarios. Una noche, se hallaba Torriente reunido con su familia en su residencia de Miami, cuando una mano criminal le disparó desde la ventana que daba a la calle. Este asesinato no ha sido aún aclarado. Y por el tiempo transcurrido parece que quedará en el misterio.

257. LA ZAFRA DE LOS 10 MILLONES DE TONELADAS — VICTORIA SOCIALISTA EN CHILE — EL CASO DE HEBERTO PADILLA

Castro, durante el año de 1969, había ofrecido para la zafra de 1970 una molienda de 10 millones de toneladas. El resultado fue un gran fracaso. Castro lo reconoció. De aquí en adelante se registraron hechos y acontecimientos, favorables y adversos para el castrismo. El más favorable de ellos fue la victoria del socialismo en Chile, al triunfar la candidatura presidencial de Salvador Allende. Aunque esta victoria no complacía a Castro completamente, pues había sido lograda a través de los votos y no de las guerrillas, en seguida se formó el eje Habana-Santiago. Y Castro visitó Chile después de la toma de posesión de Allende. Más tarde, Allende fue arrojado del poder por un golpe militar dirigido por el general Pinochet.

Económicamente el año de 1971 fue muy duro para Cuba, al tener una producción escasa en toda clase de alimentos y confrontar repetidas protestas por el bajo salario de los obreros. En un esfuerzo para aumentar la producción y reducir el caos económico en que se encontraba la Isla, Castro tomó dos decisiones. Primero concedió una mayor participación a los expertos y técnicos que le enviaban los rusos para dirigir algunos sectores de la administración, y segundo dispuso que los trabajadores acusados de brazos caídos fueran internados en campos de concentración.

Uno de los peores momentos de estos años para Castro fue el ataque de un grupo de intelectuales latinoamericanos que antes lo habían aplaudido. Este rompimiento se debió al tratamiento que recibió el poeta cubano Heberto Padilla, que en 1968 había recibido un premio de la Unión Cubana de Escritores y Artistas por sus poesías en elogio de la Revolución. En 1971 Padilla escribió un poema titulado "Fuera de Juego". Castro lo estimó contrario a su régimen. El 20 de marzo de 1971 fue preso el autor y acusado de contrarrevolucionario. Fue puesto en libertad un mes más tarde, luego de haber firmado una confesión diciendo que se reconocía culpable de haber mentido en sus conversaciones con dos izquierdistas europeos, René Dumont, sociólogo francés, y K. S. Karol, periodista polonés de los más leídos en Europa. El tratamiento dado a Padilla fue criticado duramente en París. Unos sesenta escritores, entre los cuales se hallaban Simone de Beauvoir, Jean-Paul Sartre, Alberto Moravia, Hans-Magnus Enzenberger y Susan Sontag, se mostraron indignados ante la conducta dictatorial de Castro. La confesión de Padilla, decían, sólo puede haberse obtenido por procedimientos contrarios a los principios revolucionarios. Castro, poco después, atacó en un discurso a ese grupo de intelectuales y negó que se hubiera torturado a Padilla. El saldo de este proceso fue muy adverso para Castro y su régimen.

258. PROGRESOS DE CASTRO EN AMÉRICA LATINA — SE REUNE LA OEA EN QUITO (1974) Y EN SAN JOSÉ (1975)

La política de Castro de agitar el sentimiento nacionalista en los pueblos de América Latina, y la ayuda recibida de México y de su presidente Luis Echeverría han permitido al régimen comunista de Cuba ser reconocido por algunas naciones del sistema interamericano, y para ello han tenido que pasar por encima de los acuerdos de la OEA. Argentina, Barbados, Colombia, Jamaica, México, Panamá, Perú, Trinidad, Tobago y Venezuela reanudaron relaciones con el régimen castrocomunista. Algunos de estos países, como Barbados y Jamaica, no firmaron el Tratado de Río. Otros, como Las Bahamas, el Canadá y Guyana no formaban parte de la OEA.

La presión ejercida sobre Washington por la Argentina, México y el Perú para que Estados Unidos reanudaran relaciones con Castro y levantaran el embargo que pesaba sobre Cuba desde el acuerdo de la OEA de 1964, fue planteada en Quito, en noviembre de 1974. Trece países votaron a favor del levantamiento del embargo: Argentina, Colombia, Costa Rica, Santo Domingo, Ecuador, El Salvador, Honduras, México, Panamá, Perú, Trinidad, Tobago y Venezuela. Votaron en contra: Chile, Paraguay y Uruguay. Se abstuvieron: Bolivia, Brasil, Guatemala, Haití, Nicaragua y los Estados Unidos. Como de acuerdo con el Tratado de Río hacían falta 14 votos, los partidarios de levantar el embargo a Cuba perdieron la partida. Pero, indudablemente, tanto el levantamiento del embargo como la coexistencia ganaban terreno. En efecto, los estados partidarios de levantar el embargo al régimen castrocomunista insistieron, y en julio de 1975 se reunieron nuevamente, esta vez en San José, Costa

Reunión de la OEA en Quito, 1974. (Wide World)

Reunión de la OEA en San José de Costa Rica el 29 de julio de 1975 en que se acordó restablecer relaciones comerciales con Cuba. (Wide World)

Rica, y por 16 votos de los 21 que componen la OEA, dieron por terminado el embargo, dejando en libertad a los países de América de reanudar relaciones comerciales y diplomáticas con Cuba, si así lo estimaren. En esta reunión votaron afirmativamente: Argentina, Bolivia, Colombia, Costa Rica, Ecuador, El Salvador, Guatemala, Estados Unidos, Haití, Honduras, México, Panamá, Perú, República Dominicana, Trinidad, Tobago y Venezuela. Votaron en contra: Chile, Paraguay y Uruguay; y en blanco: Brasil y Nicaragua.

34

LOS HECHOS ANTE LA LEYENDA ROJA

259.   LA LEYENDA ROJA — ALGUNOS DATOS ESTADÍSTICOS

Los sucesos del 10 de marzo desmintieron la versión de Castro de que luchaba contra Batista para reconquistar los derechos civiles y políticos. Tanto los revolucionarios, como los políticos oposicionistas, pedían: el cese del gobierno de Batista; la restauración plena de la Constitución de 1940; la celebración de unas elecciones libres. Dentro de estas categorías existían algunas diferencias entre los revolucionarios, los políticos abstencionistas y los electoralistas. Los dos primeros exigían el cese inmediato de la dictadura de Batista. Los electoralistas decían que había que salir por la puerta de las elecciones.

Todos recordamos que al bajar de la Sierra los castristas, su líder había prometido restablecer la Constitución del 40 y celebrar elecciones en un plazo no mayor de dieciocho meses. No cumplió ninguna de estas dos promesas. De pronto agregó a la ecuación cubana problemas que no se habían planteado. En seguida los castristas comenzaron una propaganda, pintando a Cuba como uno de los países más atrasados y pobres del mundo. Un país subdesarrollado, donde en muchas partes la gente se acostaba sin comer. Cuando muchos cubanos, por sus ambiciones políticas, y algunos extranjeros, por su ignorancia de las cuestiones cubanas, confirmaron estas informaciones del castrismo, estaban respaldando al comunismo. De esta manera se creó lo que se ha calificado de *leyenda roja*. Matthews, en el *New York Times*, se encargó de difundirla. Y la leyenda roja le ha dado la vuelta al mundo.

No era tan difícil creer en la pobreza y el atraso de la Isla, tiranizada antes por España, y explotada después por el imperialismo americano. Sin embargo, Cuba en 1958, después de cincuenta y seis años de República, no era un país subdesarrollado. Causa estupor escuchar en las universidades a los expertos en asuntos cubanos aferrados a esa falsa imagen, trazada por la propaganda comunista universal para justificar la Revolución cubana y la ocupación indefinida de la Isla. Uno de estos expertos, acorralado por la verdad de las estadísticas oficiales que desmienten la leyenda roja, ha llegado a decir que la pasividad del pueblo cubano bajo el régimen de Castro, en los quince años transcurridos, es la mejor prueba de que las reformas comunistas eran una necesidad. Ante estas terquedades, que suponen complicidad con la leyenda, no puede menos que recordarse el *caso Dreyfus* en la Francia de fines del siglo XIX, en que militares y políticos se habían confabulado para ocultar la verdad. Los intelectuales comunistas, los que aspiran a recibir propaganda del aparato propagandístico soviético, y en parte, los liberales de los Estados Unidos, han hecho de Cuba un nuevo y más peligroso caso Dreyfus que amenaza destruir las tradiciones, libertades y democracias continentales.

Los acontecimientos inmediatos al advenimiento del castrismo en 1959 oscurecen el progreso logrado por la República. Cuba no necesitaba ni a Castro ni al comunismo para realizar los adelantos de todos los órdenes que se venían logrando desde el comienzo de la primera República. Es más, la revolución castrocomunista libró a Cuba del batistato, pero arrestó el progreso social, político y económico que se realizaba en un marco democrático y constitucional, para encadenar al país al comunismo. Es triste presenciar en retrospecto lo mucho que progresó Cuba democráticamente, en libertad, con los trastornos propios de un país joven, pero siempre hacia una vida republicana basada en el respeto al proceso constitucional y los derechos del ciudadano. Cuba tuvo sus dictadores y sus atropellos, pero no duraron. Castro y los suyos tampoco durarán.

Es útil que analicemos en grandes rasgos la evolución republicana de Cuba hasta la llegada del castrocomunismo. En el plano político, ya se ha visto ampliamente en páginas anteriores como se fueron buscando fórmulas pacíficas y democráticas, aunque con fallos temporales. En las páginas siguientes recontaremos los puntos salientes en la transición socioeconómica desde la Guerra de Independencia hasta la desgracia de 1959.

Con estas apreciaciones no se pretende decir que Cuba no carecía de problemas socioeconómicos. Los tenía como cualquier otro país. Pero su gran desarrollo, especialmente a partir de la Revolución de 1933, la había situado en fase avanzada en los sectores industrializados. Todos sus gobernantes estaban animados por los mejores propósitos en cuanto a la economía del país. No fue, pues, una casuali-

Calle de la capital colombiana durante el "bogotazo" de 1948 en que participó Fidel Castro, ya envuelto en actividades subversivas. (Wide World)

El joven Fidel toma parte en una manifestación estudiantil en 1947.

dad que desde 1936, el Partido Conservador desapareciera como factor determinante de la política interna cubana.

Cuba era un país rico. Se encontraba en amplio desarrollo económico a la caída del gobierno de Batista. Los cubanos son y siempre han sido inteligentes y laboriosos, como lo han demostrado en el exilio. Y así lo confirman las estadísticas oficiales.

FIDEL CASTRO (1926–   )

Fidel Castro nació el 13 de agosto de 1926. Estudió la enseñanza secundaria y el bachillerato en el colegio de los Padres Jesuitas de Belén, el mejor organizado y más caro de aquellos días. Entró en la Universidad a estudiar la carrera de abogado en 1945. Desde entonces dio muestras de un carácter incontrolable. Tomó parte en el *Bogotazo*, en Colombia, en el año de 1948, cuando se celebraba allí la Novena Conferencia de Estados Americanos. Se dijo entonces que era agente provocador al servicio de Moscú, y se aseguró que había disparado su rifle en los desórdenes que siguieron el asesinato del líder liberal colombiano Jorge Eliécer Gaitán. La embajada de Cuba lo sacó en un avión del gobierno y fue puesto en libertad al regreso a Cuba. Al dar Batista el golpe militar del 10 de marzo de 1952, Castro se sumó a la oposición revolucionaria contra el régimen. El 2 de diciembre de 1956, desembarcó con 81 compañeros del barco *Gramma* fletado en México para llevar a Cuba la protesta armada. Lo acompañaban el Che Guevara y su hermano Raúl, principales jefes de la expedición. Desde entonces hasta el primero de enero de 1959, en que cayó el gobierno del general Batista, Castro gozó del apoyo de la ciudadanía a su Movimiento del 26 de Julio de 1953, fecha en que se llevó a cabo el asalto al *Cuartel Moncada* de Santiago de Cuba. También contó Castro a lo largo de su lucha con el apoyo implícito del Departamento de Estado de Washington. Mientras por una parte éste imponía el embargo de las armas al gobierno de Batista, permitía por otra los suministros de dichos recursos bélicos a Castro. Desde los primeros momentos de la formación del gobierno de Castro, en el que ocupaba la presidencia el magistrado Manuel Urrutia Lleó, siendo primer ministro el doctor José Miró, y el propio Castro jefe de las Milicias armadas, se advirtió su enemistad para con los Estados Unidos. Esta enemistad quedó de manifiesto en el aprisionamiento del comandante Hubert Matos, en las renuncias del jefe de la Aviación Díaz Lanz y del presidente Urrutia y en el trato despreciativo que dio al embajador de los Estados Unidos, Philip Bonsal, que había sustituido a Earl T. E. Smith, el cual había advertido a Washington que la revolución castrista tenía matices comunistas. La fracasada invasión de Bahía de Cochinos despertó en Castro profundos rencores contra los Estados Unidos. Fue entonces, a fines de 1961, cuando hizo profesión de fe comunista, confesando que él había sido siempre comunista pero que lo había ocultado, porque de haberlo sabido el pueblo de Cuba, no lo hubiera seguido cuando organizaba su movimiento revolucionario. A partir de entonces, Castro ha llevado a cabo, implacablemente, la comunización de Cuba, apoyándose en el terror y en el uso del terror, la traición y el paredón de fusilamiento.

Fidel Castro hablando en 1952 ante la asamblea provincial del Partido del Pueblo Cubano Ortodoxo, bajo el retrato de Eduardo Chibás. Preside la reunión Pelayo Cuervo Navarro.

El monumental engaño de Castro y su pequeño grupo de confidentes ya gozaba en abril de 1958 de un éxito sorprendente. La opinión pública norteamericana, guiada por la prensa y televisión, contribuyó tanto al éxito de Castro como los cubanos mismos. Nadie sospechaba la traición que se aproximaba. Aquí vemos a tres cubanos el día que terminaron su huelga de hambre al enterarse de que el gobierno de Eisenhower al fin había decretado el embargo de armas al gobierno de Batista. (UPI)

260. CUADRO ECONÓMICO DE LA PRIMERA REPÚBLICA: 1902-1930

Al terminar el proceso independentista, la economía del país estaba por el suelo, especialmente el capital criollo, que había contribuido a las guerras y había sido confiscado por las autoridades españolas.

Para poner en pie a la nación se requería buscar y atraer capitales extranjeros y ofrecer, bajo un régimen liberal al estilo de los de la época, amplias ganancias y firmes seguridades para los inversionistas. La economía republicana tenía que ser por lo tanto, abierta, pasiva y dependiente de mercados abastecedores. El país siguió dependiendo casi exclusivamente en las primeras décadas, del tabaco y el azúcar. La industria azucarera se expandió cada vez más hasta culminar, alrededor de 1925, en la centralización y proletarización del campesino.

Los Estados Unidos, por su posición geográfica, su poderío económico, su intervención en las guerras de independencia y por la situación ruinosa de la Isla se convirtió en el comprador y abastecedor casi exclusivamente en las primeras décadas del tabaco y el azúcar. tenía garantizado un amplio mercado para su azúcar y su tabaco, a cambio de concesiones que facilitaban la entrada de los productos industriales y agrícolas estadounidenses. Sin duda, los efectos de este tratado limitaron la diversificación de la producción cubana, e hicieron que la economía del país dependiera de las fluctuaciones de precios del mercado norteamericano o de su política arancelaria y proteccionista. Sin embargo, cualquier otra solución hubiera retrasado aún más el progreso de Cuba. Los cubanos de aquel entonces fueron realistas y adoptaron una posición lógica. En manos de las generaciones futuras quedaba el problema de independizar y diversificar la economía. En 1902 la Isla estaba preparada para producir grandes cantidades de azúcar e intercambiarlas por la infinidad de artículos de que se carecía, desde bienes capitales hasta latas de leche.

Esta primera etapa republicana concluye con la crisis económica mundial de 1929 y la crisis política cubana provocada por la prórroga del gobierno del general Machado. Pero ya durante este período se habían ensayado las primeras medidas tendientes al desarrollo económico.

En este primer cuarto del siglo el ingreso monetario se cuadruplicó y el ingreso real per cápita también aumentó de $176 en 1903 a $239 en 1924. Las exportaciones se elevaron en el mismo lapso a niveles nunca antes alcanzados: de 64 a 575 millones de dólares.

261. CUADRO ECONÓMICO DE LA SEGUNDA REPÚBLICA: 1930-1959

La crisis económica de 1929-30 reflejó la que azotaba a Norteamérica y al mundo entero, y fue la más grave de la historia cubana. Vino a coincidir con la crisis política provocada por el continuismo del general Machado. El desarrollo económico de Cuba quedó paralizado.

A partir de 1926 el azúcar había empezado a bajar de precio, y en 1930 la economía nacional sufrió un golpe directo cuando entró en vigor en los Estados Unidos la tarifa proteccionista Hawley-Smoot, que elevaba a dos centavos por libra el adeudo aplicable al azúcar extranjero, teniendo Cuba que vender por debajo de su costo. La nación marchaba al desastre. Los años de 1932 y 1933 registraron el volumen de producción y los precios más bajos del azúcar, afectando consecuentemente la totalidad de la economía cubana. El comercio exterior tuvo las cifras más bajas de todo el período republicano. El ingreso nacional y el per cápita acusaban niveles alarmantes. El gobierno del general Machado, enfrascado como estaba en sofocar una oposición abiertamente revolucionaria, intentó activar la economía por medio de grandes obras públicas, pero las causas eran más profundas. El gobierno continuó pagando la deuda exterior, y las internas se elevaron catastróficamente con el resultante desempleo y salarios miserables. En medio de la represión política y la bancarrota económica, el régimen de Machado se desplomó.

Cuba emergió de esta grave crisis consciente de sus fallas económicas. Las nuevas generaciones mantuvieron siempre una política nacionalista, empeñada en diversificar la economía, para romper la tradicional dependencia de un solo producto y llegar a una más amplia y justa distribución de la riqueza nacional entre las distintas capas sociales.

Al mismo tiempo que esto sucedía, los Estados Unidos iniciaban una amplia revisión de su política exterior con respecto a Sur y Centro América, que vino a llamarse la "Política del Buen Vecino".[1] En 1934 se abolió la Enmienda Platt. Se redujeron los aranceles del azúcar cubano, lo que unido a la ley de Coordinación Azucarera, en medio de un alza del precio del azúcar, produjo beneficios y reformas que habrían de convertir a Cuba en uno de los países más ricos y progresistas del mundo.

La estabilidad política, plasmada en el lapso de 1934 a 1940, cuando se promulgó la Constitución del 40, fue un factor de máxima importancia. Esta carta fundamental aseguraba las más anheladas normas de justicia social para el pueblo de Cuba. Con una base institucional tan sólida, reapareció con sorprendente pujanza la banca nacional, que había desaparecido después de la crisis de 1920-21.

Reaparecieron también los empresarios nacionales quienes fueron recuperando el control de la industria azucarera, hasta que en 1958 la

---

[1] Véase el párrafo 201 de Capítulo 20.

Valle de Viñales en la provincia de Pinar de Río, fértil región agrícola famosa por el cultivo del tabaco.

cuota de ingenios en manos de extranjeros había sido reducida a un 26% y la diversificación siguió avanzando. En 1958 la contribución de la industria azucarera al ingreso nacional era sólo de 29%. La inversión de las industrias existentes en Cuba representaba un aporte de $3,268,887,823, y la participación extranjera en esos capitales productivos era sólo de un 20%.

El desarrollo económico de la Isla en todos los sentidos fue extraordinario. El ingreso per cápita se elevó de $260 en 1945 a $344 en 1951, y en 1958 llegó a los $500. Junto a la industria azucarera se desarrollaron industrias agropecuarias y mineras, bajo la dirección de empresarios cubanos capacitados. La industria de la construcción, aletargada durante muchos años, experimentó una verdadera explosión. En 1958 el número de unidades construidas pasó de 8,000. El turismo internacional, mejor organizado, se desarrolló con gran rapidez, al tiempo que el turismo nacional o interno empezaba a surgir como resultado de una población que poseía un automóvil por cada 27 personas. En automóviles per cápita, de los países de Sur América, sólo Venezuela y Uruguay aventajaban a Cuba.

En cuanto a carreteras, caminos vecinales y vías de comunicación en general, la Misión Truslow[2] declaró que había pocos países en similar grado de desarrollo al de Cuba.

El sistema de correos de Cuba era similar al de los Estados Unidos y contaba con un servicio moderno y eficiente. Funcionaban las cartas certificadas y la entrega especial. En teléfonos había uno por cada 28 personas, promedio que sólo superaban Argentina y Uruguay.

En 1958 Cuba poseía un kilómetro de líneas férreas por cada 8.08 kilómetros cuadrados de superficie, relación ésta que la situaba en el primer lugar del continente, por encima de los Estados Unidos.

No era un pueblo subdesarrollado el que tenía un receptor de radio por cada 5 personas, un televisor por cada 18, un refrigerador por cada 19 y un consumo de carne per cápita que lo situaba en segundo lugar en la América.

No era un país explotado en el que los obreros recibían un salario de 5 a 7 dólares por día, tenían la jornada de 8 horas, salario mínimo, seguro social, maternidad, seguro de accidente y un mes de vacaciones pagadas.[3] De acuerdo con las estadísticas de la Organización Internacional del Trabajo, radicada en Ginebra, el sueldo promedio del trabajador cubano era de $3.00 por día. Bélgica tenía uno de $2.80; Dinamarca, $2.86; Francia, $1.74; y los Estados Unidos, $4.06. El mismo instituto ha publicado otras interesantes estadísticas en las cuales los obreros cubanos recibían un 66% del ingreso bruto nacional. Compárese esto con 52.7% en la Argentina o 70.1% en los Estados Unidos.

Un país miserable no es un país que desde 1944 hasta 1958 incrementa sus ahorros depositados en los bancos de 140 a 385 millones de dólares.

Un pueblo ignorante no es un pueblo que tiene sólo 18% de analfabetos y el doble de maestros, si se compara su población con la de los Estados Unidos. Cuba era el primer país de Latinoamérica en cuanto a las inversiones de su ingreso nacional para propósitos educativos.

No es el que con una población de 6 millones de habitantes tiene ocho universidades estatales y tres privadas, con una población universitaria de 20,000 alumnos de un costo en las estatales de $60 al año para cualquier profesión.

Al comparar estas cifras de la economía cubana con las de otros

[2] *Report on Cuba*. Findings and Recommendations of an Economic and Technical Mission organized by the International Bank for Reconstruction and Development in collaboration with the Government of Cuba in 1950. Francis Adams Truslow, Chief of Mission. International Bank for Reconstruction and Development. Washington, D.C., 1951.

[3] La Enciclopedia Británica, en su edición de 1959, tomo VI, reconocía en el artículo dedicado a las leyes sociales, que Cuba era el país más adelantado de América en mejoras obreras, incluyendo a los Estados Unidos.

países de América, puede verse que lo afirmado por la leyenda roja, tan afanada siempre en presentar a Cuba como un país que necesitaba una revolución económica y social, no es más que un ejemplo típico de la táctica de falsificación de la historia practicada por el comunismo internacional.

262. CUBA NO ERA UN PAÍS SUBDESARROLLADO: ESTADÍSTICAS

En 1959, al caer el régimen del general Fulgencio Batista, había en Cuba en circulación 271,560 automóviles; 53,739 camiones; 5,617 autobuses y otras tantas camionetas. Todo ello para una población entonces de 6 millones de habitantes, más o menos. Además contaban los cubanos con los siguientes delantos:

Un receptor de radio por cada 5 habitantes (segundo lugar de América)
Un televisor por cada 18 habitantes (segundo lugar de América)
Un refrigerador por cada 19 habitantes (tercer lugar de América)
Un automóvil por cada 27 habitantes (tercer lugar de América)
Un teléfono por cada 28 habitantes (tercer lugar de América)
Un médico por cada 980 habitantes (segundo lugar de América)
Un dentista por cada 2,978 habitantes (tercer lugar de América)
Un estudiante por cada 273 habitantes (cuarto lugar de América)
23 emisoras de radio (tercer lugar de América)
600 salas de cine (segundo lugar de América)
58 periódicos diarios y 126 revistas (segundo lugar de América)
42 hoteles de primera (cuarto lugar de América)
732,413 suscriptores y consumo de energía eléctrica; 1,462,782 kws-hora.
Consumo de carne per cápita (segundo lugar de América)
Salarios agrícolas: $3.00 diarios promedio (séptimo del mundo y segundo de América)
Salarios industriales: $6.00 diarios promedio (segundo de América)
Solidez monetaria (reserva oro, dólares, valores convertibles) (tercer lugar de América)
Remuneración de obreros y empleados: cuarto lugar del mundo, a saber: Gran Bretaña, 74%; Estados Unidos, 71.1%; Canadá, 68.75%; y Cuba, 66%. Era por tanto Cuba, después de los Estados Unidos, la primera de América.
En legislación social, Cuba era la primera de América, incluyendo a los Estados Unidos.[4]
Analfabetismo: el 18% (tercer lugar de América)

[4] Véase el tomo VI, página 833, de la edición de la Enciclopedia Británica de 1959.

ESTADÍSTICAS QUE CONTRADICEN LA LEYENDA CASTRISTA DE QUE CUBA ERA UN PAÍS SUBDESARROLLADO

CENSO AGRÍCOLA DE 1946

| | Fincas | | Extensión | | Tamaño |
Operador	Número	% del Total	Miles Acres	% del Total	Prom. (acres)
Propietarios	48,792	30.5	7,311	32.4	150
Administradores	9,342	5.8	5,734	25.6	614
Arrendadores	46,048	28.8	6,706	30.0	146
Sub-arrendadores	6,987	4.4	532	2.4	76
Partidarios	33,064	20.7	1,364	6.1	41
Precaristas	13,718	8.6	605	2.7	44
Otros	2,007	1.2	178	.8	89
TOTAL	159,958	100.0	22,430	100.0	140

Fuente: Ministerio de Agricultura, Memoria del Censo Agrícola Nacional, 1946. La Habana, 1951.

La tierra no estaba monopolizada. Ahora en Cuba la tierra pertenece toda al Estado.

EVOLUCIÓN DEL INGRESO NACIONAL NETO POR SECTORES Y DE LAS INVERSIONES PÚBLICAS Y PRIVADAS
1951–1957

(Millones de pesos a precios corrientes)

| | Ingreso Nacional Neto | | | | Inversión bruta en capital fijo | | |
Año	Total	Sector Azucarero	Sector no Azucarero	%	Total	Pública	Privada
1951	2,015	659	1,356	32.7	292	23	269
1952	2,084	668	1,416	42.1	299	41	258
1953	1,784	414	1,370	32.2	227	27	200
1954	1,827	443	1,384	24.2	261	40	221
1955	1,907	431	1,476	22.6	281	108	273
1956	2,086	455	1,631	21.8	499	171	328
1957	2,345	624	1,721	26.6	532	157	375

Fuente: Revista del Banco Nacional.

Dos años antes de la ocupación comunista la Isla no dependía exclusivamente del azúcar. Hoy bajo el castrismo Cuba carece de industrialización y depende del azúcar.

PROPIEDAD DE LOS INGENIOS AZUCAREROS DE CUBA EN 1939 Y 1952

Nacionalidad de los Propietarios	Número de Ingenios Azucareros		Porcentaje con que contribuyen a la producción	
	1939	1952	1939	1952
Estados Unidos	66	41	55.1	43.3
Cuba	56	113	22.4	54.5
España	33	6	14.9	2.0
Canadá	10	—	4.8	—
Reino Unido	4	—	1.4	—
Países Bajos	3	—	0.8	—
Francia	2	1	0.6	0.2

Fuente: Anuario Azucarero de Cuba.

Los ingenios de azúcar no eran todos de empresas norteamericanas. Hoy la industria azucarera está al servicio de la Unión Soviética.

CRECIMIENTO DEL PRODUCTO NACIONAL

(En millones de pesos)

Años	Producto Doméstico Bruto	Producto Nacional Bruto	Producto Nacional Neto (al precio del mercado)	Ingreso Nacional (al coste de factores)	Ingreso Nacional per cápita
1949	1,846.8	1,782.3	1,683.0	1,508.5	$280
1950	1,999.7	1,930.0	1,822.5	1,610.8	297
1951	2,392.3	2,321.3	2,192.7	1,943.7	352
1952	2,473.8	2,419.8	2,285.0	2,030.0	362
1953	2,130.8	2,100.0	1,983.0	1,753.2	301
1954	2,170.6	2,137.2	2,018.1	1,793.3	304
1955	2,269.2	2,228.1	2,104.1	1,865.6	312
1956	2,478.3	2,426.5	2,291.2	2,034.4	335
1957	2,835.5	2,764.8	2,610.8	2,320.5	376
1958	2,628.7	2,562.5	2,419.4	2,133.5	340

Fuente: Banco Nacional de Cuba.

En menos de una década los ingresos nacionales aumentaron en más de un 50%.

CUBA BAJO CASTRO

263. EL COMUNISMO: PASO ATRÁS EN LA HISTORIA

Desde 1959 a la fecha en que aparece esta Historia, Fidel Castro ha traicionado consistentemente los objetivos de la verdadera Revolución cubana.

Su propia "revolución" fue en realidad una contrarrevolución llevada a cabo según la estrategia clásica del comunismo internacional. El fidelismo no ha creado ningún tipo nuevo de sociedad política y económica. Simplemente se ha ajustado al patrón comunista y en muchos casos, con características aun peores. En realidad ha estructurado un organismo estatal totalitario, de carácter absoluto, que

Uno de los interminables discursos de Castro ante el pueblo cubano. (UPI)

descansa en dos instrumentos de gobierno: a) la burocracia, y b) el feudalismo. Éste nace del control por el Estado de todas las actividades políticas, económicas y sociales.

Como la nobleza, hace siglos, nacía de la conquista, así el funcionario burócrata comunista es creado por la conquista. Tras el triunfo de la contrarrevolución, la conquista comunista consiste en la confiscación de la propiedad y los elementos de producción, y la supresión de todo tipo de libertad civil.

Según dicen ellos hipócritamente, la finalidad del comunismo es la eliminación del derecho de propiedad y la redistribución de las riquezas entre todos. Esto es absolutamente falso. La propiedad individual, creada por las revoluciones de los siglos XVII y XVIII, fue la respuesta a la propiedad colectiva como medio de asegurar la libertad de los seres humanos. Por lo tanto, las revoluciones comunistas, que patrocinan la confiscación y administración por el Estado de toda la propiedad, son, sin disputa, revoluciones reaccionarias que nos conducen a los primeros tiempos de la vida humana.

Carlos Marx, precursor del comunismo y de ideología puramente colectivista, atacaba la propiedad privada como base del capitalismo. Marx trató de robustecer su tesis basándola en una lucha de clases: el proletariado contra los burgueses propietarios. Pero el comunismo, lejos de suprimir el derecho de propiedad, lo ha elevado a la categoría de monopolio único, y ha creado una propiedad delegada, con todas las características del feudalismo, no solamente en cuanto a la tierra antes de la Revolución Industrial, cuando la economía de todos los países era eminentemente agrícola, sino que ahora bajo el comunismo se extiende a las industrias y al comercio.

Los contrarrevolucionarios comunistas confiscan la propiedad y los medios de producción, suprimen la libertad, nombran administradores e interventores, incluso de los edificios por apartamentos, y así delegan la propiedad monopolizada entre sus partidarios. En efecto, éstos se convierten en propietarios burocráticos sin tener que dar cuenta al pueblo, sino solamente a sus amos castrocomunistas.

Por resultado, en Cuba, el que nunca trabajó, el que jamás ha creado una partícula de riqueza, ha llegado a ser propietario por medio de la delegación burocrática que el Estado pone en sus manos. De esta manera el castrismo ha desmentido completamente el dogma socialista de "a cada quién según trabaje". La propiedad pasa al Estado, y de éste al interventor o administrador que lo recibe en forma temporal, como antiguamente recibía la tierra la mayor parte de sus poseedores del conquistador o del rey de España.

Obreros agrícolas marchan a La Habana para participar en una manifestación antiamericana por orden del gobierno.

264. REVOLUCIÓN Y CONTRARREVOLUCIÓN

En Cuba se ha operado el fenómeno de la revolución contrarrevolucionaria al estilo soviético. Esta estrategia supone al mismo tiempo una revolución y una contrarrevolución. Es una revolución en cuanto combate desde la oposición, la corrupción de los políticos democráticos, cuando combate la incapacidad de falsos líderes nacionales, la deshonestidad de los gobernantes, la falsificación de las elecciones y las evidentes e innegables injusticias del capitalismo.

Pero el comunismo, y en grado mayor el castrocomunismo, es una contrarrevolución porque:

- controla y subyuga política y económicamente todas las actividades de cada hombre, mujer y niño en Cuba.
- regula la producción y el consumo.
- esclaviza al agricultor y al trabajador y los reduce al nivel más bajo de la escala burocrática.
- suprime las elecciones públicas y los partidos políticos, excepto el Comunista.
- suprime la representación parlamentaria — Senado y Cámara de Representantes.

prohibe toda forma de expresión de opiniones contrarias a las del régimen.

En suma, subordina a todos los cubanos al imperio de una clase, la de los jerarcas comunistas, más autoritaria y monopolista que cualquiera en la historia de Cuba o en la del mundo, en los que residen todos los poderes políticos, sociales y económicos, y priva al cubano de la libertad individual por la que lucharon sus antepasados mambises. Para los comisarios castristas las Constituciones de 1869, 1901 y 1940 no son más que interesantes datos históricos.

265. EL FRACASO FIDELISTA

Como solución de los problemas que, según Castro, serían resueltos en corto plazo por su régimen, el castrocomunismo ha sido un rotundo fracaso. El único verdadero éxito que puede acusarse podría ser el de haber sobrevivido, y esto mayormente por obra y gracia de la política internacional, y la ineptitud del gobierno de los Estados Unidos al no respaldar debidamente los esfuerzos anticomunistas de los cubanos en el exilio. La supervivencia en el poder del castrocomunismo es un fenómeno histórico que requiere estudio.

La contrarrevolución castrista no fue como las demás revoluciones al estilo latinoamericano, inclusive las más recientes, en las que militares de pinta izquierdista reemplazaron a los militares profesionales de la vieja escuela. Desde muy temprano, en 1959 y 1960, Castro logró unificar en un solo organismo a los militares comunistas y los civiles del Partido Comunista cubano, que siempre supo cambiar de tácticas y aliados con tal de sobrevivir y ganar sus objetivos, los de sus amos en Moscú.

Esta vinculación entre las fuerzas armadas y el poder político es evidente por el hecho de que seis de los ocho componentes del Politburó de Cuba pertenecen a las fuerzas armadas. Por otra parte, el 70% del Comité Central pertenece al nuevo ejército. Las fuerzas armadas se han politizado de tal manera que constituyen la columna vertebral del castrismo, y de ella emerge una amplia labor de catequización y propaganda sobre la población de la Isla. Castro nunca ha negado la estructura monopolista y totalitaria de su régimen. A preguntas del periodista James Reston del *New York Times*, en agosto de 1975, sobre las condiciones del régimen cubano, contestó secamente: "Sí, Cuba es una dictadura. ¿Y qué?"

De 1961 a 1965, Cuba cayó, con todas sus consecuencias, bajo el dominio de la URSS. Su economía depende en todas sus partes de la ayuda de la Unión Soviética, a base de préstamos a largo plazo de un

Fidel Castro y Nikita Kruszchev durante una cacería en la URSS.

millón a millón y medio de dólares diarios. Esto basta para comprender el fracaso de la economía castrista que, de haber quedado sin esa ayuda monetaria, habría culminado en una verdadera catástrofe.

La Unión Soviética, como potencia imperialista al fin y siempre en pugna con los Estados Unidos, trata a la Isla como un peón en el tablero internacional. "Por ser así la realidad de nuestro mundo, Cuba nos obliga —dice el historiador K. S. Karol, primero amigo de Fidel y después repudiado por él— a reflexionar sobre los destinos y las opciones de los países subdesarrollados que no quieren vivir al modo antiguo, pero aún no pueden contar con la fraternal ayuda de las potencias industrializadas, sean cuales fueran sus colores oficiales".

266. LAS ZAFRAS — SUS CONSECUENCIAS

La economía cubana ha dependido siempre de la industria azucarera, pero nunca tanto como desde 1959. Siempre fue objetivo nacional la reducción de esta dependencia excesiva en el azúcar, y en la

Corte de caña de azúcar por "voluntarios" cubanos. (UPI)

última década representaba sólo la mitad de los ingresos nacionales. Bajo el castrismo la situación es a la inversa: Cuba depende ahora más que nunca del azúcar.

En 1970 Fidel Castro, en vista de esos fracasos, y en especial de la esperada zafra gigante de 10 millones de toneladas, que se quedó en ocho y medio, habló de su renuncia y de la de aquellos que no habían sabido administrar la producción azucarera. Invitó al pueblo de Cuba a una democratización y reformación del régimen, con lo cual estaba confesando el desastre económico revolucionario. Esto equivale a confesar que había fracasado y que Cuba había caído nuevamente en el neo-colonialismo. Amarga situación para Cuba que, tras la Revolución de 1933, gradualmente lograba independizarse del imperialismo de los Estados Unidos.

El pueblo cubano nunca tomó en serio la farsa de tal renuncia, pero sí esperó cambios favorables. Se inició el debate sobre principios revolucionarios y se habló de situar la responsabilidad y hacer cambios de personal. Pero, al fin y al cabo, la situación quedó, como era fácil preverlo, en un proceso puramente académico. Sin embargo, vencida la inquietud del pueblo cubano, completamente frustrado, el debate se encaminó a considerar la reorganización de la economía cubana, necesidad urgentísima debido al fracaso de la zafra y a la presión de los soviéticos y demás miembros del bloque ruso, cuya ayuda, cada vez más, se convertía en un factor decisivo.

Nunca, ni aun en el extranjero pendiente de la Revolución cubana, que a juicio de muchos escritores, se ha convertido "en una caja de resonancia mundial", pudo saberse lo que había ocurrido en el interior de la administración castrista. Un hecho evidente se puso en manifiesto: la importancia que de entonces en adelante se le dio a los viejos comunistas, dejando en manos de éstos prácticamente el problema económico, mientras Castro se dedicaba a lo político y a las relaciones exteriores. Esto indudablemente a causa de una intervención soviética más directa e intensa, otra consecuencia del desastre administrativo y económico del castrismo. Mientras tanto, la economía cubana sigue igualmente retrasada. Las zafras azucareras, después del fracaso del 70, han seguido siendo inferiores a sus estimados, y han estado acompañadas de una mayor represión política sobre el pueblo.

Por otra parte, a la Unión Soviética, en su lucha mundial con los Estados Unidos por las materias primas, le convenía que Cuba permaneciera en la producción de azúcar. Ahora, el azúcar, que el castrismo al principio de su revolución predicaba en discursos interminables de hasta seis horas que era causa de que Cuba fuera una plantación al servicio del imperialismo americano, es un producto al servicio del imperialismo soviético. A pesar de los altos precios adquiridos por el azúcar en el alza de precios recientes, Cuba continúa siendo un pueblo pobre, y sus cárceles están llenas de presos, sin esperanzas de ser liberados.

267.   SOLDADOS — RACIONAMIENTO — ESPÍAS

El régimen castrista descansa sólo y exclusivamente sobre una triple base que consiste de: (1) un ejército de más de 400,000 soldados, equipado con las armas más modernas; (2) la libreta de racionamiento; y (3) los Comités de Defensa de la Revolución. Así lo vieron y lo denunciaron, aunque débilmente, algunos periodistas colombianos y venezolanos que visitaron la Isla, en ocasión de haber reanudado sorpresivamente esos países las relaciones diplomáticas con el gobierno de Castro.

268.   EL EJÉRCITO CASTRISTA

Desde el principio de la época castrista, el ejército rebelde, como así se llamaba al comienzo del régimen, fue encargado de la dirección y administración del Instituto Nacional de la Reforma Agraria. Muchos de sus oficiales ocuparon los cargos provinciales y municipales más importantes, hasta en la campaña de alfabetización. Progresivamente, estos oficiales simultáneamente llegaron a ser miembros del Partido Comunista.

Esta función principal de la FAR (Fuerzas Armadas Rebeldes) es verdaderamente política. En realidad, el mando militar lo ejerce la infraestructura comunista mediante sus 2,000 células comunistas, sin considerar el rango de sus miembros que es secundario. La cadena del mando comienza con el primer ministro Fidel Castro, que al mismo tiempo es primer secretario del Partido, a través del jefe del Ejército quien trasmite todas las órdenes a los jefes de las unidades partidarias.

La FAR no está para defender a Cuba, o a la Cuba creada por el comunismo, sino al comunismo por encima de todo. Por supuesto, el proceso de consolidación del poder político en el ejército está lejos de haberse completado, lo que explica los constantes cambios de jefes en las distintas regiones militares y las periódicas reorganizaciones, tanto al nivel militar como en los partidarios.[1] Se trata de un partido político armado.

Típica parada militar en La Habana durante la época de Castro. (Wide World)

269. LA LIBRETA DE RACIONAMIENTO

La vida del ciudadano en Cuba está regida por la llamada *libreta de racionamiento* más que por cualquier otra institución castrista. Ésta obliga a los cubanos, hombres y mujeres, jóvenes y ancianos, a hacer largas filas diariamente para comprar los alimentos y demás artículos de primera necesidad, todos racionados.

[1] "Cuba Seven Years After," por David D. Burks, en *Current History*, vol. 50, núm. 293, enero de 1966.

En realidad, la libreta de racionamiento es la máxima medida de control político. Sólo es válida por distritos. Si viaja el individuo o se traslada a otros lugares sin autorización del secretario de los Comités de Defensa, corre el riesgo de quedarse sin comer.

De acuerdo con la libreta de racionamiento, en Cuba el trabajo hoy en día es "voluntario". Se trata de una falsedad más. Si no se trabaja horas extras, no hay libreta de racionamiento, o lo que es lo mismo, no hay comida. Para hacerlo más rígido, se promulgó una ley de vagos, copiada de la época de los capitanes generales en tiempos de España, por la que todos aquellos que falten al trabajo o que se nieguen a laborar horas extras, son presos y enviados a trabajar a las Granjas Colectivas o a las Cooperativas (verdaderos campos de concentración.) Sin embargo, el rendimiento laboral es bajo, como lo es en Rusia y los demás países socialistas, en gran contraste con los Estados Unidos y Europa.

En 1973 Castro repartió entre los obreros 100,000 aparatos de televisión y 25,000 refrigeradores, pero éstos se daban en valor de horas extras de trabajo, por encima de las 44 horas semanales, a fin de estimular la producción —decía Castro— pero en realidad para castigar a aquellos que se negaran a trabajar horas extras. Antes de Castro, los trabajadores podían comprar libremente sus televisores y refrigeradores sin tener que ganárselos con horas extras. Éste es un aspecto que los propagandistas de Castro y sus simpatizadores fuera de Cuba pasan por alto.

270. LOS COMITÉS DE DEFENSA DE LA REVOLUCIÓN

Los Comités de Defensa de la Revolución constituyen el cuerpo de policía más rígido que jamás existiera en Cuba. Hay un Comité de Defensa en todas las manzanas de las barriadas de pueblos y ciudades.

Se calcula que pertenecen a estos comités 4 millones y medio de individuos, divididos en unos 200,000 comités. Sus miembros, obligatoriamente reclutados, operan como trabajadores sociales. Verdaderamente, como se ha dicho, constituyen una policía super-especializada que vigila todos los movimientos de la vecindad y dirige sus pasos, entradas y salidas.

El novelista colombiano Gabriel García Márquez, famoso por su novela *Cien años de soledad,* y de simpatías abiertamente izquierdistas, declaró en una entrevista a la revista *Visión* que Cuba era el único país del mundo actual en que no se veían policías en las calles. Naturalmente, porque no hacen falta. Los Comités de Defensa de la Revolución constituyen la policía mejor organizada del mundo y tienen bajo un control completo a toda la población de la Isla.

Anuncio de un discurso de Castro conmemorando el XIV
aniversario de los Comités de Defensa de la Revolución, cuerpo de
policía que vigila a los vecinos de cada barriada y manzana del
país. La noticia aparece en *Gramma*, órgano oficial del Partido
Comunista cubano. (Wide World)

En cada uno de esos comités hay un encargado de predicar e
imponer la ideología comunista entre los vecinos, y de explicar la
significación y alcance de los discursos de Castro. Es, dice un periodista del *New York Times* que viajó a Cuba, "como si Castro tuviera
en todas las manzanas de casas de pueblos y ciudades de la Isla, un
secretario particular que estuviera el cuidado de los asuntos más personales de todos los vecinos".[2]

[2] Ted Morgan en el *New York Times Magazine*, December 1, 1974.

271. LA EDUCACIÓN: ARMA COMUNISTA

Los propagandistas de Castro, la mayor parte de ellos pagados, elogian al régimen por haber creado un gran número de escuelas y de institutos donde se enseña y se educa al pueblo cubano. Es verdad que desde el principio de la Revolución se intensificó la alfabetización y la educación en general. Sin embargo, Cuba, como ya hemos visto de las estadísticas (página 312) no era un país de alto nivel analfabeta. Sólo tenía el 18% en 1959. Admitamos que esta cifra ha sido reducida considerablemente. Pero una cosa es enseñar a leer y a escribir, a educar y cultivar un pueblo en las ciencias, artes y letras, y otra muy diferente es adoctrinarlo.

Todo esfuerzo educativo en Cuba tiene por fin principal enseñar al pueblo a admirar a la Unión Soviética y a odiar a los Estados Unidos. Este adoctrinamiento ha llegado al grado de que Lenín, Troszky, Kruszchev, Breshnev y demás jerarcas rusos son más importantes que Martí, Maceo, Gómez, Céspedes, Agramonte, y no digamos nada de las grandes figuras de la independencia de los Estados Unidos. En Cuba nunca se menciona a Washington, Jefferson, Adams, y si se admite a Lincoln no es porque éste fuera el libertador de los esclavos, sino porque esa parte de la historia de los Estados Unidos sirve al castrismo para atacar a este país. Sin embargo, a pesar de que la raza de color cubana estuvo siempre representada en todos los gobiernos de la República, hoy en día es cuando no figura en los altos cargos del gobierno.

En el sistema educativo de Cuba bajo Castro existe una ignorancia peligrosísima, mucho más dañina que el analfabetismo, y es el de ignorar completamente la historia mundial y lo que a los pueblos conviene aprender para desarrollarse cultural e ideológicamente.

En Cuba, el adoctrinamiento comienza a los cinco años de edad, cuando todos los niños empiezan a ir al colegio. A pesar de ser obligatorio, existe un 20% de la población que aún se resiste a esta política y que enseña a sus hijos a leer y escribir, en medio de penalidades y entorpecimientos.

La educación obligatoria castrocomunista está formando una élite, los pioneros, destinados a ser los gobernantes del mañana, si es que el régimen perdura. Estos pioneros no llegan a 200,000 jóvenes, mientras que la mayor parte de la juventud queda sometida a la decisión estatal que le fija límites a sus posibilidades y a los estudios que pueda seguir cada uno. El verdadero objetivo educativo es crear fanáticos, incapaces de comprender la civilización occidental, fundada en los derechos humanos y en la dignidad plena del hombre.

En medio de esta situación, que representa el más rígido estado policíaco que jamás haya existido en América, las cárceles están llenas de presos, y se calcula en más de 50,000 cubanos los que se hallan en prisión por causas políticas.

Hasta la publicación de esta Historia, ninguna gestión encaminada a la libertad de esos patriotas ha tenido éxito. Los diversos países que han reanudado relaciones con el castrismo ni siquiera han hecho referencia a esa situación. Tampoco los Estados Unidos, hasta la fecha de publicación de esta obra, han puesto como condición la libertad de los presos, cuando se ha referido a la posibilidad de reanudar relaciones comerciales y diplomáticas con el gobierno comunista de Cuba. Sólo se ha hablado de pesos y centavos. Por cierto, en la entrevista últimamente concedida por Castro a periodistas norteamericanos, ha descartado la indemnización por las propiedades de ciudadanos estadounidenses, diciendo que el embargo decretado por la OEA, y en especial por los Estados Unidos, le ha ocasionado a él más perjuicios que los que pudiera indemnizar. En cuanto a los presos políticos, entre los cuales se encuentra Hubert Matos, compañero suyo de Revolución que se rebeló contra el comunismo y al que hizo condenar a veinte años de presidio, no hay posibilidades ningunas de libertarlos, con lo cual ha excluído, de antemano, toda negociación futura.

La línea oficial del castrismo, y de lo que se hace creer al extranjero, es que en Cuba el que manda es el pueblo, y que solamente en las naciones capitalistas existen disidentes opositores a los gobiernos por la diversidad de sus varias clases. Naturalmente, desde que en Cuba no existe el capitalismo, no se hace necesaria la oposición, pues las medidas que se ponen en práctica son aprobadas automáticamente por las diferentes asambleas en que se divide la población cubana.

De hecho, al pueblo no se le consulta en nada. El gobierno toma las decisiones y las asambleas las ratifican, y a esto es lo que ellos llaman "gobierno del pueblo y para el pueblo". Castro está derribando, en beneficio de su tiranía personal, toda la filosofía política de las revoluciones universales, en las que los enciclopedistas del siglo XVIII aseguraban que la reunión de todos los poderes en una sola mano, es despotismo.

En diecisiete años en el poder, el régimen castrocomunista no se ha institucionalizado. Sigue siendo un régimen improvisado y sin base histórica ni constitucional. Recientemente se ha publicado en Cuba el proyecto de *Constitución* que Castro pretende darle al pueblo cubano, mediante su aprobación por un referéndum de sí o no.

Para que pueda juzgarse esa ley, solamente notemos el artículo 5 del Capítulo 1, que dice:

Artículo 5 — *El Partido Comunista de Cuba, vanguardia organizada marxista-leninista de la clase obrera, es la fuerza dirigente superior de la sociedad y el Estado que organiza y orienta los esfuerzos comunes hacia los altos fines de la construcción del socialismo y el avance hacia el futuro comunista.*[3]

De acuerdo con este artículo, todo lo demás sobra en la tal *Constitución,* como se comprueba al leerla totalmente. El Partido Comunista es el que hace y deshace.

Castro ha fracasado en muchos aspectos, pero ha triunfado en uno muy importante: se ha mantenido en el poder y ha forzado la sovietización de un país que nunca quiso ni necesitó el comunismo. El dilema ante todos los cubanos, dentro y fuera de Cuba, es de gran seriedad. Sabemos que el castrismo es un cáncer en la historia de Cuba, y habrá que extirparlo.

Por múltiples razones nosotros mismos no hemos podido, hasta ahora, librar a nuestro país de ese mal. Sin embargo, debemos de recordar las luchas independentistas del siglo XIX por sacudir el coloniaje español de más de tres siglos, y los largos exilios e incertidumbres que sufrieron nuestros antepasados. Nuestra lucha por la libertad tiene muy largas raíces, y el temple e ideales del pueblo cubano podrán contenerse temporalmente, pero nunca aceptarán los cubanos "en cadenas vivir".

Tenemos fe en una Cuba libre.

[3] *Bohemia*, número 17, abril 25, 1975.

PRESIDENTES Y GOBERNANTES DE CUBA DESDE LA GUERRA DE INDEPENDENCIA DE 1868 HASTA EL PRESENTE

La República en Armas (1868–1878)

Carlos Manuel de Céspedes: 12 de abril de 1869 al 27 de octubre de 1873.

Salvador Cisneros Betancourt: 27 de octubre de 1873 al 28 de junio de 1875.

Juan Bautista Spotorno (provisional): 28 de junio de 1875 al 29 de marzo de 1876.

Tomás Estrada Palma: 29 de marzo de 1876 al 19 de octubre de 1877.

Francisco Javier de Céspedes: 19 de octubre al 13 de diciembre de 1877.

Vicente García González: 13 de diciembre de 1877 al 10 de febrero de 1878.

Manuel de Jesús Calvar (Titá): 16 de marzo al 21 de mayo de 1878.

La República en Armas (1895–1898)

José Martí, jefe supremo de la Revolución: 5 al 19 de mayo de 1895.

Salvador Cisneros Betancourt, presidente de la República en Armas: 13 de septiembre de 1895 al 13 de septiembre de 1897.

Bartolomé Masó y Márquez, presidente de la República en Armas: 13 de septiembre de 1897 al 1 de enero de 1899.

Gobiernos Interventores Americanos

General John R. Brooks: 1 de enero al 31 de diciembre de 1899.

General Leonard Wood: 31 de diciembre de 1899 al 20 de mayo de 1902.

William H. Taft: 29 de septiembre al 2 de octubre de 1906.

Charles E. Magoon: 2 de octubre de 1906 al 8 de enero de 1909.

La Primera República (1902–1934)

Tomás Estrada Palma: 20 de mayo de 1902 al 28 de septiembre de 1906.

José Miguel Gómez: 28 de enero de 1909 al 20 de mayo de 1913.

Mario García Menocal: 20 de mayo de 1913 al 20 de mayo de 1921.

Alfredo Zayas y Alfonso: 20 de mayo de 1921 al 20 de mayo de 1925.

Gerardo Machado y Morales: 20 de mayo de 1925 al 12 de agosto de 1933.

Alberto Herrera:	12 de agosto de 1933.
Carlos Manuel de Céspedes y de Quesada:	12 de agosto al 4 de septiembre de 1933.
La Pentarquía (Ramón Grau San Martín, Sergio Carbó, Porfirio Franca, José Miguel Irisarri y Guillermo Portela):	4 al 10 de septiembre de 1933.
Ramón Grau San Martín:	10 de septiembre al 14 de enero de 1934.
Carlos Hevia y Reyes Gavilán:	14 de enero de 1934.
Manuel Márquez Sterling:	14 al 18 de enero de 1934.
Carlos Mendieta y Montefur:	18 de enero de 1934 al 11 de diciembre de 1935.
José A. Barnet y Vinajeras:	11 de diciembre de 1935 al 20 de mayo de 1936.

La Segunda República (1936–1959)

Miguel Mariano Gómez:	20 de mayo al 23 de diciembre de 1936.
Federico Laredo Bru:	23 de diciembre de 1936 al 10 de octubre de 1940.
Fulgencio Batista y Zaldívar:	10 de octubre de 1940 al 10 de octubre de 1944.
Ramón Grau San Martín:	10 de octubre de 1944 al 10 de octubre de 1948.
Carlos Prío Socarrás:	10 de octubre de 1948 al 10 de marzo de 1952.
Fulgencio Batista y Zaldívar, primer ministro, después como presidente:	10 de marzo de 1952 al 6 de abril de 1954.
Andrés Domingo y Morales del Castillo:	6 de abril de 1954 al 24 de febrero de 1955.
Fulgencio Batista y Zaldívar:	24 de febrero de 1955 al 1 de enero de 1959.
Manuel Urrutia Lleó:	1 de enero al 16 de julio de 1959.
Osvaldo Dorticós Torrado:	16 de julio de 1959 . . .
Fidel Castro, primer ministro:	6 de febrero de 1959 . . .

BIBLIOGRAFÍA

Aguilera y Rojas, Eladio. *Francisco Vicente Aguilera y la Revolución cubana de 1868*. La Habana: Imprenta La Moderna Poesía, 1909.

Arango y Parreño, Francisco. *Biografía por Francisco Ponte Domínguez*. La Habana: Editorial Trópico, 1952.

Carbonell y Rivero, José Manuel. *Evolución de la cultura cubana*. La Habana: Cultural S. A., 1928.

Carbonell y Rivero, Miguel Ángel. *Cuba y sus luchas por la independencia*. La Habana: Cultural S. A., 1928.

Carbonell y Rivero, Néstor. *Los protomartires de la independencia de Cuba*. La Habana: Cultural S. A., 1926.

Carbonell y Cortina, Néstor. *El espíritu de la Constitución de 1940: Principios y doctrina*. Madrid: Editorial Plaza Mayor, 1974.

Casasús y Expósito, Juan J. *Calixto García, el estratega*. La Habana: Imprenta del Siglo XX, 1942.

Collazo y Tejada, Enrique. *Desde Yara hasta el Zanjón: Apuntaciones históricas*. La Habana: Imprenta La Lucha, 1893.

Cortina y García, José Manuel. *Por la nación cubana: Discursos*. La Habana: Imprenta del Siglo XX, 1926.

Cruz y Fernández, Manuel. *Episodios de la Revolución cubana*. Prólogo de M. Márquez Sterling. La Habana: Imprenta Miranda y Cia., 1911.

Estudio sobre Cuba. Grupo Cubano de Investigaciones Económicas de la Universidad de Miami, bajo la dirección del Dr. José R. Álvarez Díaz, y la colaboración de Roberto González Cofiño, Roberto E. Hernández Morales, José M. Illán González, Rafael Miguel Zayas, Raúl Shelton Ovich y Ofelia Tabares de Fernández Díaz. Miami: Universidad de Miami, 1963.

Esténger, Rafael. *Sincera historia de Cuba*. Miami: Patronato de Obras Cubanas de Miami. Editorial Bedout, 1974.

Friedlander, H. E. *Historia económica de Cuba*. La Habana: Ediciones Jesús Montero, 1944.

Guerra y Sánchez, Ramiro. *Manual de historia de Cuba*. La Habana: Cultural S. A., 1946.

Azúcar y población en las Antillas. La Habana: Cultural S. A., 1927.

Historia de la nación cubana. La Habana: Editorial La Nación Cubana, 1952.

La Guerra de los Diez Años. La Habana: Cultural S. A., 1946.

Hernández Corujo, Enrique. *Los fundamentos históricos y filosóficos de la Constitución de 1901*. La Habana: Ediciones Jesús Montero, 1953.

Humboldt, Alexander. *The Island of Cuba*. La Habana: Oficina del historiador

Infiesta y Bagés, Ramón. *Historia constitucional de Cuba*. La Habana: Cultural S. A., 1949.

Jenks, Leland. *Our Cuban Colony*. Nueva York: Vanguard Press, 1928.

Lazo, Mario. *Dagger in the Heart: American Policy Failures in Cuba*. Nueva York: Twin Circle Publishing Co., 1968.

Mañach y Robato. *José Martí, el Apóstol*. Madrid: Espasa-Calpe S. A., 1963.

Lazcano y Mazón, Andrés María. *Las constituciones de Cuba*. Madrid: Ediciones Cultura Hispánica, 1952.

Marrero, Leví. *Geografía de Cuba*. Obra premiada en 1950 por la Sociedad Colombista Panamericana y el Ministerio de Cuba, revisada y ampliada. Nueva York: Minerva Books Ltd., 1966.

Márquez Sterling, Carlos. *Biografía de Martí*. Barcelona: Imprenta Manuel Pareja, 1973.

Martí y la Conferencia Monetaria de 1891. Discurso de ingreso en la Academia de la Historia de Cuba. La Habana: Imprenta del Siglo XX, 1938.

Agramonte, el Bayardo de la Revolución cubana de 1868. Obra premiada en concurso de literatura por el Ministerio de Educación de Cuba en 1934. La Habana: Editorial Trópico, 1936.

Historia de Cuba desde Colón hasta Castro. Nueva York, Las Américas Publishing Co., 1967.

La onda larga: Estudio sobre el comunismo. Madrid: Editorial Plaza Mayor, 1971.

Márquez Sterling, Manuel. *La diplomacia en nuestra historia*. La Habana: Rambla y Bouza, 1909.

Las Conferencias del Shoreham. México: Ediciones Botas, 1933.

Proceso histórico de la Enmienda Platt. La Habana: Rambla y Bouza, 1938.

Martí y Pérez, José. *Obras completas*. Prólogo y notas de Jorge Quintana. Caracas: Imprenta Nacional, 1964.

Martínez Ortiz, Rafael. *Cuba: Los primeros años de independencia*. París: Lux, 1921.

Mesa Rodríguez, Manuel. *Los hombres de la Demajagua*. La Habana: Imprenta del Siglo XX, 1951.

O'Kelly, James. *The Land of Mambi*. Philadelphia: J. B. Lippincott & Co., 1874.

Ortiz, Fernando. *Historia de la arqueología indo-cubana*. La Habana: Imprenta del Siglo XX, 1922.

Pezuela, Jacobo de la. *Diccionario geográfico, estadístico e histórico de la isla de Cuba*. Madrid: Carlos Bailly-Bailliere, 1866.

Pichardo y Moya, Felipe. *Los aborígenes de las Antillas*. México: Fondo de Cultura de México, 1956.

Portell Vilá, Herminio. *Historia de Cuba en sus relaciones con los Estados Unidos*. La Habana: Ediciones Jesús Montero, 1938.

Riera y Hernández, Mario. *Cuba libre, 1895–1958*. Miami: Colonial Press, 1968.

Roig de Leushenring, Emilio. Cuadernos de Historia, 1960.

Sagra, Ramón de la. *Historia económico-política y estadística de la isla de Cuba*. La Habana: Imprenta de la Viuda de Arazoza y Soler, 1831.

Santovenia y Echaide, Emeterio y Raúl Shelton Ovich. *Cuba y su historia*. Miami: Rema Press, 1966.

Smith, Earl T. E. *El Cuarto Piso: Relato sobre la Revolución comunista de Castro*. México: Editorial Diana S. A., 1963.

Souza, Benigno. *Máximo Gómez, el generalísimo*. La Habana: Editorial Trópico, 1936.

Suárez Rivas, Eduardo. *Un pueblo crucificado*. Coral Gables: Service Offset Printers, 1964.

Varona Guerrero, Miguel A. *Compendio de las Guerras de Independencia, 1868–1898*. La Habana: Imprenta Pérez García, 1945.

Varona, Enrique José. *De la Colonia a la República*. Selección de trabajos políticos. La Habana: Biblioteca La Cultura Cubana, 1919.

Vitier, Medardo. *Las ideas en Cuba*. La Habana: Editorial Trópico, 1938.

Weyl, Nathaniel. *Red Star over Cuba*. Nueva York: Devin-Adair Co., 1960.

CAPÍTULO 1

I. *Personajes notables:*

1. Cristóbal Colón
2. Isabel la Católica
3. Bartolomé de Las Casas
4. Nicolás de Ovando
5. Hatuey
6. Diego Velázquez

II. *Identificar:*

1. Guanahatabey
2. Ciboney
3. Taíno
4. Caribe
5. caney
6. casabe
7. guaicán
8. barbacoa
9. bohío
10. guano
11. dujo
12. burén
13. jaba
14. cacique
15. behique
16. nitaíno
17. baquíes
18. cahoba
19. Cemí
20. Coaibal
21. areíto
22. batey
23. hamaca
24. encomienda
25. Nuevas Leyes
26. ciboneyismo

III. *Preguntas:*

1. ¿Cuáles eran los indios que habitaban en Cuba al tiempo de su descubrimiento?
2. ¿De qué parte del continente americano eran originarios los indios cubanos? ¿Cómo llegaron a Cuba?
3. ¿Dónde habitaban los guanahatabeyes, los ciboneyes y los taínos?
4. ¿Cuáles eran los más adelantados y cuáles los más atrasados?
5. Explique brevemente los tipos de vivienda de los taínos, y su mobiliario.
6. ¿Cómo estaba organizada la sociedad taína?
7. ¿Cómo eran los behiques? ¿Cuál era su limitación más importante?
8. ¿Por qué pusieron los españoles a trabajar a los indios?
9. ¿Cómo nacieron las encomiendas en el Nuevo Mundo?
10. ¿Quién fue Hatuey? ¿Por qué ha pasado a la historia?

IV. *¿Verdadero o falso?*

1. Los guanahatabeyes demostraron un gran conocimiento de la agricultura.

2. Los guanahatabeyes se deformaban el cráneo artificialmente.
3. Los taínos tenían una cultura intermedia entre los guanahatabeyes y los ciboneyes.
4. Los únicos indios de Cuba que se distinguieron en los trabajos de cerámica fueron los taínos.
5. El casabe se preparaba con el maíz.
6. En la organización taína, la madre era cabeza de familia.
7. La cahoba servía para aspirar el tabaco en polvo.
8. Los caribes habitaban en Cuba cuando el descubrimiento de América.
9. La reina Isabel la Católica insistía en que los indios eran tan libres como los españoles.
10. Fray Bartolomé de Las Casas fue llamado "Protector de los Indios".

V. *Tópicos para discutir:*

1. Origen y procedencia de los indios de Cuba.
2. La extinción de los indios cubanos.
3. La influencia india en la cultura cubana.

VI. *Proyecto:*

Dibujar un mapa de Cuba, indicando las áreas o regiones donde estaban asentadas las distintas culturas indias.

CAPÍTULO 2

I. *Personajes notables:*

1. Cristóbal Colón
2. Marco Polo
3. Los Reyes Católicos
4. Fray Juan Pérez
5. Francisco de Bobadilla
6. Nicolás de Ovando
7. Sebastián de Ocampo
8. Alonso de Ojeda
9. Diego Velázquez
10. Hernán Cortés
11. Bartolomé de Las Casas
12. Pánfilo de Narváez
13. Hatuey
14. Alonso de Cáceres

II. *Identificar:*

1. La Rábida
2. Salamanca
3. Granada
4. Capitulaciones de Santa Fe
5. San Salvador
6. Bariay

7. Río de Mares
8. Juana
9. La Española
10. Natividad
11. Isla de Pinos
12. Evangelista
13. Valladolid
14. Adelantado
15. Nuestra Señora de la Asunción de Baracoa
16. Fernandina
17. Cubanacán
18. Bahía de Cárdenas
19. latifundio
20. La caballería y la peonía
21. La hacienda y el solar
22. Las mercedes, los hatos y los corrales
23. Las Ordenanzas de Alonso de Cáceres
24. La Casa de Contratación de Sevilla
25. Los mandingos

III. *Preguntas:*

1. Diga algo de lo que se sabe de la niñez y juventud de Cristóbal Colón.
2. Exponga brevemente la entrevista de Cristóbal Colón con el rey Don Juan de Portugal.
3. ¿Cuál fue la decisiva intervención de Fray Juan Pérez en el descubrimiento del Nuevo Mundo?
4. ¿A qué se llama Capitulaciones de Santa Fe, y cuál era su contenido?
5. Exponga brevemente algunas islas y zonas descubiertas por Cristóbal Colón en su primer viaje.
6. Exponga brevemente algunas tierras descubiertas por Cristóbal Colón en su segundo viaje.
7. ¿Cuándo y cómo se comprobó que Cuba era una isla?
8. ¿Cuáles fueron las villas fundadas por Diego Velázquez?
9. ¿Cómo se organizó la vida en la colonia?
10. Explique brevemente la situación confusa en que se encontraba Cuba en relación con leyes y disposiciones.
11. ¿A qué se llama Ordenanzas de Alonso de Cáceres, y cuáles eran sus puntos sobresalientes?
12. ¿Cómo surgieron en Cuba las industrias del azúcar y del tabaco?
13. Explique brevemente cómo comenzó la importación de esclavos africanos.

IV. *¿Verdadero o falso?*

1. Don Juan de Portugal quiso ayudar a Cristóbal Colón, pero éste prefirió la ayuda de los reyes de España.
2. La primera colonia del Nuevo Mundo se llamó Natividad y estaba en La Española.

3. Después de navegar por la costa sur de Cuba y llegar a la altura de Batabanó, Cristóbal Colón se convenció de que Cuba era una isla.
4. Don Francisco de Bobadilla vino al Nuevo Mundo para organizar las exploraciones en el Caribe.
5. Después del cuarto viaje de Cristóbal Colón, el rey Fernando se olvidó completamente del Descubridor, y éste murió ignorado en Valladolid en 1506.
6. Sebastián de Ocampo fue el que demostró plenamente que Cuba era una isla.
7. Diego Velázquez fundó la primera villa cubana en el lugar donde murió el indio Hatuey.
8. Las poblaciones cubanas se organizaron bajo el régimen municipal.
9. Alonso de Cáceres fue gobernador de Cuba.
10. Las primeras bases de la riqueza cubana fueron mineras.
11. Cuba era, durante la primera mitad del siglo XVI, la abastecedora natural de metales preciosos.
12. Hacia 1535 el comercio marítimo había prosperado extraordinariamente.

V. *Tópicos para discutir:*

1. Errores de Cristóbal Colón en relación con las tierras por él descubiertas.
2. La obra organizativa y gubernativa de Diego Velázquez.

VI. *Proyectos:*

1. Dibujar un mapa destacando los puntos de la costa de Cuba descubiertos en los distintos viajes de Cristóbal Colón.
2. Dibujar un mapa de Cuba señalando la ruta del viaje de Sebastián de Ocampo. Indicar también en el mismo la primera villa fundada por Diego Velázquez.
3. Dibujar en un mapa de Cuba todas las villas que fundó Diego Velázquez.

CAPÍTULO 3

I. *Personajes notables:*

1. Carlos V (de España)
2. Francisco I (de Francia)
3. Jacques de Sores
4. Juan de Lobera
5. Gonzalo Pérez de Angulo
6. Richard (corsario francés)

7. Gabriel de Luján
8. Felipe II (de España)
9. John Hawkins
10. Francis Drake
11. Isabel I (de Inglaterra)
12. Juan de Tejeda
13. Juan Bautista Antonelli
14. Pedro de Valdés
15. Gilberto Girón
16. Juan de las Cabezas Altamirano

17. Gregorio Ramos
18. Salvador Golomón
19. Pitt Hein
20. Cornelio Jols
21. Levasseur (pirata francés)
22. Francisco Nau
23. Henry Morgan
24. Diego Grillo

II. *Identificar:*

1. Los pechelingues
2. Pirata, corsario, filibustero, bucanero
3. Patente o carta de corso
4. La Armada Invencible
5. El Castillo del Morro
6. El Castillo de La Punta
7. La Fortaleza de La Cabaña
8. La Casa de Contratación
9. El rescate
10. *Espejo de paciencia*

11. La Tregua de Doce Años
12. La Compañía de las Indias Occidentales
13. La Armada de Barlovento
14. El Tratado de Westfalia
15. La Hermandad de la Costa
16. La Isla Tortuga
17. El Tratado de Madrid de 1670
18. El Tratado de Aix-La-Chapelle

III. *Preguntas:*

1. ¿Cuáles fueron las causas del corso y la piratería en el Nuevo Mundo?
2. Cite y defina las cuatro clases principales de malhechores o aventureros del mar de los siglos XVI y XVII.
3. Cite las cuatro fases de la piratería, según la nación preponderante, y sus fechas aproximadas.
4. ¿Por qué fue destituido el gobernador Gonzalo Pérez de Angulo?
5. ¿Cómo terminaron el pirata Richard y su gente?
6. Describa los efectos de la piratería en Cuba.
7. ¿Qué fue lo que provocó la fase inglesa de la piratería?
8. ¿Qué gran obra hicieron el gobernador Juan de Tejeda y el ingeniero Juan Bautista Antonelli en La Habana?
9. ¿Por qué no atacó La Habana el pirata Francis Drake?
10. Relate brevemente la aventura del obispo Fray Juan de las Cabezas Altamirano.

IV. ¿Verdadero o falso?

1. Las principales naciones que usaron el corso contra España fueron Inglaterra, Francia y Holanda.
2. Los filibusteros actuaban bajo la protección de alguna de las compañías mercantiles de Indias.
3. Jacques de Sores nunca se atrevió a atacar a La Habana.
4. Gabriel de Luján fue un audaz pirata que saqueó la ciudad de Santiago de Cuba.
5. El conflicto entre Felipe II e Isabel de Inglaterra dio nacimiento al corso inglés.
6. Francis Drake murió atacando la ciudad de Bayamo.
7. Al contrabando se le dio el nombre de rescate.
8. El *Espejo de paciencia* es un poema cubano que relata las fechorías de Gilberto Girón.
9. Cornelio Jols era conocido con el seudónimo de "Pata de palo".
10. La Hermandad de la Costa era una organización dedicada a combatir y terminar el corso y la piratería.

V. *Tópicos para discutir:*

1. El corso como política guerrera de los siglos XVI y XVII.
2. Cuba y los ataques de corsarios y piratas.
3. La Hermandad de la Costa.

VI. *Proyecto:*

Hacer una lista de los piratas, por nacionalidades, con sus fechorías, y dibujar en un mapa de Cuba los lugares que atacaron.

CAPÍTULO 4

I. *Personajes notables:*

1. Carlos II
2. Felipe V
3. Nicolás Chirino
4. Luis Chacón
5. Vicente Raja
6. Juan Francisco Güemes
7. Roberto Walpole
8. Carlos III
9. Sir George Pocock
10. George Albemarle
11. Juan Prado Portocarrero
12. Ignacio de Madariaga
13. Luis de Velasco
14. Pepe Antonio (José Antonio Gómez)
15. Martín de Ulloa

II. *Identificar:*

1. La Guerra de Sucesión
2. La Paz de Utrecht
3. Los vegueros
4. La Factoría
5. El estanco del tabaco
6. La Real Compañía de Comercio de La Habana
7. La oreja de Jenkins
8. El Pacto de Familia
9. La Junta de Defensa
10. Cojímar
11. Guanabacoa
12. Jesús del Monte
13. La Chorrera
14. El Tratado de París

III. *Preguntas:*

1. ¿Qué atribución especial tenía el Teniente Rey?
2. ¿Qué organización política le dieron los Borbones a la isla de Cuba?
3. Señale las principales características del gobierno de los reyes Borbones en relación con las colonias.
4. ¿A qué se llamó el estanco del tabaco? ¿Por qué era arbitrario este sistema?
5. Exponga brevemente las razones que tuvieron los vegueros para sublevarse.
6. ¿Eran beneficiosas para toda Cuba las operaciones de la Real Compañía de Comercio de La Habana? Razone su respuesta.
7. ¿Cómo pudo provocar el capitán inglés Jenkins una guerra entre España e Inglaterra?
8. ¿Qué fue lo que provocó la guerra que resultó en la toma de La Habana por los ingleses?
9. ¿Qué cambios políticos y económicos implantaron los ingleses en La Habana en 1762?

IV. *¿Verdadero o falso?*

1. Carlos II fue el primer rey español de la Casa de Austria.
2. La Guerra de Sucesión benefició a Cuba en el aspecto económico.
3. Felipe V fue un rey débil, con un gobierno descentralizado.
4. Los ayuntamientos recibían el nombre de cabildos.
5. Los ingleses, una vez en posesión de La Habana, decretaron el comercio libre con todas las naciones.
6. Los beneficios económicos de la dominación inglesa se dejaron sentir en toda la isla de Cuba.
7. Las conclusiones de Martín de Ulloa, le llevaron a afirmar que Cuba era la patria de los cubanos.

8. Las tropas inglesas que atacaron La Habana eran muy superiores a las defensoras españolas.
9. La Real Compañía de Comercio de La Habana no tenía facultades para importar esclavos africanos.
10. Las revueltas de los vegueros en 1717, 1720 y 1723 son las primeras manifestaciones nacionalistas cubanas.

V. *Tópicos para discutir:*

1. Importancia de las reformas de los reyes Borbones en la evolución histórica de Cuba y sus futuras relaciones con España.
2. Discutir como afectaban los conflictos internacionales a Cuba.

CAPÍTULO 5

I. *Personajes notables:*

1. Conde de Ricla
2. Alejandro O'Reilly
3. Pedro Morell de Santa Cruz
4. Antonio María Bucarely
5. Felipe Fondesviela (marqués de la Torre)
6. Luis de Las Casas
7. Francisco de Arango y Parreño
8. Gaspar Cisneros Betancourt
9. José Aniceto Iznaga
10. Tomás Romay
11. Jerónimo Valdés
12. Juan José Díaz de Espada y Landa

II. *Identificar:*

1. El "despotismo ilustrado"
2. La intendencia
3. La Alameda de Paula
4. La Plaza de Armas
5. Filipinas (en Pinar del Río)
6. La Sociedad Patriótica de Amigos del País
7. El Real Consulado de Agricultura y Comercio
8. La Real Junta de Fomento
9. La Colonia Amalia (Isla de Pinos)
10. Puerto Príncipe
11. Seminario de San Carlos

III. *Preguntas:*

1. ¿A qué se llamó el "despotismo ilustrado"?
2. Diga algo de la obra del gobierno del conde de Ricla.
3. Cite algunos gobernadores importantes de la llamada "era del buen gobierno".

4. ¿Por qué expulsó Antonio María Bucarely a los jesuitas de Cuba?
5. Diga algo de la obra del gobierno de Felipe Fondesviela, marqués de la Torre.
6. ¿Quién era Francisco de Arango y Parreño?
7. ¿Qué importancia tuvieron para Cuba las Ordenanzas de 1777?
8. Explique brevemente las mejoras culturales logradas durante el gobierno de Luis de Las Casas.
9. Explique algo sobre la inmigración blanca y la fundación de pueblos durante el gobierno de Luis de Las Casas.
10. ¿Por qué debe recordarse al obispo Juan José Díaz de Espada y Landa?

IV. *¿Verdadero o falso?*

1. Pedro Morell de Santa Cruz fue desterrado de Cuba por el conde de Ricla.
2. La Alameda de Paula fue obra del conde de Ricla.
3. La zona tabacalera de Pinar del Río se llamó originalmente Filipinas.
4. La independencia de los Estados Unidos y la de las repúblicas suramericanas hicieron disminuir la importancia de Cuba para España.
5. El cubano Francisco de Arango y Parreño fue un notable colaborador de Luis de Las Casas.
6. Las Ordenanzas de 1777 aminoraron el número de fraudes y contrabandos en Cuba.
7. La Sociedad Patriótica de Amigos del País llevó a cabo una meritoria labor de mejoramiento cultural.
8. La caña de Otahití fue introducida en Cuba por el Real Consulado de Agricultura y Comercio.
9. La inmigración francesa de la Louisiana y Santo Domingo benefició a Cuba económicamente.
10. Juan José Díaz de Espada y Landa fue un excelente gobernador de la isla de Cuba.

V. *Tópicos para discutir:*

1. El "despotismo ilustrado" como germen del nacionalismo y de las futuras ansias de independencia en Cuba.
2. La "era del buen gobierno" en Cuba y sus mejoras para la Isla.

CAPÍTULO 6

I. *Personajes notables:*

1. Salvador del Muro, marqués de Someruelos
2. Fernando VII
3. José Bonaparte
4. José Antonio Aponte
5. Román de la Luz
6. Manuel Rodríguez Alemán
7. Félix Varela
8. Alejandro Ramírez
9. Juan Manuel Cajigal
10. Francisco Dionisio Vives
11. José María Heredia
12. Gaspar Cisneros Betancourt
13. José Aniceto Iznaga
14. Francisco Agüero
15. Andrés Manuel Sánchez
16. Miguel Tacón
17. José Antonio Saco
18. José de la Luz y Caballero
19. Manuel Lorenzo
20. Cirilo Villaverde
21. Claudio Martínez de Pinillos

II. *Identificar:*

1. Las Cortes de Cádiz
2. Los criollos y los peninsulares
3. Los Rayos y Soles de Bolívar
4. Las Comisiones Ejecutivas Militares Permanentes
5. La Junta Promotora de la Libertad
6. La Doctrina de Monroe
7. La Gran Legión del Águila Negra
8. La Constitución de Cádiz de 1812

III. *Preguntas:*

1. ¿Cuándo comenzaron las conspiraciones para libertar a Cuba?
2. Exponga brevemente dos importantes conspiraciones descubiertas durante el gobierno del marqués de Someruelos.
3. ¿Quién fue Manuel Rodríguez Alemán?
4. ¿En qué situación política se hallaba Cuba cuando Francisco Dionisio Vives tomó el gobierno de la Isla?
5. ¿Quién fue José María Heredia? ¿Por qué se le recuerda con admiración y cariño?
6. ¿Qué organismo creó Francisco Dionisio Vives para reprimir las conspiraciones?
7. ¿Qué hicieron Francisco Agüero y Andrés Manuel Sánchez? ¿Por qué se los considera protomártires de la libertad cubana?
8. ¿Qué motivó el destierro de José Antonio Saco?
9. ¿Qué quiso decir José Antonio Saco con su frase: "Nuestra cuestión ya no es de papeles, sino de espadas y de balas"?
10. ¿Qué labor realizó Claudio Martínez de Pinillos en favor del progreso de Cuba?

IV. *¿Verdadero o falso?*

1. La invasión francesa de España en 1808 tuvo como resultado unir más estrechamente a los peninsulares y los criollos.
2. Román de la Luz quería convertir a Cuba en una república.
3. José Antonio Aponte murió en el exilio.
4. Cuba envió diputados a las Cortes de Cádiz.
5. Las Cortes de Cádiz promulgaron una constitución liberal.
6. La Conspiración de los Rayos y Soles de Bolívar fue aplastada sin derramamiento de sangre.
7. José María Heredia estuvo envuelto en la Conspiración de los Rayos y Soles de Bolívar.
8. José Aniceto Iznaga era conocido con el seudónimo de "El Lugareño".
9. La Real Orden del 28 de mayo de 1825 daba a Cuba un régimen liberal y democrático.
10. Miguel Tacón estableció en Cuba la Constitución de Cádiz de 1812 desde el primer momento.

V. *Tópicos para discutir:*

1. Los propósitos políticos que tenían las sociedades secretas y las distintas conspiraciones.
2. José Antonio Saco: su personalidad y sus ideas.

VI. *Proyecto:*

Preparar un tema escrito analizando la labor de los gobiernos de Francisco Dionisio Vives y Miguel Tacón.

CAPÍTULO 7

I. *Personajes notables:*

1. Domingo del Monte
2. José de la Luz y Caballero
3. Felipe Poey
4. Joaquín Ezpeleta
5. Jerónimo Valdés
6. David Turnbull
7. Leopoldo O'Donnell
8. Gabriel de la Concepción Valdés
9. Francisco Martínez de la Rosa
10. José Luis Alfonso
11. Gaspar Cisneros Betancourt
12. Narciso López
13. Isidoro Armenteros
14. Miguel Aldama
15. José Antonio Saco

II. *Identificar:*

1. Colegio El Salvador
2. El mayoral
3. Los matungos
4. La Causa de la Escalera

5. La Causa de La Habana
6. El Club de La Habana
7. El Consejo Cubano
8. El periódico *La Verdad*

III. *Preguntas:*

1. Explique brevemente las tertulias de la casa de Domingo del Monte.
2. ¿Cuáles eran las ideas de los tres principales representantes de la intelectualidad cubana hacia 1830?
3. ¿Cómo estaba constituido un ingenio azucarero cubano hacia 1840?
4. Describa las condiciones de vida de los esclavos en Cuba hacia 1840.
5. Exponga brevemente cómo era la ciudad de La Habana y la vida en ella hacia 1840.
6. ¿Cómo era el general Jerónimo Valdés?
7. ¿Cuál fue la actuación de David Turnbull como cónsul de Inglaterra en La Habana?
8. ¿A qué se llamó la Causa de la Escalera?
9. ¿A qué se llamó la Causa de La Habana?
10. ¿Cómo surgió el anexionismo en Cuba? ¿Cuáles eran sus tres grupos principales?

IV. *¿Verdadero o falso?*

1. En las tertulias de Domingo del Monte se reunía lo mejor de la intelectualidad cubana.
2. José de la Luz y Caballero era un patriota sereno y constructivo, pero no muy optimista.
3. En la primera mitad del siglo XIX, los esclavos en Cuba gozaban de ciertas libertades y privilegios.
4. Los esclavos ya incapacitados recibían el nombre de "matungos".
5. La Habana de la primera mitad del siglo XIX era una ciudad austera y militarizada.
6. Hasta 1839 se tuvo en cuenta a los cubanos (en lo gubernamental) aunque en forma limitada.
7. Durante el gobierno de Joaquín Ezpeleta, los cubanos tuvieron acceso a los cargos públicos.
8. Jerónimo Valdés era poco inteligente y muy descentralizador en su forma del gobierno.

9. Baldomero Espartero fue un gran capitán general de la isla de Cuba.
10. Hacia 1844, Cuba se vio hundida en una grave crisis económica.

V. *Tópicos para discutir:*

1. El anexionismo y el reformismo: objetivos y actuación.
2. La esclavitud en Cuba; el abolicionismo; las insurrecciones negras.

CAPÍTULO 8

I. *Personajes notables:*

1. Narciso López
2. William J. Worth
3. Miguel Teurbe Tolón
4. José Aniceto Iznaga
5. José Sánchez Iznaga
6. Cirilo Villaverde
7. Juan Manuel Macías
8. Francisco Estrampes
9. Joaquín de Agüero
10. Isidoro Armenteros
11. Conde de Pozos Dulces
12. Eduardo Facciolo
13. Anacleto Bermúdez
14. Gaspar Cisneros Betancourt

II. *Identificar:*

1. La conspiración de la Mina de la Rosa
2. El periódico *The Sun*
3. Cárdenas
4. Playitas
5. El Pampero
6. Mano del Negro
7. El periódico *La Voz del Pueblo Cubano*
8. La conspiración de la Vuelta Abajo
9. La Junta Cubana

III. *Preguntas:*

1. Exponga brevemente la personalidad de Narciso López.
2. ¿Por qué fracasó la conspiración de la Mina de la Rosa?
3. ¿Cómo, dónde y cuándo surgió la bandera cubana?
4. ¿Qué ocurrió en Cárdenas en mayo de 1850?
5. ¿Cómo fue el desembarco de Playitas? ¿Cómo terminó?
6. ¿Cómo y por qué murió Joaquín de Agüero?
7. ¿Qué ocurrió en Mano del Negro?
8. ¿Quiénes formaron la conspiración de la Vuelta Abajo?
9. ¿A qué se llamó la Junta Cubana, y quiénes la formaban?
10. ¿Qué pretendió el presidente de los Estados Unidos, Franklin Pierce?

IV. *¿Verdadero o falso?*

1. El conspirador cubano más importante, hacia 1848, fue Narciso López.
2. Narciso López le había salvado la vida a Jerónimo Valdés.
3. Narciso López luchó contra los conspiradores de la Mina de la Rosa.
4. La bandera cubana se debió principalmente a Narciso López.
5. La bandera cubana fue izada por primera vez en Playitas.
6. Narciso López logró tomar la ciudad de Santiago de Cuba.
7. Playitas está en la costa norte de Cuba, cerca de Bahía Honda.
8. Narciso López fue ejecutado en la plaza mayor de Puerto Príncipe.
9. Anacleto Bermúdez fue encontrado envenenado en su residencia.
10. La Junta Cubana quería la independencia de Cuba y no la anexión a los Estados Unidos.

V. *Tópicos para discutir:*

1. Narciso López: vida y obra.
2. La bandera cubana: origen, simbolismo y vicisitudes.

VI. *Proyecto:*

Dibujar un mapa de Cuba, señalando las acciones militares de Narciso López.

CAPÍTULO 9

I. *Personajes notables:*

1. Juan de la Pezuela
2. Domingo Goicuría
3. José Elías Hernández
4. Porfirio Valiente
5. José Guitiérrez de la Concha
6. Francisco Estrampes
7. Ramón Pintó
8. Conde de Pozos Dulces
9. José Ricardo O'Farrill
10. Francisco Serrano
11. Miguel Aldama
12. Nicolás Azcárate
13. José Antonio Saco
14. Domingo Dulce
15. José Morales Lemus

II. *Identificar:*

1. El periódico *El Diario de la Marina*
2. El Club de La Habana
3. La Junta Cubana

4. La Ley Kansas-Nebraska
5. El Manifiesto de Ostende
6. La Real Junta de Fomento
7. El Cuerpo de Voluntarios
8. La Junta de Información
9. El periódico *El Siglo*
10. El Partido Reformista Cubano
11. La Guerra del Pacífico

III. *Preguntas:*

1. ¿Cómo era Juan de la Pezuela? ¿Cuál era su programa básico?
2. ¿Quién era John Anthony Quitman, y por qué se le cita en la historia de Cuba?
3. Relate el incidente que tuvo lugar cuando alguien denunció a los conspiradores a Juan de la Pezuela.
4. ¿Cómo afectó a los cubanos la Ley Kansas-Nebraska?
5. ¿Quiénes publicaron el llamado Manifiesto de Ostende, y cuál era su contenido?
6. Haga un breve enjuiciamiento del segundo mando del general José Gutiérrez de la Concha.
7. ¿A qué se llamó el Cuerpo de Voluntarios?
8. ¿Quién y cómo vengó la muerte de Narciso López?
9. Explique brevemente por qué se disolvió la Junta Cubana.
10. ¿Cuáles eran los tres puntos principales que habrían de tratarse en la Junta de Información?
11. ¿Cómo afectó a los cubanos la llamada Guerra del Pacífico?
12. ¿Cómo bloqueó el gobierno español las aspiraciones y posibilidades de los cubanos en la Junta de Información?

IV. *¿Verdadero o falso?*

1. Juan de la Pezuela era más civil que militar y tenía aficiones artísticas y literarias.
2. Los esclavistas y los negreros apoyaron decididamente a Juan de la Pezuela.
3. La Ley Kansas-Nebraska robusteció los lazos entre el Norte y el Sur de los Estados Unidos.
4. José Gutiérrez de la Concha realizó una gran concentración de poderes.
5. El Cuerpo de Voluntarios luchaba por la anexión de Cuba a los Estados Unidos.
6. Ramón Pintó salvó la vida huyendo a los Estados Unidos.
7. Francisco Serrano estableció en Cuba una dictadura despótica y cruel.
8. Francisco Serrano abrió las puertas de palacio a los intelectuales cubanos.

9. Durante el gobierno de Francisco Serrano se crearon liceos y hubo gran actividad intelectual y social.
10. Alejandro Castro presidió la Junta de Información.
11. Benjamín Vicuña Mackena atacó mucho a los cubanos reformistas.
12. La Junta de Información representó un gran éxito para los ideales cubanos.

V. *Tópicos para discutir:*

1. La obra de gobierno de José Gutiérrez de la Concha: aspectos positivos y negativos.
2. La Junta de Información: sus vicisitudes y resultado final.

CAPÍTULO 10

I. *Personajes notables:*

1. Francisco Lersundi
2. Carlos Manuel de Céspedes
3. Francisco Vicente Aguilera
4. Perucho Figueredo
5. Donato Mármol
6. Calixto García
7. Francisco Maceo Osorio
8. Esteban Estrada
9. Salvador Cisneros Betancourt
10. Ignacio Agramonte y Loynaz
11. Blas Villate, conde de Valmaseda
12. Domingo Dulce
13. Máximo Gómez
14. Tomás Estrada Palma
15. Manuel de Quesada
16. Ulysses S. Grant

II. *Identificar:*

1. Ingenio La Demajagua
2. La Revolución de Yara
3. El himno de Bayamo
4. La Junta del Paradero de Minas
5. La carga al machete
6. La expedición del *Galvanic*
7. El *Saladillo*
8. Quema de Bayamo
9. La Creciente de Valmaseda
10. Los mambises
11. El artículo "Laboremus"
12. El Teatro Villanueva
13. La Asamblea de Guáimaro
14. La bandera de Carlos Manuel de Céspedes
15. La "manigua"

III. *Preguntas:*

1. ¿Cuáles fueron las causas inmediatas del alzamiento del 10 de octubre de 1868?

2. ¿Quién y dónde comenzó el alzamiento del 10 de octubre de 1868?
3. Explique brevemente el origen del himno nacional de Cuba.
4. ¿Por qué se tuvo que adelantar la guerra separatista cubana?
5. Diga quiénes fueron los principales jefes del alzamiento de 1868 y dónde actuó cada uno.
6. ¿Qué ocurrió en la Junta del Paradero de Minas?
7. ¿Cómo se logró una aproximación entre Carlos Manuel de Céspedes e Ignacio Agramonte?
8. Explique brevemente la toma de Bayamo por los cubanos y cómo perdieron esta ciudad.
9. ¿Qué prometió el general Domingo Dulce al tomar posesión del gobierno de la isla de Cuba?
10. Explique brevemente la política exterior (en los Estados Unidos y la América latina) del presidente Céspedes.

IV. *¿Verdadero o falso?*

1. La Guerra de 1868 fue iniciada por Salvador Cisneros Betancourt.
2. Ignacio Mora tenía las mismas ideas políticas y revolucionarias de Ignacio Agramonte.
3. El jefe de Operaciones militares de los españoles fue el segundo cabo Blas Villate.
4. El Saladillo fue una gran victoria de los ejércitos cubanos.
5. El término "mambí" se aplicaba a los voluntarios españoles.
6. Lo único que quedó de Bayamo fue la Torre de Zarragoitia.
7. El general Domingo Dulce fue designado gobernador de Cuba para aplastar la Revolución cubana con mano dura.
8. El gobierno español confiscó todos los bienes de los cubanos alzados y de los emigrados.
9. La Asamblea de Guáimaro tuvo como uno de sus fines el redactar una constitución para la República en Armas.
10. Carlos Manuel de Céspedes e Ignacio Agramonte chocaron idealmente en la Asamblea de Guáimaro.
11. La bandera oficial de Cuba fue la de Narciso López y no la de Carlos Manuel de Céspedes.
12. El primer presidente de la República en Armas fue Ignacio Agramonte.

V. *Tópicos para discutir:*

1. El alzamiento del 10 de octubre de 1868: origen y primeros pasos.
2. La Asamblea de Guáimaro: ideas presentadas y acuerdos tomados.

VI. *Proyecto:*

Hacer un mapa de Cuba indicando los alzamientos y batallas de la Guerra de 1868 anteriores a la Asamblea de Guáimaro.

CAPÍTULO 11

I. *Personajes notables:*

1. Ignacio Agramonte
2. Federico Cavada
3. Manuel de Quesada
4. Carlos Manuel de Céspedes
5. Francisco Vicente Aguilera
6. Carlos Loret de Mola
7. Federico Capdevila
8. Juan Clemente Zenea
9. Máximo Gómez
10. Calixto García
11. Antonio Maceo
12. Salvador Cisneros Betancourt
13. Arsenio Martínez Campos
14. Tomás Estrada Palma

II. *Identificar:*

1. La Asamblea de Guáimaro
2. La expedición del *Perrit*
3. El Rescate de Julio Sanguily
4. El combate de Jimaguayú
5. Los casinos españoles
6. Los "levitas"
7. Los "chapelgorris"
8. Los estudiantes de 1871
9. La Invasión de 1875
10. San Lorenzo
11. El Pacto del Zanjón
12. Los Mangos de Baraguá

III. *Preguntas:*

1. ¿Cuáles fueron las tres zonas en que se dividió la acción revolucionaria, y quiénes fueron sus jefes respectivos?
2. Cite algunas batallas ganadas por Manuel de Quesada hacia principios de la Guerra de 1868.
3. ¿Qué razones indujeron a Ignacio Agramonte a separarse y hacer la guerra por su cuenta?
4. Cite algunas de las batallas ganadas por Ignacio Agramonte.
5. Relate lo ocurrido a los ocho estudiantes de medicina, en noviembre de 1871.
6. ¿Cuándo y cómo fue detenido y ejecutado Juan Clemente Zenea?
7. ¿A qué se llamó la Invasion de 1875? ¿Quién y cómo la llevó a efecto?
8. Explique brevemente la deposición de Carlos Manuel de Céspedes como presidente de Cuba (en Armas) y su muerte.
9. ¿Cómo y por qué decayó la guerra libertadora?

10. ¿Qué se acordó en el Zanjón?
11. ¿Qué ocurrió en los Mangos de Baraguá?
12. ¿Logró sus objetivos la Guerra de los Diez Años?

IV. ¿*Verdadero o falso?*

1. Thomas Jordan fue el jefe militar de la Revolución en la zona de Oriente.
2. Manuel de Quesada renunció a la jefatura del ejército cubano por ciertas diferencias con la Cámara de Representantes de la República en Armas.
3. El jefe cubano de mayores éxitos guerreros fue Federico Cavada.
4. Manuel de Quesada llevó a cabo el rescate de Sanguily.
5. Ignacio Agramonte murió en el combate de Buey Sabana.
6. Los casinos españoles combatían a los españoles cultos.
7. El fusilamiento de los estudiantes de medicina (en 1871) dejó imborrable memoria en el alma de los cubanos.
8. El general Máximo Gómez fue el héroe máximo de la Invasión de 1875.
9. Salvador Cisneros Betancourt asumió la presidencia de Cuba a la deposición de Carlos Manuel de Céspedes.
10. El presidente de la República Estrada Palma fue capturado en Tasajeras.
11. Arsenio Martínez Campos sufrió una enorme derrota militar en el Zanjón.
12. Antonio Maceo fue elegido presidente de Cuba en los Mangos de Baraguá.

V. *Tópicos para discutir:*

1. El fusilamiento de los estudiantes de 1871.
2. La Invasión de 1875.

VI. *Proyecto:*

Hacer un mapa de Cuba señalando las principales batallas de la Guerra de los Diez Años.

CAPÍTULO 12

I. *Personajes notables:*

1. Arsenio Martínez Campos
2. Ramón Blanco y Erenas
3. Rafael Montoro
4. Calixto García

5. José Maceo
6. Guillermo Moncada
7. Francisco Carrillo
8. Emilio Núñez

9. Máximo Gómez
10. Antonio Maceo
11. José Martí
12. Juan Gualberto Gómez

II. *Identificar:*

1. "El Pacificador"
2. El Partido Liberal Autonomista
3. El Partido Unión Constitucional
4. Los integristas

5. La Guerra Chiquita
6. La Ley Tejada de Valdosera
7. La colonización blanca
8. El Partido Revolucionario
9. Las reformas de Maura y Abarzuza

III. *Preguntas:*

1. ¿Qué reformas se introdujeron en Cuba entre 1878 y 1881?
2. ¿A qué se llamó el Partido Liberal Autonomista, y quiénes lo formaban?
3. ¿Cuál era la finalidad del Partido Unión Constitucional?
4. Exponga brevemente quiénes lucharon en la llamada Guerra Chiquita.
5. ¿Qué hicieron Ramón Leocadio Bonachea, Limbano Sánchez y Francisco Varona? ¿Con qué resultado?
6. ¿Qué disponía la Ley Tejada Valdosera, y cuál era su propósito?
7. ¿Cuál fue la más notable conquista de los autonomistas?
8. ¿Cuáles eran las ideas del proyecto de Antonio Maura sobre el gobierno de Cuba?
9. ¿Qué reacción provocó el proyecto de Antonio Maura? ¿Con qué resultado?
10. ¿Qué hizo Buenaventura Abarzuza?

IV. *¿Verdadero o falso?*

1. Ramón Blanco y Erenas fue llamado "El Pacificador".
2. El Partido Liberal Autonomista estaba formado por revolucionarios y reformistas.
3. El Partido Unión Constitucional era aliado del Partido Liberal Autonomista.
4. Los miembros del Partido Liberal Autonomista eran llamados integristas.
5. El gobierno español siempre miró a los integristas con buenos ojos.
6. Hacia 1879, el ideal separatista (independencia de Cuba) había muerto.

7. La Guerra Chiquita duró menos de un año.
8. La abolición de la esclavitud se debió a los integristas.
9. Francisco Romero Robledo era español pero simpatizaba con los cubanos.
10. Las reformas de Antonio Maura provocaron la división del Partido Unión Constitucional.
11. Buenaventura Abarzuza modificó el proyecto de Antonio Maura.

V. *Tópicos para discutir:*

1. Autonomistas e integristas: posiciones políticas y actuación.
2. La quiebra del régimen colonial.

CAPÍTULO 13

I. *Personajes notables:*

1. José Martí
2. Máximo Gómez
3. Horace Rubens
4. Bartolomé Masó
5. Juan Gualberto Gómez
6. Antonio Maceo
7. Agustín Cebreco
8. Serafín Sánchez
9. Flor. Crombet
10. Miguel Ángel de la Guardia
11. Salvador Cisneros Betancourt
12. Tomás Estrada Palma

II. *Identificar:*

1. La Guerra de Independencia (1895)
2. El Partido Revolucionario Cubano
3. Fernandina
4. El Manifiesto de Montecristi
5. *Duaba*
6. *Playitas*
7. *La Mejorana*
8. *Dos Ríos*

III. *Preguntas:*

1. ¿Quién organizó el Partido Revolucionario, y con qué objeto?
2. Diga algo de José Martí como escritor y como poeta.
3. ¿Qué ocurrió en Fernandina?
4. ¿Cuáles eran los cuatro lugares escogidos para el alzamiento de 1895, y quiénes sus jefes respectivos?
5. ¿Dónde, en qué fecha y quiénes firmaron el Manifiesto de Montecristi?
6. ¿Cuál era el contenido del Manifiesto de Montecristi?
7. Explique brevemente el desembarco de *Duaba* y el de *Playitas*.

8. ¿Cuáles fueron los principales acuerdos de la reunión de *La Mejorana?*
9. ¿Dónde, cuándo y cómo murió José Martí?
10. ¿Quién fue designado delegado del Partido Revolucionario al morir Martí?

IV. *¿Verdadero o falso?*

1. José Martí fue el alma del movimiento revolucionario de 1895.
2. José Martí ofreció la jefatura militar del movimiento a Máximo Gómez.
3. José Martí fue un gran escritor y poeta.
4. José Martí ganó la importante batalla de Fernandina.
5. Debido a la confiscación de barcos y armas, José Martí pospuso indefinidamente el alzamiento.
6. El Manifiesto de Montecristi fue firmado en Baní, Santo Domingo.
7. Flor Crombet murió en el desembarco de Playitas.
8. Antonio Maceo fue designado jefe militar de toda la zona oriental.
9. Antonio Cánovas del Castillo desembarcó en Guantánamo para sofocar la Revolución.
10. Miguel Ángel de la Guardia mandaba la columna española en la acción de *Dos Ríos.*

V. *Tópicos para discutir:*

1. El alzamiento del 24 de febrero de 1895: su preparación y primeros pasos.
2. El Manifiesto de Montecristi.

CAPÍTULO 14

I. *Personajes notables:*

1. Salvador Cisneros Betancourt
2. Bartolomé Masó
3. Máximo Gómez
4. Antonio Maceo
5. Tomás Estrada Palma
6. Carlos Roloff
7. Mario García Menocal
8. Serafín Sánchez
9. José Miguel Gómez
10. Arsenio Martínez Campos
11. Valeriano Weyler
12. Emilio Núñez
13. Domingo Méndez Capote
14. Ramón Blanco y Erenas
15. Enrique Dupuy de Lome
16. William McKinley
17. Theodore Roosevelt

II. *Identificar:*

1. La Asamblea de Jimaguayú
2. La Campaña Circular
3. La Invasión de 1895
4. *Coliseo*
5. La Reconcentración
6. La trocha de Mariel a Majana
7. *Punta Brava*
8. El Titán de Bronce
9. La Asamblea de La Yaya
10. La autonomía
11. La carta de Dupuy de Lome
12. El acorazado *Maine*
13. La Resolución Conjunta del Congreso americano

III. *Preguntas:*

1. ¿Qué organización establecía la Constitución de Jimaguayú?
2. ¿Quiénes y en qué posiciones tomaron el gobierno de Cuba (en Armas) en Jimaguayú?
3. ¿A qué se llamó la Invasión de 1895? Explique brevemente su desarrollo.
4. Mencione las batallas más importantes que los cubanos ganaron en 1895.
5. ¿A qué se llamó la Reconcentración?
6. Esboce la situación de la isla de Cuba en 1896.
7. ¿Dónde, cuándo y cómo murió Antonio Maceo?
8. ¿Quiénes integraron el gobierno de Cuba (en Armas) en la Asamblea de La Yaya?
9. ¿Qué gestiones hizo el gobierno de los Estados Unidos en pro de la paz en 1897?
10. ¿Qué cambios de política ofreció para Cuba el gobierno español en 1897?
11. Explique brevemente el incidente de la carta de Dupuy de Lome.
12. Explique brevemente el incidente del acorazado *Maine* y sus consecuencias.

IV. *¿Verdadero o falso?*

1. El presidente de Cuba electo en Jimaguayú fue Bartolomé Masó.
2. Antonio Maceo llevó a efecto la Campaña Circular alrededor de Camagüey.
3. La Invasión de 1895 se llevó a cabo partiendo de Pinar del Río para terminar en Oriente.
4. Valeriano Weyler se caracterizó por su ferocidad y crueldad al perseguir a los cubanos.

5. Durante el gobierno del presidente de los Estados Unidos Grover Cleveland, el Congreso americano reconoció a la Revolución cubana.
6. Máximo Gómez es conocido por el nombre del "Titán de Bronce".
7. En la Asamblea de La Yaya se eligió un nuevo gobierno para la República de Cuba.
8. La Carta de Dupuy de Lome fue publicada en los periódicos cubanos.
9. El gobierno español afirmó que la destrucción del acorazado *Maine* había sido debida a un accidente.
10. El presidente de los Estados Unidos William McKinley no deseaba entrar en guerra con España.

V. *Tópicos para discutir:*

1. Jimaguayú y La Yaya: comparación de ambas asambleas.
2. La Invasión de 1895.

CAPÍTULO 15

I. *Personajes notables:*

1. William McKinley
2. Bartolomé Masó
3. Nelson Miles
4. Tomás Estrada Palma
5. Máximo Gómez
6. Calixto García
7. William R. Shafter
8. Winfield S. Schley
9. William T. Sampson
10. George Dewey
11. Pascual Cervera
12. Joaquín Vara del Rey
13. Leonard Wood
14. Theodore Roosevelt
15. Domingo Méndez Capote
16. John R. Brooke

II. *Identificar:*

1. El Mensaje a García
2. La reunión en El Aserradero
3. El *Caney*
4. La *Loma San Juan*
5. Los Rough Riders
6. El Árbol de la Paz
7. La Asamblea de Santa Cruz del Sur
8. El Tratado de París

III. *Preguntas:*

1. ¿A qué se llama el Mensaje a García?
2. ¿Quiénes y con qué fin se reunieron en El Aserradero?

3. ¿Dónde y cómo murió el general Joaquín Vara del Rey?
4. ¿Qué eran los Rough Riders y por qué se los cita en la historia de Cuba?
5. ¿Qué le ocurrió a Pascual Cervera en Santiago de Cuba?
6. ¿Dónde, cuándo y cómo se firmó la paz definitiva que terminó la guerra con España?
7. ¿Qué malentendido hubo entre Calixto García y William R. Shafter?
8. ¿Para qué se reunió la Asamblea de Santa Cruz del Sur? ¿Quiénes fueron elegidos?
9. ¿Quiénes formaban la delegación cubana que fue a los Estados Unidos? ¿Qué ocurrió?
10. ¿Cómo se llevó a cabo el cese de la soberanía española en Cuba?

IV. *¿Verdadero o falso?*

1. William McKinley no quiso entenderse con el gobierno revolucionario de Bartolomé Masó.
2. William R. Shafter fue el encargado de llevar el mensaje a Calixto García.
3. La escuadra española estaba embotellada en la Bahía de Santiago de Cuba.
4. Joaquín Vara del Rey tuvo una resonante victoria en El Aserradero.
5. Pascual Cervera aceptó rendirse al ¡coronel cubano Candelario Cebreco.
6. En el cese de la soberanía española en Cuba, se prescindió de los cubanos.
7. Domingo Méndez Capote presidió la Asamblea de Santa Cruz del Sur.
8. William McKinley se negó a recibir a la delegación cubana.
9. Calixto García murió en los Estados Unidos.
10. William T. Sampson fue el primer gobernador americano en Cuba.

V. *Tópicos para discutir:*

1. La Guerra Hispanocubano-americana: origen, desarrollo y fin.
2. El cese de la soberanía española en Cuba: aciertos y errores de la política de la Metrópoli.

CAPÍTULO 16

I. *Personajes notables:*

1. John R. Brooke   2. Leonard Wood

3. Carlos J. Finlay
4. Jesse Lazear
5. Enrique José Varona
6. José Antonio González Lanuza
7. Domingo Méndez Capote
8. Alfredo Zayas
9. William McKinley
10. Orville H. Platt
11. Tomás Estrada Palma
12. Bartolomé Masó
13. Máximo Gómez

II. *Identificar:*

1. La ocupación americana
2. La Constitución de 1901
3. La Enmienda Platt
4. El Partido Nacional
5. El Partido Republicano
6. El Partido Unión Democrática

III. *Preguntas:*

1. Explique brevemente qué importancia ha tenido siempre la posición geográfica de Cuba en sus relaciones económicas con los Estados Unidos.
2. ¿En qué estado estaba la economía cubana al terminar la guerra independentista? Cite algunas cifras.
3. Enjuicie a Leonard Wood en su carácter de gobernador (interventor) de Cuba.
4. Exponga brevemente el gran descubrimiento científico de Carlos Finlay, y su definitiva comprobación.
5. ¿Cómo organizaba el gobierno de la isla de Cuba la Constitución de 1901?
6. ¿A qué se llamó la Enmienda Platt? ¿Cuál era su contenido básico?
7. ¿Cuál era, en general, el sentimiento cubano en relación con la Enmienda Platt?
8. ¿Cuándo fue derogada la Enmienda Platt? ¿Cuántos años pesó sobre Cuba?
9. ¿Quiénes aspiraron a la presidencia de la República de Cuba en 1901? ¿Cómo fueron las elecciones?
10. Exponga brevemente el acto de toma de posesión de la presidencia de la República de Cuba por Tomás Estrada Palma.

IV. *¿Verdadero o falso?*

1. Hacia la mitad del siglo XIX, las relaciones comerciales que Cuba tenía con los Estados Unidos eran superiores a las que tenía con España.

2. En 1891 se firmó un acuerdo entre España y los Estados Unidos, permitiendo beneficios comerciales a esta última nación.
3. Hacia fines del siglo XIX, los Estados Unidos controlaban el 85% de la producción azucarera cubana.
4. La Guerra de 1895 incrementó el desarrollo económico de Cuba.
5. Leonard Wood fue un gobernante inepto y poco constructivo.
6. Carlos Finlay se dejó inocular el virus de la fiebre amarilla, y murió comprobando su descubrimiento.
7. La Asamblea Constituyente de 1901 tuvo lugar durante el gobierno interventor americano.
8. La Enmienda Platt era una necesidad sentida y deseada por los cubanos.
9. Calixto García presidió la delegación cubana que fue a los Estados Unidos para entrevistarse con William McKinley.
10. Máximo Gómez se negó a ser candidato a la presidencia de Cuba.

V. *Tópicos para discutir:*

1. La economía cubana al cese de la soberanía española.
2. La Enmienda Platt: origen, contenido, imposición, abrogación.

CAPÍTULO 17

I. *Personajes notables:*

1. Tomás Estrada Palma
2. Enrique Villuendas
3. Domingo Méndez Capote
4. Faustino Guerra
5. Theodore Roosevelt
6. Frank Steinhart
7. William H. Taft
8. Charles E. Magoon
9. José Miguel Gómez
10. Manuel Sanguily
11. Manuel Márquez Sterling
12. Evaristo Estenoz
13. Pedro Ivonet
14. Mario García Menocal
15. Leopoldo Cancio
16. Woodrow Wilson
17. Alfredo Zayas

II. *Identificar:*

1. Tratado de Reciprocidad Comercial
2. Bases de Guantánamo y Bahía Honda
3. El agio
4. Ley de la Inmunidad Parlamentaria
5. La Lotería Nacional
6. El Partido Moderado
7. El Gabinete de Combate

8. El Partido Liberal
9. Hato Las Vegas
10. Segunda Intervención Norteamericana
11. La Comisión Consultiva
12. La "botella"
13. El Partido Conservador
14. Alcantarillado de La Habana
15. El Museo Nacional
16. Academias de Artes, Letras e Historia
17. Ley Arteaga
18. Los "chivos"
19. La Guerra Racista
20. La Conjunción Patriótica
21. Central Chaparra
22. El mayoral
23. Honradez, Paz y Trabajo
24. La moneda nacional
25. La Reelección de 1916
26. La Revolución de 1917
27. "Contra la ingerencia extraña, la virtud doméstica"
28. El Ministerio del Trabajo
29. Ley de Accidentes del Trabajo
30. Ley de Pensiones a los Veteranos
31. La "danza de los millones"
32. Los cuatro gatos
33. El Partido Popular
34. La Liga Nacional

III. *Preguntas:*

1. ¿Cuál fue la característica esencial de la administración del presidente Estrada Palma?
2. Explique qué provocó la Revolución de 1906.
3. Explique por qué se produjo la Segunda Intervención Norteamericana.
4. ¿Cuáles fueron las principales innovaciones administrativas de Charles E. Magoon?
5. Enjuicie el gobierno de Charles E. Magoon desde el punto de vista económico o fiscal.
6. Explique algunas de las mejoras en servicios públicos debidas al presidente José Miguel Gómez.
7. ¿Cómo fue que el presidente José Miguel Gómez defendió la soberanía de Cuba?
8. ¿A qué se llama Guerrita de los Negros?
9. ¿Cuál fue la gran innovación del economista cubano Leopoldo Cancio, y qué demostraba?
10. ¿Cuáles fueron las consecuencias de la reelección del presidente Menocal en 1916?
11. ¿A qué se llama "danza de los millones"? ¿Cómo surgió y cómo terminó?
12. Explique la situación política de Cuba en 1920, y cómo se produjo el acuerdo de las distintas fuerzas.

IV. ¿Verdadero o falso?

1. El presidente Estrada Palma se hizo notable por su falta de honradez.
2. Cuba concedió cuatro bases navales a los Estados Unidos.
3. El presidente Estrada Palma pagó las indemnizaciones a los libertadores.
4. La presidencia de Estrada Palma se caracterizó por la quiebra económica.
5. El presidente Estrada Palma permitió que se formara el Partido Moderado.
6. El Partido Liberal postuló para presidente al doctor Alfredo Zayas en las elecciones de 1906.
7. El general Faustino Guerra se alzó contra Estrada Palma.
8. El doctor Domingo Méndez Capote fue elegido vicepresidente en 1906.
9. Durante la Segunda Intervención Norteamericana se suprimió la bandera cubana.
10. La "botella" surgió en Cuba durante la administración de Charles E. Magoon.
11. El presidente José Miguel Gómez ignoró las libertades públicas.
12. El alcantarillado de La Habana se construyó durante la presidencia de Mario García Menocal.
13. La "danza de los millones" tuvo lugar durante el gobierno del Partido Conservador.
14. El fundador del Partido Popular fue el doctor Alfredo Zayas.

V. Tópicos para discutir:

1. La reelección como factor de inestabilidad política.
2. Los efectos de la ingerencia extranjera.

CAPÍTULO 18

I. Personajes notables:

1. Alfredo Zayas
2. Enoch H. Crowder
3. Warren Harding
4. José Manuel Cortina
5. Aurelio Álvarez
6. Manuel Márquez Sterling
7. Carlos García Vélez
8. Arístides Agüero
9. Julio Antonio Mella
10. Federico Laredo Bru
11. Rubén Martínez Villena

II. *Identificar:*

1. Gabinete de honradez
2. Tratado Hay-Quesada
3. Isla de Pinos
4. La autonomía universitaria
5. Agrupación de Veteranos y Patriotas

6. Central La Pastora
7. Los Trece
8. Convento de Santa Clara

III. *Preguntas:*

1. ¿Qué experiencia política había tenido Zayas cuando asumió la presidencia de la República?
2. ¿Cómo estaba el país en lo económico y lo político cuando Zayas asumió la presidencia?
3. Explique la crisis más importante en el orden internacional que Zayas tuvo que solucionar.
4. ¿Qué era el "gabinete de honradez", y por qué se le aplicó este nombre?
5. ¿Sobre qué legislaba el Tratado Hay-Quesada?
6. ¿A qué se llama autonomía universitaria?
7. Explique la crisis más grave de tipo doméstico que Zayas tuvo que solucionar.
8. Dé un juicio de conjunto del gobierno de Alfredo Zayas.

IV. *¿Verdadero o falso?*

1. Alfredo Zayas había luchado en la Guerra de Independencia.
2. Alfredo Zayas era un hábil político.
3. Alfredo Zayas fue presidente de Cuba inmediatamente después de José Miguel Gómez.
4. Alfredo Zayas contaba con un gran partido político y con la mayoría en el Congreso.
5. Charles E. Hughes era delegado personal del presidente Harding ante el gobierno cubano.
6. El "gabinete de honradez" fue impuesto por Enoch H. Crowder.
7. José Manuel Cortina fue secretario de la Presidencia durante el gobierno de Alfredo Zayas.
8. Charles E. Hughes neutralizó las intromisiones de Enoch H. Crowder.
9. La delegación cubana fue derrotada en la Quinta Conferencia Panamericana.
10. Rubén Martínez Villena fue un gran colaborador de Alfredo Zayas.

V. *Tópicos para discutir:*

1. La actuación, pro y con, del delegado personal del presidente Harding.
2. Actuación del comunismo internacional durante el gobierno del doctor Alfredo Zayas.

CAPÍTULO 19

I. *Personajes notables:*

1. Gerardo Machado
2. Carlos Mendieta
3. Domingo Méndez Capote
4. Carlos Miguel de Céspedes
5. Antonio Sánchez de Bustamante
6. Juan Gutiérrez Quirós

II. *Identificar:*

1. El Partido Liberal
2. El Partido Conservador
3. Agua, Caminos y Escuelas
4. Ley de Obras Públicas
5. "El Dinámico"
6. La Carretera Central
7. El Capitolio Nacional
8. La Comisión de Fomento
9. El periódico *El Día*
10. Los financiamientos
11. Cooperativismo
12. La prórroga de mandatos
13. La Convención Constituyente de 1928

III. *Preguntas:*

1. ¿Qué ocurrió dentro del Partido Liberal a la muerte de José Miguel Gómez?
2. Explique qué refuerzos llevaba la candidatura de Gerardo Machado.
3. ¿Quiénes y por qué partidos lucharon en las elecciones de 1924?
4. ¿Qué grandes obras hizo Carlos Miguel de Céspedes como secretario de Obras Públicas?
5. Explique las mejoras de Gerardo Machado en cuanto a la economía del país.
6. ¿Quiénes eran Armando André y Abelardo Pacheco? ¿Qué les ocurrió?
7. ¿Cuál era la doctrina básica del cooperativismo?
8. ¿Qué error jurídico cometieron el Congreso y los Constituyentistas de 1928 en favor de Gerardo Machado?
9. ¿Por qué renunció el presidente del Tribunal Supremo, Juan Gutiérrez Quirós?

10. ¿En qué forma fue reelegido Gerardo Machado en 1929?

IV. *¿Verdadero o falso?*

1. Gerardo Machado fue postulado en 1924 por el Partido Conservador.
2. Gerardo Machado contaba en 1924 con el apoyo de las clases ricas.
3. Domingo Méndez Capote iba de vicepresidente con Gerardo Machado en la campaña electoral de 1924.
4. A Carlos de la Rosa se le llamaba "El Dinámico".
5. La construcción de la Carretera Central dio gran impulso al comercio.
6. La Sexta Conferencia Panamericana tuvo lugar en La Habana durante el gobierno de Gerardo Machado.
7. Gerardo Machado se interesó mucho por la educación del pueblo.
8. Gerardo Machado nombró a elementos civiles para supervisar importantes servicios públicos.
9. Abelardo Pacheco era director del periódico *El Día*.
10. En las elecciones de 1929, Gerardo Machado fue el candidato único.

V. *Tópicos para discutir:*

1. Diferencias entre un gobierno democrático y una dictadura.
2. Comparación del cooperativismo con el fascismo.

CAPÍTULO 20

I. *Personajes notables:*

1. Eduardo Chibás
2. Julio Antonio Mella
3. Rafael Trejo
4. Miguel Mariano Gómez
5. Mario García Menocal
6. Carlos Prío Socarrás
7. Harry F. Guggenheim
8. Cosme de la Torriente
9. Manuel Márquez Sterling
10. Orestes Ferrara
11. Carlos Mendieta
12. Sergio Carbó
13. Carlos Hevia
14. Roberto Méndez Peñate
15. Aurelio Hevia
16. Joaquín Martínez Sáenz
17. Carlos Saladrigas
18. Jorge Mañach
19. Emeterio Santovenia
20. Carlos de la Torre
21. Clemente Vázquez Bello
22. Alfredo Zayas
23. Franklin D. Roosevelt
24. Sumner Welles
25. Aureliano Sánchez Arango
26. Rubén Martínez Villena
27. Enrique Varona
28. Aquilino Lombard

II. *Identificar:*

1. Unión Nacionalista o Asociación Nacionalista
2. El mitin de Artemisa
3. El Directorio Estudiantil Universitario
4. El Directorio Estudiantil del 30
5. El Plan Chadbourne
6. Las Conferencias del Shoreham
7. *Río Verde*
8. La expedición de *Gibara*
9. La "bomba sorbetera"
10. El ABC
11. "Hombres nuevos, ideas nuevas y procedimientos nuevos"
12. La Junta Revolucionaria de Nueva York
13. La Porra
14. El cooperativismo
15. La crisis económica de 1930
16. La Política del Buen Vecino
17. La Mediación
18. El Conjunto Revolucionario Cubano
19. El Ala Izquierda Universitaria
20. El Partido Comunista de Cuba
21. La Carretera Central
22. El Capitolio Nacional
23. La Plaza de la Fraternidad
24. La Avenida de las Misiones
25. La Quinta Avenida
26. El Presidio Modelo (de Isla de Pinos)
27. La Universidad de La Habana
28. El paseo del Malecón
29. La Avenida del Puerto
30. El Parque del Maine
31. El paseo de Martí
32. Las escuelas técnico-industriales
33. La Ley del Retiro Marítimo
34. La Secretaría de Comunicaciones
35. La Dirección General del Trabajo
36. La Asociación de Industriales
37. El Instituto de Estabilización del Azúcar
38. La Comisión Nacional de Propaganda y Defensa del Tabaco Cubano
39. La Exposición Ganadera
40. El Centro de Recría Caballar

III. *Preguntas:*

1. ¿A qué se llamó la Unión Nacionalista?
2. ¿Quiénes organizaron el mitin de Artemisa, y cuál fue el final del mismo?
3. Haga un breve bosquejo de la personalidad de Julio Antonio Mella.
4. ¿Dónde, cuándo y cómo murió Rafael Trejo?
5. ¿A qué se llamó el Plan Chadbourne?
6. ¿Qué ocurrió en Río Verde?
7. Explique cómo murió el jefe de la Policía, Estanislao Massip.
8. ¿Quiénes y con qué fin fundaron el ABC?

9. ¿A qué se llamó "La Porra"?
10. ¿Quiénes aceptaron y quiénes rechazaron la mediación ofrecida por Sumner Welles?
11. Exponga la última disposición de Gerardo Machado y su salida de Cuba.
12. Dé algunos ejemplos que justifiquen el considerar como dictadura el segundo período del gobierno de Gerardo Machado.
13. ¿Qué relación existió entre la crisis económica de 1930 y la caída de Gerardo Machado?
14. Cite algunas obras públicas debidas al gobierno de Gerardo Machado.
15. ¿Qué mejoras realizó Gerardo Machado en el campo educativo?

IV. *¿Verdadero o falso?*

1. La Unión Nacionalista estaba presidida por Carlos Mendieta.
2. El mitin de Artemisa fue organizado por la Unión Nacionalista.
3. La mayoría de los miembros del Directorio Estudiantil Universitario de 1927 pasó al Partido Comunista.
4. Julio Antonio Mella se hizo comunista en los últimos años de su vida.
5. Rafael Trejo era un obrero textil que luchaba contra Gerardo Machado.
6. Miguel Mariano Gómez presidió el Directorio Estudiantil de 1930.
7. Las gestiones del embajador norteamericano Harry F. Guggenheim fueron un fracaso.
8. El Plan Chadbourne fue una gestión para acercar a Gerardo Machado y la oposición.
9. La clausura de los centros de enseñanza alivió la situación del gobierno de Gerardo Machado.
10. Clemente Vázquez Bello fue uno de los fundadores del ABC.
11. "La Porra" estaba formada por miembros de la policía.
12. El Partido Liberal tenía una ideología progresista y avanzada.
13. El Conjunto Revolucionario de Menocal aceptó la mediación patrocinada por Sumner Welles.
14. Gerardo Machado, al renunciar a la presidencia, se la entregó al general Alberto Herrera.
15. El gobierno de Gerardo Machado fue uno de los más constructivos que había tenido Cuba hasta esa fecha.

V. *Tópicos para discutir:*

1. Gestiones pacíficas y luchas sangrientas contra la dictadura de Gerardo Machado.

2. La mediación de Sumner Welles como determinante inmediato de la caída de Gerardo Machado.

CAPÍTULO 21

I. *Personajes notables:*

1. Carlos Manuel de Céspedes
2. Carlos Prío Socarrás
3. Fulgencio Batista
4. Ramón Grau San Martín
5. Antonio Guiteras
6. José Eleuterio Pedraza
7. Herminio Portell Vilá
8. Cordell Hull
9. Manuel Márquez Sterling
10. Franklin D. Roosevelt
11. Jefferson Caffery
12. Carlos Hevia
13. Carlos Mendieta
14. Mario García Menocal
15. Joaquín Martínez Sáenz
16. Miguel Mariano Gómez
17. Justo Luis del Pozo

II. *Identificar:*

1. Padre de la Patria
2. Sargento Jefe de la Revolución
3. La Pentarquía
4. El Hotel Nacional
5. La Revolución del 4 de Septiembre
6. La Joven Cuba
7. Séptima Conferencia Panamericana (de Montevideo)
8. El Partido Nacionalista
9. Acción Republicana

III. *Preguntas:*

1. Analice la personalidad política e histórica de Carlos Manuel de Céspedes (hijo).
2. ¿Qué ocurrió el 4 de septiembre de 1933?
3. ¿Qué ocurrió en el Hotel Nacional?
4. ¿Por qué no reconocieron los Estados Unidos el gobierno de Ramón Grau San Martín (en 1933)?
5. Exponga algunas mejoras políticas y sociales debidas al gobierno de Ramón Grau San Martín (en 1933).
6. Haga una breve síntesis de la sublevación del ABC contra el gobierno de Ramón Grau San Martín en 1933.
7. ¿En qué forma se clausuró la etapa revolucionaria y comenzó la administrativa y política?
8. ¿Quiénes integraban el gobierno de coalición de Carlos Mendieta?

9. ¿Por qué reconocieron los Estados Unidos a Carlos Mendieta como presidente de Cuba?
10. Exponga brevemente algunas reformas políticas y administrativas debidas a Carlos Mendieta.

IV. *¿Verdadero o falso?*

1. Carlos Manuel de Céspedes (hijo) fue presidente de Cuba por dos años completos.
2. Carlos Manuel de Céspedes fue derrocado por una revolución sangrienta.
3. El 22 de agosto de 1933, Fulgencio Batista era sargento del ejército.
4. El manifiesto del 22 de agosto de 1933 fue firmado, entre otros, por Carlos Manuel de Céspedes (hijo).
5. La Pentarquía duró poco menos de una semana.
6. La Revolución del 4 de Septiembre anuló virtualmente la Enmienda Platt.
7. El gobierno provisional de Ramón Grau San Martín (en 1933) no pudo hacer mucho por la oposición de los Estados Unidos.
8. La Joven Cuba estaba presidida por Antonio Guiteras.
9. Los oficiales del ejército refugiados en el Hotel Nacional obtuvieron una brillante victoria.
10. La elección de Carlos Mendieta como presidente de Cuba cierra la etapa revolucionaria e inestable.

V. *Tópicos para discutir:*

1. Importancia del reconocimiento de un gobierno cubano por los Estados Unidos.
2. La Séptima Conferencia Panamericana de Montevideo en relación con Cuba.

CAPÍTULO 22

I. *Personajes notables:*

1. Carlos Mendieta
2. Antonio Guiteras
3. Ramón Grau San Martín
4. Fulgencio Batista
5. Cosme de la Torriente
6. Joaquín Martínez Sáenz
7. Andrés Domingo Morales del Castillo
8. Mario García Menocal
9. José Ignacio Rivero
10. Gustavo Cuervo Rubio
11. Miguel Mariano Gómez

12. Federico Laredo Bru
13. José A. Barnet
14. Manuel Márquez Sterling
15. Cordell Hull
16. Sumner Welles
17. Franklin D. Roosevelt

II. *Identificar:*

1. El Partido Revolucionario Cubano Auténtico
2. La revista *Alma Mater*
3. El Ejército Constitucional
4. La Constitución de 1934
5. Los Tribunales de Urgencia
6. La matanza del ABC
7. La revista *Bohemia*
8. La huelga de marzo de 1935
9. El Morrillo
10. El Pacto Rivero-Zayas
11. El periódico *El Diario de la Marina*
12. El periódico *Avance*
13. "El Solitario de Cunagua"
14. La Enmienda Platt
15. El Tratado de Reciprocidad Comercial
16. La Política del Buen Vecino
17. La tarifa Hawley-Smoot
18. La Ley Costigan-Jones

III. *Preguntas:*

1. ¿Cómo se fundó el Partido Revolucionario Cubano Auténtico?
2. ¿Qué regulaba el decreto-ley número 3 de febrero de 1934? ¿En qué forma?
3. ¿Qué reacción provocó la rehabilitación de los tres partidos políticos tradicionales?
4. Explique brevemente la matanza del ABC.
5. ¿En qué forma creció el terrorismo después de la matanza del ABC?
6. ¿Qué hizo el gobierno para controlar la situación cuando la huelga de marzo de 1935?
7. ¿Dónde y cómo murió Antonio Guiteras?
8. ¿A qué se llama el Pacto Rivero-Zayas?
9. ¿Qué fue lo que provocó la renuncia a la presidencia de Carlos Mendieta?
10. ¿Qué éxitos tuvo Carlos Mendieta en el campo internacional?

IV. *¿Verdadero o falso?*

1. Antonio Guiteras apoyó sin reservas el gobierno de Carlos Mendieta.
2. En 1934 se reglamentó el derecho a huelgas.
3. El Partido Liberal tenía gran fuerza política.
4. Cosme de la Torriente fue secretario de Estado en 1934.

5. Los Tribunales de Urgencia podían dictar la pena de muerte.
6. La matanza del ABC fue ordenada por Joaquín Martínez Sáenz.
7. Antonio Guiteras murió en el exilio.
8. Oscar Zayas fue director del periódico *El Diario de la Marina*.
9. Carlos Mendieta dictó una moratoria para las deudas del Estado.
10. A Carlos Mendieta se le llama "El Solitario de Cunagua".

V. *Tópicos para discutir:*

1. Aciertos y desaciertos del gobierno de Carlos Mendieta.
2. Importancia de los periódicos en la lucha política.

CAPÍTULO 23

I. *Personajes notables:*

1. Miguel Mariano Gómez
2. Fulgencio Batista
3. Federico Laredo Bru
4. Ramón Vasconcelos
5. Juan J. Remos
6. Guillermo Martínez Márquez
7. Ramón Grau San Martín
8. Joaquín Martínez Sáenz
9. Gustavo Gutiérrez
10. Carlos Márquez Sterling
11. Mario García Menocal

II. *Identificar:*

1. Las escuelas cívico-rurales
2. El periódico *Ahora*
3. La finca Párraga
4. La Coalición Socialista Democrática
5. La Constitución de 1940
6. La Ley de Rehabilitación del Crédito Público
7. Los bonos de Obras Públicas
8. La Ley de Coordinación Azucarera

III. *Preguntas:*

1. ¿Qué fue lo que provocó el choque entre Miguel Mariano Gómez y Fulgencio Batista?
2. ¿Qué objeto tenían las escuelas cívico-rurales?
3. ¿Cómo fue destituido Miguel Mariano Gómez?
4. ¿Qué fue lo primero que tuvo que solucionar Federico Laredo Bru?
5. ¿Quiénes ayudaron a Federico Laredo Bru a atraer a los exiliados políticos?
6. ¿Qué tuvo lugar en la finca Párraga?
7. ¿Quién asumió la dirección de la Coalición Socialista Democrática?

8. Enjuicie brevemente la Constitución de 1940.
9. ¿Por qué renunció Ramón Grau San Martín a la presidencia de la Asamblea Constituyente de 1940?
10. ¿Por qué se considera como perjudicial la Ley de Rehabilitación del Crédito Público?

IV. *¿Verdadero o falso?*

1. Miguel Mariano Gómez patrocinó la creación de las escuelas cívico-rurales.
2. Luciano Martínez apoyó la creación de las escuelas cívico-rurales.
3. Miguel Mariano Gómez fue sacrificado para evitar una dictadura militar.
4. Miguel Mariano Gómez fue rehabilitado en 1950.
5. El jefe del Partido Liberal era Juan J. Remos.
6. Fulgencio Batista y Ramón Grau San Martín se abrazaron en la finca Párraga.
7. Las elecciones constituyentistas de 1939 dieron un gran triunfo al gobierno.
8. La Constitución de 1940 era retrógrada y no marcó ningún avance político o civil.
9. La Constitución de 1940 creó el cargo de Primer Ministro.
10. La Ley de Coordinación Azucarera preparaba el camino a una reforma agraria.

V. *Tópicos para discutir:*

1. Miguel Mariano Gómez: su caída y su rehabilitación.
2. La Constitución de 1940 y sus innovaciones.

CAPÍTULO 24

I. *Personajes notables:*

1. Fulgencio Batista
2. Franklin D. Roosevelt
3. Sumner Welles
4. Blas Roca
5. Lázaro Peña
6. Ramón Grau San Martín
7. Gustavo Cuervo Rubio
8. Carlos Saladrigas
9. Carlos Hevia
10. Ramón Zaydín
11. Raúl de Cárdenas
12. Guillermo Alonso Pujol
13. Eduardo Chibás
14. Carlos Rafael Rodríguez
15. Juan Marinello
16. Spruille Braden
17. Oscar García Montes
18. José Manuel Alemán
19. Aurelio Álvarez
20. Eduardo Suárez Rivas

II. *Identificar:*

1. *The Time for Decision*
2. Coalición Socialista Democrática
3. Alianza Grausista
4. El voto preferencial
5. La Oficina de Regulación de Precios y Abastecimientos
6. El Partido Auténtico
7. El Código Electoral de 1943
8. La Alianza Auténtico-Republicana
9. La "jornada gloriosa"
10. La escuela de periodismo Manuel Márquez Sterling
11. La Violentación de Impuestos

III. *Preguntas:*

1. Haga una breve síntesis de la visita de Fulgencio Batista a los Estados Unidos en noviembre de 1938.
2. ¿Por qué reconoció Fulgencio Batista al Partido Comunista?
3. ¿Cómo se agruparon los partidos políticos en las elecciones de 1940, y a quiénes postularon?
4. ¿Por qué tenía Fulgencio Batista más oportunidades que Ramón Grau San Martín en las elecciones de 1940?
5. ¿Cuál fue una de las primeras medidas de Fulgencio Batista al ocupar la presidencia en 1940?
6. Exponga brevemente la sublevación del coronel Pedraza, y cómo terminó.
7. ¿Qué importancia tuvo para Cuba, en materia económica, la Segunda Guerra Mundial?
8. ¿A qué se llamó la Oficina de Regulación de Precios y Abastecimientos, y cuál fue la razón de su existencia?
9. ¿Cómo se agruparon los partidos políticos en las elecciones de 1944, y a quiénes postularon?
10. ¿En qué forma indirecta ayudó Spruille Braden a Ramón Grau San Martín en las elecciones de 1944?

IV. *¿Verdadero o falso?*

1. Sumner Welles calificó a Fulgencio Batista de "figura brillante" de la Revolución cubana.
2. Lázaro Cárdenas fue agasajado por Fulgencio Batista cuando aquél visitó La Habana.
3. Blas Roca era secretario general del Partido Comunista Cubano.
4. En 1940, Fulgencio Batista contaba con siete partidos políticos, y Ramón Grau San Martín solamente con tres.
5. En 1940, Batista designó a Gustavo Cuervo Rubio para el cargo de Primer Ministro.

6. En su sublevación contra Fulgencio Batista, José Eleuterio Pedraza contaba con algunos jefes militares.
7. Guillermo Alonso Pujol fue el inspirador de la Alianza Auténtico-Republicana.
8. En las elecciones de 1944, Fulgencio Batista apeló a la fuerza pública para darle el triunfo al candidato gubernamental.
9. Durante el gobierno constitucional de Fulgencio Batista, las recaudaciones bajaron en forma alarmante.
10. El famoso inciso K se debió a Ramón Grau San Martín.

V. *Tópicos para discutir:*

1. La "jornada gloriosa".
2. Aspectos positivos y negativos del gobierno constitucional de Fulgencio Batista (1940–1944).

CAPÍTULO 25

I. *Personajes notables:*

1. Ramón Grau San Martín
2. Fulgencio Batista
3. José Manuel Alemán
4. Eduardo Chibás
5. Emilio Ochoa
6. Rafael Leónidas Trujillo
7. Fidel Castro
8. Genovevo Pérez Dámera
9. Carlos Prío Socarrás
10. Guillermo Alonso Pujol
11. Ricardo Núñez Portuondo
12. Gustavo Cuervo Rubio
13. Roberto Agramonte
14. Juan Marinello
15. Lázaro Peña
16. Ernesto de la Fe
17. José San Martín
18. Carlos Azcárate

II. *Identificar:*

1. El hospital de Topes de Collantes
2. La Unión Insurreccional Revolucionaria
3. La Acción Revolucionaria Guiteras
4. El Movimiento Socialista Revolucionario
5. La batalla de *Orfila*
6. El inciso K
7. Los "botelleros"
8. Los "trueques"
9. El Partido del Pueblo Cubano (Ortodoxo)
10. La escoba y el sombrero guajiro de yarey
11. "Vergüenza contra dinero"
12. El diamante del Capitolio
13. Cayo Confites
14. La Legión del Caribe
15. La Alianza Auténtico-Republicana

16. La Coalición Liberal-
    Demócrata
17. La Capa Negra
18. El Cepillo de Dientes
19. La Vía Mulata
20. La Vía Blanca
21. El Banco de Seguros Sociales
22. La jornada de verano
23. Los Omnibus Aliados
24. El Diferencial Azucarero

III. *Preguntas:*

1. ¿Cómo trató Ramón Grau San Martín de deshacer la obra de Fulgencio Batista?
2. ¿En qué forma se desató el gangsterismo bajo Ramón Grau San Martín?
3. ¿Qué ocurrió en Orfila?
4. Cite algunos ejemplos de corrupción administrativa durante el gobierno de Ramón Grau San Martín.
5. ¿A qué se le dio el nombre de "trueque"?
6. ¿Qué hizo Eduardo Chibás a través de la estación de radio CMQ?
7. ¿Qué ocurrió con el diamante del Capitolio?
8. ¿Cómo obtuvieron dinero los grupos bélicos que se estaban organizando en Cayo Confites?
9. ¿Qué fue lo que determinó la derrota de Ricardo Núñez Portuondo?
10. ¿A qué se llamó la "jornada de verano"?

IV. *¿Verdadero o falso?*

1. Con Ramón Grau San Martín subió al poder la clase rica del país.
2. Ramón Grau San Martín restableció la bandera del 4 de Septiembre.
3. Ramón Grau San Martín terminó con el gangsterismo de la época.
4. Ramón Grau San Martín estableció y logró la más absoluta honradez administrativa.
5. Francisco Grau fue ministro de Agricultura.
6. La escoba y el sombrero guajiro de yarey fueron los símbolos de Eduardo Chibás.
7. Fidel Castro apareció enrolado en la lucha contra Rafael Leónidas Trujillo.
8. Ernesto de la Fe dirigió la conspiración de la Capa Negra.
9. Pepe San Martín fue ministro de Educación.
10. El Diferencial Azucarero benefició a los trabajadores y obreros del azúcar.

V. *Tópicos para discutir:*

1. La corrupción administrativa durante el gobierno de Ramón Grau San Martín.
2. La Legión del Caribe y Cayo Confites.

CAPÍTULO 26

I. *Personajes notables:*

1. Carlos Prío Socarrás
2. Ramón Grau San Martín
3. Fulgencio Batista
4. Quirino Uría
5. José Pardo Llada
6. Pelayo Cuervo
7. Antonio Prío
8. Nicolás Castellanos
9. Eduardo Chibás
10. Fidel Castro
11. Rafael del Pino
12. Rolando Masferrer
13. Aureliano Sánchez Arango
14. Carlos Hevia
15. Luis Caseros
16. Roberto Agramonte
17. Manuel Antonio de Varona
18. Rafael Salas Cañizares
19. Armando Hart
20. Rubén Batista
21. Luis Orlando Rodríguez
22. Miguel Ángel Quevedo

II. *Identificar:*

1. El presidente cordial
2. Los "Nuevos Rumbos"
3. El Banco Nacional
4. El Banco de Fomento Agrícola Industrial
5. El Tribunal de Cuentas
6. La revista *Bohemia*
7. El último aldabonazo de Chibás
8. El Madrugón o el
Madrugonazo (10 de marzo de 1952)
9. El Estatuto de Dolores
10. El Bloque de Prensa
11. El periódico *El País*
12. El Grupo Triple A
13. El periódico *El Acusador*
14. El periódico *La Calle*
15. La hora radial *La Palabra*

III. *Preguntas:*

1. ¿Cómo puso de manifiesto Carlos Prío Socarrás su deseo de cordialidad?
2. ¿Cómo calificó Carlos Prío Socarrás al gobierno de Ramón Grau San Martín?
3. ¿Por qué renunció a la jefatura de la Policía el general Quirino Uría?

4. ¿Qué ocurrió con los billetes inutilizados por el uso?
5. Explique brevemente el atentado de que fue objeto Rolando Masferrer.
6. ¿Cómo murió Eduardo Chibás?
7. ¿Qué poderoso factor indujo a Fulgencio Batista a dar el golpe de estado del 10 de marzo de 1952?
8. ¿Por qué se rompieron las relaciones diplomáticas con Rusia?
9. ¿Cuál fue la actuación del Bloque de Prensa?
10. Cite algunas conspiraciones que trataron de derrocar a Fulgencio Batista en 1952.

IV. *¿Verdadero o falso?*

1. Carlos Prío Socarrás dijo: "Yo quiero ser un presidente cordial".
2. Bajo Carlos Prío Socarrás se creó el Banco de Fomento Agrícola Industrial.
3. Ramón Grau San Martín acusó a Pelayo Cuervo de malversación de fondos públicos por varios millones de pesos.
4. El último ataque por radio de Eduardo Chibás fue contra Aureliano Sánchez Arango.
5. La revista *Bohemia* le facilitó a Eduardo Chibás pruebas contra Aureliano Sánchez Arango.
6. En las elecciones de 1952 iban a concurrir tres candidaturas.
7. El golpe de estado de 1952 fue sangriento y feroz.
8. Fulgencio Batista tuvo como aliados a los comunistas en su gobierno del Madrugón.
9. El Estatuto de Dolores restablecía las garantías constitucionales.
10. Rubén Batista no estaba emparentado con Fulgencio Batista.

V. *Tópicos para discutir:*

1. Opiniones sobre el Madrugonazo (de 10 de marzo de 1952).
2. Radio y prensa: su actuación en el período histórico 1948–1952.

CAPÍTULO 27

I. *Personajes notables:*

1. Fulgencio Batista
2. Fidel Castro
3. Ramón Zaydín
4. Cosme de la Torriente
5. Enrique Pérez Serantes
6. Comandante Capote
7. Andrés Domingo y Morales del Castillo

8. Ramón Grau San Martín
9. Carlos Prío Socarrás
10. José Miguel Gómez
11. Rafael Guas Inclán

12. Jorge García Montes
13. Carlos Márquez Sterling
14. Emilio Ochoa
15. Roberto Agramonte

II. *Identificar:*

1. El Pacto de Montreal
2. Tribunal de Garantías Constitucionales y Sociales
3. El asalto al *Cuartel Moncada*
4. "La Historia me absolverá"
5. El Presidio Modelo (de Isla de Pinos)
6. El Servicio de Inteligencia Militar

7. El País XXVI
8. El voto convoyado
9. La Ley de Arturito
10. La Sociedad Amigos de la República
11. El mitin del Muelle de Luz
12. El Movimiento 26 de Julio
13. El mitin de la Calle Flagler (Miami)

III. *Preguntas:*

1. ¿A qué se llama el Pacto Revolucionario de Montreal?
2. Exponga brevemente el recurso de inconstitucionalidad redactado y presentado por Cosme de la Torriente y Ramón Zaydín en 1952.
3. ¿Qué ocurrió en el Cuartel Moncada?
4. ¿Cómo salvó la vida Fidel Castro cuando el asalto al Cuartel Moncada?
5. ¿A qué se llamó el "País XXVI"?
6. Explique brevemente el sistema de votación impuesto por Fulgencio Batista para las elecciones de 1954.
7. ¿Cuál fue la posición de Ramón Grau San Martín en las elecciones de 1954? ¿Qué ordenó a sus seguidores?
8. Explique brevemente el contenido de la Ley de Arturito.
9. ¿A qué se llamó la Sociedad Amigos de la República (SAR), y quienes la formaban?
10. ¿Qué se acordó en las entrevistas Torriente-Batista?

IV. *¿Verdadero o falso?*

1. Fidel Castro participó en el Pacto de Montreal.
2. El recurso de inconstitucionalidad de Ramón Zaydín (1952) fue rechazado.
3. El asalto al Cuartel Moncada el 26 de julio de 1953 le dio el nombre (en forma indirecta) al movimiento revolucionario de Fidel Castro.

4. Fidel Castro estaba en Bogotá cuando el asalto al Cuartel Moncada.
5. Fulgencio Batista le cedió la presidencia de la República a Andrés Domingo y Morales del Castillo, para hacer campaña política en las elecciones de 1954.
6. Carlos Prío Socarrás se postuló en las elecciones presidenciales de 1954.
7. Rafael Guas Inclán fue vicepresidente con Fulgencio Batista en 1955.
8. La Ley de Arturito concedía una amplia amnistía política.
9. El mitin del Muelle de Luz fue organizado por la Sociedad Amigos de la República (SAR).
10. Cosme de la Torriente publicó un artículo en la revista *Bohemia*, titulado "Frente a todos".

V. *Tópicos para discutir:*

1. El asalto al Cuartel Moncada y juicio de los asaltantes.
2. Los mítines políticos del período histórico 1952–1956.

CAPÍTULO 28

I. *Personajes notables:*

1. Carlos Márquez Sterling
2. Fulgencio Batista
3. Fidel Castro
4. Ramón Grau San Martín
5. José Antonio Echevarría
6. Ramón Barquín
7. Carlos Prío Socarrás
8. Santiago Rey
9. Justo Luis del Pozo
10. Ernesto "Che" Guevara
11. Jacobo Arbenz
12. Frank País
13. Crescencio Pérez
14. Herbert Matthews
15. Arthur Gardner
16. Cosme de la Torriente
17. José Miró Cardona
18. Pelayo Cuervo
19. Roy Rubottom
20. William Wieland
21. Dwight Eisenhower
22. Earl T. E. Smith

II. *Identificar:*

1. El Diálogo Cívico
2. "Balas o votos"
3. El Directorio Estudiantil
4. El cuartel de San Severino (Matanzas)
5. El cabaret Montmartre
6. La embajada de Haití
7. El Plan de Vento
8. "Héroes o mártires"
9. La expedición del *Gramma*

10. La Sierra Maestra
11. Las Coloradas (cerca de Cabo Cruz)
12. La manifestación de damas enlutadas
13. El asalto a Palacio
14. La Federación Estudiantil Universitaria
15. Radio Reloj
16. El laguito del Reparto Country Club

III. *Preguntas:*

1. ¿Contra qué decreto presentó un recurso de inconstitucionalidad Carlos Márquez Sterling? ¿Tuvo éxito?
2. ¿A qué se llamó Diálogo Cívico?
3. ¿Qué le ocurrió a Carlos Márquez Sterling al salir del edificio de la CMQ?
4. ¿Con qué grupo pactó el Movimiento 26 de Julio?
5. ¿Qué hizo el joven Reinaldo García?
6. ¿Dónde y cómo murió Antonio Blanco Rico?
7. ¿Quiénes se reunieron en las oficinas del acueducto de Vento, y qué acordaron?
8. ¿Quiénes ayudaron a Fidel Castro y al Che Guevara a financiar la expedición del Gramma?
9. ¿Qué publicó Herbert Matthews sobre Fidel Castro, y qué importancia tuvo esa publicidad?
10. ¿Quiénes asaltaron al Palacio Presidencial, y cuál fue el resultado de ese intento?

IV. *¿Verdadero o falso?*

1. Fidel Castro tomó parte en el Diálogo Cívico.
2. Al fracasar el Diálogo Cívico, Carlos Márquez Sterling declaró: "Hay dos caminos: balas o votos".
3. José Antonio Echevarría era el presidente del Directorio Estudiantil.
4. Ramón Barquín dirigió una conspiración contra Fulgencio Batista.
5. Rafael Salas Cañizares murió debido a los sucesos de la embajada de Haití.
6. Fidel Castro conoció al Che Guevara en la Argentina.
7. Frank País pudo controlar casi toda la ciudad de Santiago de Cuba el 30 de noviembre de 1956.
8. Fidel Castro se refugió en la Sierra Maestra gracias a la ayuda de Crescencio Pérez.
9. Arthur Gardner entrevistó a Fidel Castro en la Sierra Maestra.
10. Herbert Matthews apoyaba decididamente a Fulgencio Batista.

V. *Tópicos para discutir:*

1. La expedición del Gramma y sus ramificaciones.
2. La personalidad del Che Guevara.
3. Herbert Matthews y su contribución a la popularidad de Fidel Castro.

CAPÍTULO 29

I. *Personajes notables:*

1. Manuel Urrutia Lleó
2. Raúl Castro
3. Fermín Cowley
4. Fidel Castro
5. Jesús Sosa Blanco
6. Coronel Sánchez Mosquera
7. Rolando Masferrer
8. Fulgencio Batista
9. Francisco Tabernilla
10. General Ríos Chaviano
11. Eusebio Mujal Barniol
12. Anselmo Alliegro
13. Manuel Bisbé
14. Ramón Grau San Martín
15. Emilio Ochoa
16. José Pardo Llada
17. Enrique Huerta
18. Carlos Prío Socarrás
19. Manuel Antonio de Varona
20. José R. Andreu
21. Guillermo Alonso Pujol
22. Amalio Fiallo
23. Carlos Márquez Sterling
24. Oscar Gans
25. Herbert Matthews
26. Earl T. E. Smith
27. Porfirio Pendás
28. Raúl Chibás
29. Felipe Pazos
30. Mario Cobas Reyes
31. Dionisio San Román
32. Ramón Barquín
33. Eloy Gutiérrez Menoyo
34. Ernesto "Che" Guevara
35. William Morgan
36. Cardenal Arteaga
37. Emilio Núñez Portuondo
38. Andrés Rivero Agüero
39. Gastón Godoy
40. Antonio Lancís
41. Rodolfo Méndez Peñate
42. Alberto Salas Amaro
43. Eulogio Cantillo

II. *Identificar:*

1. El juicio del Gramma
2. La expedición del *Corinthia*
3. El combate del Uvero
4. Los Tigres de Masferrer
5. La Comisión Interparlamentaria
6. El Comité Conjunto de Instituciones Cívicas
7. El Manifiesto de los Cinco
8. Cayo Loco
9. El Partido del Pueblo Libre
10. El Segundo Frente Revolucionario del Escambray
11. El Partido Unión Cubana
12. La Comisión Económica para la América Latina

III. *Preguntas:*

1. ¿Qué dos actitudes sobresalen en el juicio contra los expedicionarios del Gramma?
2. Relate brevemente la expedición del Corinthia y su resultado.
3. ¿Cuál era la actitud del ejército en 1957?
4. ¿Qué resultados obtuvo la Comisión Interparlamentaria?
5. ¿Cuál fue la actitud de Herbert Matthews en su nueva visita a Cuba? Razone su respuesta.
6. ¿Quiénes firmaron el Manifiesto de los Cinco? ¿Cuál era su contenido?
7. Relate brevemente lo ocurrido en Cayo Loco, y su resultado.
8. ¿Cómo intervino la jerarquía eclesiástica para suavizar la tensión del momento?
9. ¿Qué declaración hizo Fidel Castro cuando los obispos cubanos quisieron subir a la Sierra Maestra para entrevistarlo?
10. ¿De qué medios se valió Fidel Castro para recaudar fondos?

IV. *¿Verdadero o falso?*

1. Los expedicionarios del Gramma fueron apresados en Las Coloradas.
2. Manuel Urrutia Lleó suscribió un voto particular al dictar sentencia.
3. Los Tigres de Masferrer era una organización para derrocar a Fulgencio Batista.
4. Las clases trabajadoras estaban dirigidas por Eusebio Mujal.
5. Los dirigentes estudiantiles querían que hubiera clases normales en la Universidad.
6. Herbert Matthews declaró que "los días de Fulgencio Batista estaban contados".
7. La sublevación de Cayo Loco fue dirigida y organizada por Ramón Barquín.
8. Fidel Castro no miraba con simpatía a los alzados en el Escambray.
9. En las elecciones de 1958, triunfó la candidatura de Ramón Grau San Martín.
10. Eulogio Cantillo se alzó contra Fulgencio Batista en los últimos días.

V. *Tópicos para discutir:*

1. Los dos frentes revolucionarios: Sierra Maestra y Escambray.
2. El gobierno de Fulgencio Batista: sus beneficios y perjuicios.

CAPÍTULO 30

I. *Personajes notables:*

1. Fidel Castro
2. Manuel Urrutia Lleó
3. José Miró Cardona
4. Ernesto "Che" Guevara
5. Camilo Cienfuegos
6. Raúl Castro
7. Osvaldo Dorticós Torrado
8. Philip Bonsal
9. Hubert Matos
10. Pedro Díaz Lanz
11. Blas Roca
12. Juan Marinello
13. Anastas Mikoyan
14. Manuel Antonio de Varona
15. Manuel Artime Buesa
16. José Ignacio Rasco
17. Justo Carrillo
18. Aureliano Sánchez Arango
19. Nikita Kruszchev

II. *Identificar:*

1. Cieneguita
2. "Patria o Muerte"
3. "Gracias, Fidel"
4. El discurso de la Paloma
5. "¿Voy bien, Camilo?"
6. El Ministerio de Recuperación de Bienes Malversados
7. La Reforma Agraria
8. El Partido Socialista Popular
9. Los Tribunales del Pueblo
10. *La Coubre.*
11. El Frente Democrático Revolucionario
12. Recuperación Revolucionaria
13. Rescate Revolucionario
14. El Partido Demócrata Cristiano
15. Asociación Montecristi
16. La Triple A
17. La Reforma Urbana
18. La Declaración de La Habana
19. Los Comités de Vigilancia

III. *Preguntas:*

1. ¿Por qué no tomó posesión de la presidencia Manuel Piedra?
2. ¿Cuáles fueron las primeras medidas tomadas por Fidel Castro en enero de 1959?
3. Exponga algunas de las mentiras castristas que justificaban los excesos revolucionarios.
4. ¿Cómo fue el famoso juicio de los aviadores?
5. ¿Qué leyes castristas de los primeros momentos se debieron a Osvaldo Dorticós?
6. ¿Cuál era la idea básica de la Ley de la Reforma Agraria?
7. ¿Por qué tuvo Manuel Urrutia que dimitir a la presidencia?
8. ¿Qué le ocurrió a Hubert Matos?
9. ¿Qué le ocurrió a Camilo Cienfuegos?
10. ¿Qué invasiones organizó Fidel Castro en 1959?

11. Exponga brevemente lo ocurrido al vapor La Coubre, y la reacción del gobierno de Fidel Castro.
12. ¿A qué se llamó el Frente Democrático Revolucionario, y quiénes lo componían?
13. Explique brevemente la Declaración de La Habana, cómo tuvo lugar y qué idea básica envolvía.

IV. *¿Verdadero o falso?*

1. Fulgencio Batista entregó la presidencia de Cuba a Manuel Piedra.
2. Manuel Piedra gobernó en combinación con Fidel Castro.
3. Lo primero que Fidel Castro ordenó al caer Fulgencio Batista fue una huelga general.
4. En enero de 1959, el pueblo cubano presentaba una mezcla de alegría y terror.
5. Fidel Castro pronunció su discurso de la Paloma en la Sierra Maestra.
6. Todos los acusados batistianos fueron despojados de sus bienes, hubieran malversado o no.
7. En abril de 1959, Fidel Castro visitó los Estados Unidos.
8. La Reforma Agraria fue justa y equitativa.
9. Camilo Cienfuegos se exilió en Miami.
10. En 1959, Fidel Castro concentró sus esfuerzos únicamente a la reorganización de Cuba.
11. El Frente Democrático Revolucionario se constituyó en Nueva York.
12. Fidel Castro no se atrevió a confiscar propiedades extranjeras.

V. *Tópicos para discutir:*

1. Los tribunales revolucionarios de Fidel Castro y su justicia.
2. La Reforma Agraria y la Reforma Urbana.

CAPÍTULO 31

I. *Personajes notables:*

1. Fidel Castro
2. Philip Bonsal
3. José Miró Cardona
4. Manuel Rey Rivero
5. Manuel Antonio de Varona
6. John F. Kennedy
7. Miguel Idígoras Fuentes
8. Raúl Roa
9. Adlai Stevenson
10. Allan Dulles
11. Arleigh Burke
12. Vicente León

II. *Identificar:*

1. El Frente Revolucionario Democrático
2. El Consejo Revolucionario Cubano
3. El Libro Blanco
4. El periódico *New York Times*
5. La Brigada 2506
6. Bahía de Cochinos
7. Las Naciones Unidas
8. Los aviones "Sea Fury"
9. La Reunión de la OEA en Punta del Este (Uruguay)
10. La Carta de Bogotá
11. El Tratado de Río de Janeiro
12. La Declaración de Caracas
13. Las Organizaciones Revolucionarias Integradas

III. *Preguntas:*

1. ¿Qué orden le dio Fidel Castro a la embajada de los Estados Unidos en La Habana, en enero de 1961?
2. ¿Cuál era el contenido del Libro Blanco publicado por la Cancillería de Washington?
3. ¿Cuál fue la opinión de Spruille Braden sobre el Libro Blanco?
4. Explique brevemente a qué se llamó la Brigada 2506, y cuál era su actividad en 1961.
5. ¿Qué ocurrió entre Raúl Roa y Adlai Stevenson en las Naciones Unidas en abril de 1961?
6. ¿Cómo actuaron los órganos represivos de Fidel Castro ante la inminencia de la invasión (en 1961)?
7. ¿Cómo terminó la invasión de Bahía de Cochinos? Resultados.
8. ¿Qué acuerdo tomó la Organización de Estados Americanos (OEA) en Punta del Este (Uruguay) en relación con Cuba?
9. ¿Era erróneo ese acuerdo de la OEA? Razone su respuesta.
10. ¿Qué hicieron Fidel Castro y Rusia como respuesta o reacción al acuerdo de Punta del Este?

IV. *¿Verdadero o falso?*

1. Los Estados Unidos rompieron las relaciones diplomáticas con Fidel Castro cuando éste le redujo el personal de la embajada.
2. El Consejo Revolucionario Cubano luchó contra el Frente Revolucionario Democrático.
3. El Libro Blanco contiene datos verdaderos, plenamente justificados con documentos.
4. John F. Kennedy continuó todo el plan organizado por Dwight Eisenhower en relación con Cuba.
5. El gobierno norteamericano desconocía la labor y actuación de la Brigada 2506.

6. Allan Dulles estaba opuesto a la invasión de Cuba.
7. Cuando la invasión de Bahía de Cochinos, Fidel Castro no hizo detenciones dentro de la Isla, por atender a los invasores.
8. John F. Kennedy aceptó toda la responsabilidad de lo sucedido en la invasión de Bahía de Cochinos.
9. A partir de la reunión de Punta del Este, la presencia de Rusia en Cuba quedaba asegurada.
10. Fidel Castro organizó el partido único de la Revolución con el nombre de Organizaciones Revolucionarias Integradas.

V. *Tópicos para discutir:*

1. Opiniones sobre la invasión de Bahía de Cochinos.
2. La expulsión de Cuba de la Organización de Estados Americanos (OEA).

CAPÍTULO 32

I. *Personajes notables:*

1. John F. Kennedy
2. Nikita Kruszchev
3. Fidel Castro
4. U. Thant
5. José Miró Cardona
6. Eleanor Roosevelt
7. Ernesto Freyre
8. Milton Eisenhower
9. Humberto Sorí Marín
10. Jaime Caldevilla
11. Raúl Castro
12. Marcos Rodríguez
13. Joaquín Ordoqui
14. Edith García Buchaca
15. Juanita Castro
16. Ernesto "Che" Guevara
17. Mao Tse-Tung

II. *Identificar:*

1. El Consejo Revolucionario
2. La crisis de los cohetes
3. Playa Girón
4. El Comité de padres y familiares de los presos (Playa Girón)
5. El Acto del Bayfront Park (Miami)
6. El rescate de los expedicionarios
7. El merodeo por Las Bahamas
8. El ciclón Flora (1963)
9. Las libretas de racionamiento
10. Las colas
11. El Tratado de Asistencia Recíproca de Río de Janeiro (1947)
12. Los periódicos *Avance, El País, Excelsior, El Diario de la Marina, El Mundo, Información* y *Prensa Libre*

13. Las revistas *Bohemia,
Carteles* y *Vanidades*
14. Los periódicos *El Gramma* y
Verde Olivo
15. La Sociedad Interamericana
de Prensa
16. La Ley del Terror Campesino
17. La Ley del Servicio Militar
Obligatorio
18. Los sucesos de la calle
Humboldt, 7
19. El Banco Nacional (de
Cuba)
20. El periódico *El Tiempo* (de
Cochabamba)

III. *Preguntas:*

1. ¿Qué clase de bases de proyectiles teledirigidos comenzó a instalar
Fidel Castro en Cuba?
2. ¿Qué medidas exigió John F. Kennedy cuando la crisis de los
cohetes?
3. ¿A qué acuerdo llegaron los Estados Unidos y Rusia cuando la
crisis de los cohetes?
4. ¿Qué consecuencias tuvo para los cubanos anticastristas el acuerdo
Kennedy-Kruszchev?
5. ¿Qué dos organizaciones trabajaron para rescatar a los prisioneros
de Playa Girón? ¿Quiénes los integraban y presidían?
6. Exponga brevemente dos o tres decretos de Fidel Castro promul-
gados en 1963.
7. ¿Qué objetivos tenía Rusia para adueñarse del gobierno de Cuba,
según el historiador Rafael Esténger?
8. ¿Cómo estaba la prensa en Cuba en 1964?
9. Compare brevemente el Terror de la Revolución francesa (1789)
con los cinco primeros años del gobierno de Fidel Castro.
10. ¿Cuál era el contenido de la Ley del Terror Campesino?

IV. *¿Verdadero o falso?*

1. John F. Kennedy reaccionó enérgicamente ante la instalación de
bases de proyectiles en Cuba.
2. Fidel Castro le permitió a U. Thant inspeccionar las bases de
proyectiles ya desmanteladas.
3. El Consejo Revolucionario Cubano se creó poco después de la
crisis de los cohetes.
4. El rescate de los prisioneros de Playa Girón costó 70 millones de
dólares.
5. John F. Kennedy recibió a los prisioneros de Playa Girón cuando
éstos llegaron a Miami.

6. John F. Kennedy habló en el Acto del Bayfront Park (Miami).
7. La crisis de los cohetes debilitó las relaciones entre Fidel Castro y Rusia.
8. A su vuelta de Rusia, Fidel Castro decidió industrializar a Cuba.
9. Juanita Castro, hermana de Fidel, aprobaba el sistema comunista.
10. El Che Guevara fue muerto en Bolivia.

V. *Tópicos para discutir:*

1. John F. Kennedy y la crisis de los cohetes.
2. El rescate de los prisioneros de Playa Girón.

CAPÍTULO 33

I. *Personajes notables:*

1. John F. Kennedy
2. Lee Harvey Oswald
3. Lyndon B. Johnson
4. Fidel Castro
5. Rolando Cubelas
6. Aleksei Kosygin
7. Richard M. Nixon
8. Emilio Núñez Portuondo
9. Leonid Breshnev
10. José Elías de la Torriente
11. Enrique Huerta
12. Carlos Prío Socarrás
13. Andrés Rivero Agüero
14. Juanita Castro
15. Guillermo Martínez Márquez
16. Salvador Allende
17. Augusto Pinochet
18. Heberto Padilla
19. René Dumont
20. Luis Echeverría

II. *Identificar:*

1. Fair Play for Cuba
2. Los Vuelos de la Libertad
3. Las Conferencias Tricontinentales
4. La Organización Latinoamericana de Solidaridad
5. El Tratado de Piratería Aérea
6. El Plan Torriente
7. La Federación de Médicos Cubanos Exiliados
8. La Unión Cubana de Escritores y Artistas
9. "Fuera de Juego"
10. El Tratado de Asistencia Recíproca (de Río de Janeiro)

III. *Preguntas:*

1. ¿Qué requisitos tenían que cumplir los que querían emigrar de Cuba?

2. ¿A qué se llamó Conferencias Tricontinentales, y cuál era su objetivo?
3. ¿A qué se llamó Organización Latinoamericana de Solidaridad (OLAS), y cuál era su objetivo?
4. ¿Quiénes ofrecieron apoyo a Richard Nixon en la campaña electoral de 1968, y por qué?
5. ¿Cuándo y cómo se tomaron acuerdos entre Richard Nixon y Fidel Castro sobre la piratería aérea?
6. ¿Qué hizo José Elías de la Torriente?
7. Explique brevemente los cambios políticos que tuvieron lugar en Chile entre 1972 y 1973.
8. ¿Qué disposiciones tomó Fidel Castro en 1971 para aumentar la producción y reducir el caos económico?
9. ¿Qué tuvo que hacer Heberto Padilla para conseguir ser absuelto en el proceso relativo al poema "Fuera de Juego"?
10. ¿Cuándo y cómo terminó la ruptura panamericana de relaciones diplomáticas con Cuba y el embargo que existía?

IV. *¿Verdadero o falso?*

1. Richard Nixon tomo posesión de la presidencia de los Estados Unidos al morir John F. Kennedy.
2. Cerca de 20,000 cubanos salieron de Cuba durante el gobierno de Fidel Castro.
3. Aleksei Kosygin respaldó ampliamente el régimen de Fidel Castro.
4. La Organización Latinoamericana de Solidaridad tuvo como objetivo el atacar a Rusia y al comunismo.
5. La piratería aérea resultaba una carga económica para Cuba.
6. El Plan Torriente nunca fue completamente explicado.
7. Guillermo Martínez Márquez atacó ardientemente el Plan Torriente.
8. La famosa zafra de los 10 millones de toneladas (de 1970) no se llegó a lograr.
9. Fidel Castro visitó Chile después de la toma de posesión de Salvador Allende.
10. Un grupo numeroso de escritores europeos criticó duramente al gobierno de Fidel Castro por lo ocurrido a Heberto Padilla.

V. *Tópicos para discutir:*

1. El éxodo cubano; los Vuelos de la Libertad.
2. La piratería aérea y la política de Fidel Castro con respecto a ella.
3. El caso de Heberto Padilla.

CAPÍTULO 34

I. *Personajes notables:*

1. Fidel Castro
2. Fulgencio Batista
3. Herbert Matthews
4. Jorge Eliecer Gaitán
5. Ernesto "Che" Guevara
6. Raúl Castro
7. Manuel Urrutia Lleó
8. José Miró Cardona
9. Hubert Matos
10. Pedro Díaz Lanz
11. Philip Bonsal
12. Earl T. E. Smith

II. *Identificar:*

1. La "leyenda roja"
2. El Partido Conservador
3. El Colegio de Belén (Padres Jesuitas)
4. El "Bogotazo" (1948)
5. *El Gramma*
6. El Movimiento 26 de Julio
7. El Cuartel Moncada (Santiago de Cuba)
8. La invasión de Bahía de Cochinos
9. El Tratado de Reciprocidad de 1902
10. La tarifa Hawley-Smoot
11. La Política del Buen Vecino
12. La Enmienda Platt
13. La Misión Truslow
14. La Organización Internacional del Trabajo
15. El periódico *Patria Libre*
16. La *Revista Venezolana*
17. El Manifiesto de Montecristi

III. *Preguntas:*

1. ¿Qué promesas hizo Fidel Castro en relación con "Constitución" y "Elecciones"? ¿Las cumplió?
2. ¿Mejoró el gobierno de Fidel Castro la situación económica de Cuba? Razone su respuesta.
3. ¿Cuándo y por qué desapareció el Partido Conservador?
4. ¿A qué se llamó el "Bogotazo"?
5. ¿Qué ayuda indirecta recibió Fidel Castro del gobierno de los Estados Unidos en su lucha contra Fulgencio Batista?
6. ¿Qué reacción provocó en Fidel Castro la fracasada invasión de Bahía de Cochinos?
7. ¿Qué establecía la tarifa Hawley-Smoot? ¿Cómo afectaba esto a Cuba?
8. ¿Qué mejoras económicas obtuvo Cuba debido a la Política del Buen Vecino?
9. Exponga brevemente la situación de Cuba (en 1959) en relación con el transporte.

10. Exponga brevemente la situación de Cuba (en 1959) en relación con la instrucción.

IV. *¿Verdadero o falso?*

1. El *New York Times* hizo lo posible por destruir la llamada "leyenda roja".
2. Cuba pudo progresar económicamente gracias a Fidel Castro.
3. Cuba se encontraba en amplio desarrollo económico a la caída del gobierno de Fulgencio Batista.
4. Jorge Eliecer Gaitán luchó en Bogotá a favor de Fidel Castro y del Che Guevara.
5. José Miró Cardona fue designado primer ministro en 1959 en el gobierno de Fidel Castro.
6. Pedro Díaz Lanz murió en los desórdenes de Bogotá en 1948.
7. Earl T. E. Smith fue designado embajador de los Estados Unidos en Cuba después de Philip Bonsal.
8. De 1902 a 1929 el ingreso monetario de Cuba se cuadruplicó.
9. La Política del Buen Vecino fue iniciada por Franklin D. Roosevelt.
10. En 1959 el sistema de correos de Cuba era similar al de los Estados Unidos.

V. *Tópicos para discutir:*

1. Comparación de la "leyenda roja" cubana con el "caso Dreyfus" francés.
2. ¿Era Cuba un país subdesarrollado en 1959?

CAPÍTULO 35

I. *Personajes notables:*

1. Fidel Castro
2. Carlos Marx
3. James Reston
4. K. S. Karol
5. Gabriel García Márquez
6. Ted Morgan
7. Lenín
8. León Troszky
9. Nikita Kruszchev
10. Leonid Breshnev
11. Hubert Matos

II. *Identificar:*

1. El Partido Comunista cubano
2. El Politburó de Cuba
3. La zafra
4. La libreta de racionamiento
5. Los Comités de Defensa de la Revolución
6. El Instituto Nacional de la Reforma Agraria
7. Las Fuerzas Armadas Rebeldes
8. Las Granjas Colectivas
9. Las Cooperativas

III. *Preguntas:*

1. ¿Por qué se puede decir que la revolución de Fidel Castro es en realidad una contrarrevolución?
2. ¿Cuál era la posición de Carlos Marx en relación con la propiedad privada?
3. Explique brevemente la posición del comunismo castrista en relación con el derecho de propiedad.
4. ¿Por qué se puede decir que Fidel Castro ha desmentido completamente el dogma socialista de "a cada quien según trabaje"?
5. Cite algunos ejemplos que justifiquen la idea de que la revolución castrista es realmente una contrarrevolución.
6. ¿Cuándo y cómo reconoció Fidel Castro que su régimen era una dictadura?
7. ¿Por qué se puede afirmar que Cuba depende económicamente de Rusia?
8. Analice brevemente la "renuncia" de que Fidel Castro habló en 1970, y sus motivos.
9. Exponga brevemente la triple base en que descansa el régimen de Fidel Castro.
10. ¿Cómo trabaja la libreta de racionamiento en su forma limitada "por distritos"? ¿Cuál es su consecuencia natural?
11. ¿A qué se llama Comités de Defensa de la Revolución?
12. ¿Cuál es la forma típica en que se desenvuelve el adoctrinamiento en el régimen castrista?

IV. *¿Verdadero o falso?*

1. En Cuba hay una extensa burocracia en el momento presente.
2. En Cuba la producción y el consumo están minuciosamente controlados.
3. Cuba es un excelente ejemplo de democracia, en que el pueblo manda.
4. Fidel Castro ha negado la estructura monopolista y totalitaria de su régimen.

5. A partir de 1970, la economía cubana está en las manos de los "viejos comunistas" y no en las de Fidel Castro.
6. El azúcar ha bajado enormemente de precio en los últimos años.
7. Las Fuerzas Armadas Rebeldes existen para defender a los exiliados cubanos y para atacar al régimen de Fidel Castro.
8. La libreta de racionamiento es en última instancia una medida de control político.
9. Según Gabriel García Márquez, en Cuba se ven demasiados policías patrullando las calles.
10. Los niños (menores de 12 años) son los únicos que no reciben adoctrinamiento en Cuba.
11. La educación obligatoria castrista está formando una élite destinada a ser la clase gobernante en un futuro.
12. El régimen castrista se puede calificar de "improvisado y sin base histórica ni constitucional".

V. *Tópicos para discutir:*

1. Las zafras cubanas: organización e importancia. Las zafras bajo Fidel Castro.
2. El régimen policial en la Cuba de Fidel Castro: los Comités de Defensa de la Revolución.
3. La educación como arma comunista: el adoctrinamiento.